응답하라
한국사
2

응답하라 한국사 2

1판 1쇄 인쇄 2014년 8월 28일
1판 1쇄 발행 2014년 9월 9일

지은이 김은석
펴낸이 김승희
펴낸곳 도서출판 살림터

기획 정광일
편집 조현주
디자인 김경수

인쇄 · 제본 (주)현문
종이 월드페이퍼(주)

주소 서울시 마포구 서교동 395-27
전화 02-3141-6553
팩스 02-3141-6555

출판등록 2008년 3월 18일 제313-1990-12호
이메일 gwang80@hanmail.net
블로그 http://blog.naver.com/dkffk1020

ISBN 978-89-94445-69-4 (03910)

근대에서 현대까지

응답하라 한국사

2

김은석 지음

살림터

책을 내면서 ─────────────────────────

　저는 1998년 역사 교사가 되어 현재까지 아이들이 올바른 역사관을 가질 수 있도록 열심히 가르치고 있습니다. 그리고 1999년부터 '김은석의 역사 충격(gulliber.njoyschool.net)'이라는 역사 학습 누리집을 운영해왔습니다. 역사 만화, 역사 플래시, 역사 뉴스, 역사 광고, 역사 동영상 등의 메뉴 등을 통해 우리 역사를 한층 더 재미있게 배울 수 있는 자료를 공유해왔습니다. 또 문제은행에서는 제가 출제한 수능형 문제들을 공유해왔습니다. 현재 수능에서도 출제되고 있는 만화, 연극, 신문, 가상 일기, 답사, 가상 체험 등을 이용한 문제를 출제하고, 영화나 드라마 대사가 등장하는 문제도 출제해오고 있습니다.

　제가 그동안 이렇게 다양한 형식을 이용한 시험문제 출제나 자료 공유 등을 해온 이유는 살아 있는 역사 수업을 해야 한다는 생각 때문이었습니다. 학생들은 옛날 역사책 같은 사료(史料)를 직접 접하는 것보다는 만화, 연극, 신문, 영화, 드라마 등으로 역사를 접하는 경우가 더 많을 것입니다. 그렇기 때문에 우리가 현재 살아가고 있는 삶 속에서 생생하게 숨 쉬는 역사를 배우는 것이 더 중요하고 의미 있으며, 재미도 있으리라고 생각합니다.

　저는 수업시간에 역사와 관련된 다양한 수업자료를 활용해왔으며, 지금까지의 교직 경력에서 얻은 경험을 통해 우리 역사의 흐름을 정리할 수 있었습니다. 학생들이 이해하기 쉬운 방식으로 설명하고 프린트로 정리하여 수업시간에 실제로 사용해본 결과 학생들의 반응이 좋았고 성적도 향상되었습니다. 그래서 이러한 자료들을 정리하여 2009년『즐거운 국사 수업(고등 편)』과『즐거운 한국 근현대사 수업』을 출간하였습니다. 그리고 2014년부터 사용되는 새 한국사 교과서들의 내용에 맞춘 개정판을 이렇게 출간하게 되었습니다. 이 책의 내용과 특징을 살펴보면 다음과 같습니다.

저는 2014년부터 사용되는 새 한국사 교과서들을 검토하면서 기존의 교과서들과 마찬가지로 새 한국사 교과서들도 너무 어려운 단어, 자세한 설명이 없는 사실들의 나열로 이루어진 어려운 교과서라는 것을 다시 한 번 느꼈습니다. 그리고 제 책을 다시 개정하면서 좀 더 쉽고 재미있게 역사를 설명하려고 노력하였습니다. 그런 가운데 2013년 tvN에서 방송된 드라마「응답하라 1994」를 보면서 1994년으로 돌아가 20년 전의 삐삐, PC통신 등의 추억과 북한 핵 위기, 김일성 사망, 삼풍백화점 붕괴 사고, 1997년 외환위기, 2002 월드컵 등의 역사적 사건들을 다시 떠올릴 수 있었습니다.

드라마「응답하라 1994」는 지방 각지에서 올라온 94학번 대학 신입생들이 '신촌하숙'에서 하숙을 하며 한 가족처럼 살면서 벌어진 이야기들을 재미있게 묘사한 드라마입니다. 이 드라마는 1994년부터 시작되는 과거와 2013년 현재를 오가며 이야기를 풀어가는 구조입니다. 특히 현재 여자 주인공의 남편은 감추면서 마지막회에 밝혀지게 하여 시청자들의 관심을 끌어들였습니다. 이러한 '남편 찾기'의 중요한 힌트이자 복선들이 과거와 현재를 오가며 제시가 되죠. 그리고 마지막회에 남편이 밝혀지면서 이 모든 복선들이 이해가 됩니다.

「응답하라 1994」는 기본적으로 역사의 특성을 바탕으로 한 드라마입니다. 흔히 역사는 '과거와 현재의 대화'라고 합니다. 이 드라마는 1994년부터 시작되는 과거와 2013년 현재를 왔다 갔다 보여주면서 과거의 사건이 현재의 결과에 어떤 영향을 주었는가를 재미있게 이야기해줍니다. 다시 말해 「응답하라 1994」는 현재의 친구들이 '신촌하숙'의 하숙생으로 한솥밥을 먹게 된 1994년을 시작으로 2013년 현재까지의 이야기를 '과거와 현재의 대화'를 통해 '남편(역사) 찾기'를 한 역사 드라마라고 할 수 있죠.

이 책은 「응답하라 1994」의 이야기 구조가 기본적으로 역사를 이해하는 데에도 큰 도움이 된다는 점에 착안하여 편집되었습니다. 예를 들어 이 책의 '응답하라 1894'는 동학농민운동에서 시작하여 갑오개혁, 청·일 전쟁, 삼국간섭, 을미사변, 을미개혁, 아관파천으로 이어지는 역사적 사건들이 서로 어떻게 영향을 주었으며, 어떠한 역사적 계기가 있었는지 살펴보는 형식으로 이루어집니다. 즉 역사적 계기가 되는 중요한 연도를 중심으로 한국사의 흐름이 어떻게 이어졌는지를 살펴보는 이야기 구조입니다. 또한 이 책은 학생들이 이해하기 쉽게 설명하는 방식으로 되어 있습니다. 학생들이 잘 모르거나 이해하기 어려운 내용은 괄호 안에 더 자세하게 덧붙이고, 문답식·대화식으로 설명하였으며, 또한 누구나 쉽게 접할 수 있는 드라마나 영화를 통해 역사를 이해할 수 있는 '영화와 드라마로 역사 읽기'를 중간중간에 배치하여 더욱 재미있게 한국사를 읽을 수 있습니다.

이 책을 통해 많은 학생들이 우리 역사를 재미있게 공부할 수 있었으면 하고 소망합니다. 그리고 우리가 살고 있는 현재도 살아 숨 쉬는 역사의 일부라는 것을 잊지 말았으면 좋겠습니다. 사람들에게 가장 중요한 것은 현재입니다. 그래서 현재를 어떻게 살 것인가를 깊이 생각해야 합니다. 우리는 미래를 경험하지 못했기 때문에 과거를 반성하여 교훈을 얻고 현재를 어떻게 살아야 하고 미래를 어떻게 준비해야 하는지를 깨달을 수 있습니다.

　역사적인 시각으로 볼 때 우리는 현재에만 존재하는 것이 아니라 과거에도 미래에도 존재합니다. 우리가 어떻게 살아왔는지를 반성하고 미래의 우리와 후손들을 위해 어떻게 살아야 할 것인지를 생각할 때 우리는 보다 나은 현재를 살 수 있을 것입니다. 아이들이 역사를 즐겁게 배우며 우리 민족의 과거, 현재, 미래를 생각하며 올바른 삶을 살아갈 수 있기를 바라며 이 책이 조금이라도 도움이 되었으면 좋겠습니다. 끝으로 이 책이 개정 출판될 수 있도록 많은 도움을 주시고, 애를 쓰신 도서출판 살림터 여러분께 깊은 감사의 말씀을 전합니다.

2014년 8월
김은석

응답하라 민족독립운동 시기

VI 응답하라 대한민국

응답하라 한국사

선사시대부터 조선 후기까지

1

차례

응답하라
근대국가 수립 시기

1.
응답하라 1863

■ 이양선의 출몰과
　삼정의 문란

　　　　　　　　응답하라 1863! 1863년은 고종이 즉위
하면서 흥선대원군의 정치가 시작된 해입니다. 흥선대원군은 대내적으
로 삼정의 문란을 개혁하여 민생을 안정시키고, 대외적으로는 외세의 침
략에 맞서 싸우는 통상수교 거부 정책을 펼쳤습니다. 흥선대원군이 이
러한 정치를 할 수밖에 없었던 이유가 바로 세도정치 시기 말기에 나타
났습니다.

　　안으로는 안동 김씨 같은 세도 가문이 나라를 난장판으로 만들고 있
는데, 밖으로도 기분 나쁜 징조들이 나타나고 있었어요. 이양선(異樣船)이
나타났던 것입니다. 말 그대로 이상한 모양의 배, 처음 보는 배라는 거죠.
그때까지 중국, 일본 배들은 본 적이 있지만 서양 배들은 본 적이 없었
죠. 즉 서양 배들을 이양선이라고 합니다. 서양 사람들이 와서 망원경 같
은 걸로 감시하면서 측량하고 장사하자고 접근할 때도 있었답니다. 게다
가 1860년에는 영국군과 프랑스군이 청나라의 서울 베이징을 점령했다
는 소식까지 전해졌습니다. 청나라가 세상에서 제일 센 줄 알고 있던 우

리에게는 큰 충격이었습니다.

이양선은 당시 사람들에게는 미확인비행물체(UFO)였죠. 미확인 배였으니까요. 게다가 키 크고 노란 머리에 파란 눈의 서양인은 당시 사람들에게는 외계인이었습니다. 어떤 공상과학 영화에서 외계인이 지구를 침략하자, 사람들이 불안에 떨며 폭력적이 되어 남의 자동차를 훔치고, 총으로 사람들끼리 서로 죽이는 장면이 나오죠. 사람들은 알 수 없는 존재에 불안을 느끼고, 불안해지면 폭력적이 됩니다. 이와 같이 사회가 불안해지고 사람들이 폭력적이 되어 화적·수적 등 도적들도 많아졌던 것이죠. 만약에 갑자기 UFO가 하늘에 나타나서 우리를 감시하면 어떻겠어요? 외계인이 쳐들어올까 봐 두려워하는 사람들이 많겠죠? 게다가 중국이나 일본에 외계인이 쳐들어와 베이징, 도쿄를 지배한다면 우리나라에 쳐들어오는 것은 시간문제라고 생각할 수밖에 없을 것입니다.

게다가 1860년에는 러시아가 연해주를 차지합니다. 청나라와 영국, 프랑스가 베이징 조약을 맺는 것을 러시아가 중재 역할을 하면서 그 대가로 청나라로부터 받은 땅이 바로 연해주입니다. 그래서 이때부터 러시아와 두만강을 사이에 두고 말로만 듣던 서양 사람들을 직접 두 눈으로 보게 된 것이죠. 그동안에는 배를 타고 다니던 어부들이 전하는 이양선, 서양 오랑캐 이야기만 듣다가 이제 누구나 두만강에만 가면 직접 볼 수 있었죠. 그제야 두려워하던 일이 현실이 된 것입니다.

세도정치의 폐단으로 삼정의 문란이 점점 심해지자 드디어 전국적인 농민봉기가 발생하였습니다. 1862년 단성 농민봉기, 진주 농민봉기를 시작으로 전국 곳곳에서 연이어 발생하였는데, 이를 임술년(1862)에 발생하였다고 해서 임술 농민봉기라고 합니다. 그렇다면 당시 농민들의 요구는 무엇이었을까요? 맞습니다. 삼정의 문란을 해결해달라는 거였죠. 정부도

사태의 심각성을 깨닫고 삼정의 문란을 해결하기 위해 암행어사를 파견하기도 하고, 삼정이정청(삼정의 문란을 없애기 위한 대책 마련으로 설치한 임시 관청)을 만들기도 하였습니다. 그러나 삼정의 문란은 해결되지 않았습니다. 세도 가문들이 썩어 있는 상태에서 사또와 아전들이 깨끗해질 수가 없었죠. 뿌리가 썩어 있는 나무에 썩은 가지를 아무리 잘라내봤자 결국 나무는 썩어버릴 수밖에 없는 것과 같습니다.

■ 흥선대원군 정치의 핵심은 왕권 강화

이와 같은 상황에서 1863년 고종이 즉위했습니다. 고종은 아직 나이가 어렸기 때문에 그의 아버지인 이하응이 대원군이 되어 정치를 대신하였습니다. '대원군'이란 '왕의 아버지'란 뜻입니다. 왕의 아버지로서 살아 있던 사람은 흥선대원군밖에 없었기 때문에 보통 대원군 하면 흥선대원군을 가리킵니다.

그는 아들이 왕이 되자 섭정을 시작하였습니다. 먼저 흥선대원군의 국내 정치를 살펴보면 왕권 강화가 핵심입니다. 대원군이 했던 모든 개혁의 궁극적 목적은 왕권 강화였습니다. 흥선대원군은 가장 먼저 세도정치 시기에 국왕을 허수아비로 만든 채 권력을 독차지하였던 안동 김씨 일족을 대부분 몰아냈습니다. 왕권을 약화시킨 주범인 안동 김씨를 몰아내지 않고서는 왕권을 안정시킬 수 없었기 때문이죠. 그리고 어떤 당파에 속하더라도, 또한 신분이 낮더라도 능력 있는 인재라면 누구나 기용하였습니다. 당파와 신분에 관계가 없는 인재야말로 국왕의 명령을 철저히 따르리라고 생각했던 것입니다. 당파, 신분은 패거리죠. 패거리는 패거리의 룰

내가 해야 할 모든
개혁의 궁극적 목적은
왕권을 강화하는 것이다.

고종

을 따릅니다. 그러니까 당파와 신분에 관계없는 인재들은 패거리의 룰을 따르지 않고 국왕의 명령을 따르는 것입니다. 다음은 이와 관련된 『매천야록』의 기록입니다.

> 대원군은 "나는 천 리를 끌어다 지척을 삼겠으며, 태산을 깎아 평지로 만들고, 남대문을 3층으로 높이려고 하는데, 경들은 어떻게 생각하오?" 라고 물었다.

'천 리를 끌어다 지척을 삼겠다.'는 것은 세도정치 시기 소외되어 있었던 종친들을 요직에 등용하겠다는 뜻이고, '태산을 깎아 평지로 만들겠다.'는 것은 안동 김씨 세력과 노론을 몰아내겠다는 뜻이죠. 또한 '남대문을 3층으로 높이겠다.'는 것은 남인을 중용하겠다는 뜻입니다. 다시 말해 능력에 따른 인재 등용을 통해 왕권을 강화하겠다는 뜻이었죠.

조선 후기에는 비변사라는 고위 관리들의 회의가 있었습니다. 특히

세도정치 때 권력을 휘두르던 몇몇 가문들만의 회의였습니다. 일종의 '귀족회의'라고 할 수 있죠. 당연히 비변사의 힘이 약해야 흥선대원군의 힘이 세지겠죠? 그래서 비변사의 힘을 약화시키고 대신 의정부와 삼군부의 기능을 강화시켰습니다. 그러자 왕권은 강화되었고, 의정부(정치적 권한)와 삼군부(군사적 권한)의 기능은 회복되었습니다. 다음은 비변사의 기능을 약화시켰음을 보여주는 『승정원일기』의 기록입니다.

비변사의 관인(官印)을 태워버렸다.

관인이란 관청의 공식 도장입니다. 그러니까 비변사의 관인을 태워버렸다는 것은 비변사가 갖는 관청으로서의 지위를 없애버렸다는 뜻이죠. 그리고 『대전회통』, 『육전조례』 등의 법전을 편찬하였습니다. 법전이란 사실상 왕의 명령을 상징하는 것으로 왕의 통치 방향을 보여주는 일종의 지침서입니다. 영조, 정조 때도 같은 이유로 법전이 편찬되었지요. 이 또한 왕권 강화가 그 목적입니다.

■ 경복궁 중건의 부작용

　　　　　　　　　　홍선대원군은 왕실의 권위를 높이기
위해 경복궁 중건에 착수하였습니다. '중건'이란 '다시 건설했다.'는 뜻입
니다. 경복궁은 임진왜란 때 백성을 버리고 도망간 왕과 지배층에 대한
분노로 성난 민중들에 의해 불타버렸습니다. 이후 경복궁은 계속 중건되
지 못하여 사실상 왕의 정궁, 즉 왕의 정식 집이 없는 상황이 지속되었습
니다. 이것은 왕실의 위엄이 없고, 왕의 권위가 없음을 보여주는 하나의
상징이었습니다. 실제로 조선 후기 들어 왕권은 매우 약화되었고, 이에
홍선대원군은 왕실의 권위를 높이기 위해 경복궁 중건에 착수하였던 것
입니다.

　　그러나 경복궁 중건은 홍선대원군의 실정이었습니다. 2008년 불에 타
버린 숭례문 복원이 2013년에 마무리되었습니다. 옛 도성 출입문 하나의
복원 비용만도 몇백억이 들었을 정도입니다. 마찬가지로 당시 경복궁 중
건에도 돈이 엄청나게 필요했습니다. 그러니까 조선의 살림이 가난했기
때문에 그동안 중건하지 못했던 것이죠. 그래서 홍선대원군은 일단 원납

전(願納錢)을 거두었습니다. 그 이름은 원(願)해서 납(納)부하는 돈(錢), 즉 자발적인 성금이었지만 사실은 부자 양반들에게서 강제로 뜯어낸 것입니다. 그것으로도 부족하니까 당백전이라는 화폐를 발행했습니다. '일당백', 당백전 하나가 상평통보 100냥의 가치를 갖는다는 말이죠. 지금 100만 원짜리 화폐를 마구 찍어서 100만

당백전 : 상평통보 100냥의 가치가 있었죠.

원짜리가 여기저기 돌아다닌다고 생각해보세요. 화폐량이 많아지면 어떻게 될까요? 맞습니다. 인플레이션이 일어납니다. 시중에 돈이 많아지니까 당연히 물가는 높아지고, 나라 경제가 완전 망하는 거죠. 이렇게 당백전의 실질가치가 명목가치인 100냥을 따라가지 못하는 현상, 즉 인플레이션으로 경제가 혼란스러워졌습니다.

궁궐을 지을 때 필요한 나무가 부족하자 양반들의 묘지 주변에서 자라는 나무들까지 잘라다 쓰다 보니 양반들의 불만은 더욱 커졌습니다. 궁궐을 지을 노동력이 부족하니까 백성들을 끌어다가 강제 노역까지 시켰습니다. 심지어 한양의 4대문을 통과하는 사람들에게 통행세를 걷기도 하였습니다. 이러한 일들이 계속 벌어지자 농민들도 흥선대원군에게 불만을 갖게 되었죠. 궁궐을 짓는 부역에 나가 고생하거나 당백전에 의한 경제 혼란으로 먹고살기가 어려워진 민중들의 불만이 점점 커졌고, 결국 각지에서 농민봉기가 일어났습니다. 다음은 경복궁 중건에 부정적이었던 백성들의 마음이 표현된 「경복궁 타령」의 일부입니다.

조선팔도 좋다는 나무는 경복궁 짓느라 다 들어간다.

도편수라는 놈의 거동 보소.

먹통 메고 갈팡질팡한다.

'갈팡질팡'이라는 말에 모든 것이 표현되어 있습니다. 경복궁 중건이 갈팡질팡하고 있다는 말이니, 백성들의 불만이 함축되어 있죠. 이렇게 민심이 점점 떠나가자 그동안 개혁에 불만을 품고 있던 기득권층에게 흥선대원군을 쫓아낼 기회가 왔습니다. 1873년 최익현을 중심으로 유생들이 흥선대원군의 하야(정치에서 물러남)와 고종의 친정(직접 정치를 함)을 요구하는 상소를 올렸고, 고종이 이를 받아들임으로써 흥선대원군은 실각하였습니다. 그리하여 명성황후의 후원을 받은 민씨 일족이 정권을 차지하게 되었죠.

■ 민생을 안정시켜
　　왕권을 강화하다

흥선대원군은 왕족이었지만 세도 가문들에 밀려나 있었던 비주류였습니다. 그래서 '상갓집 개' 같다는 소리를 들을 정도로 굴욕을 참으면서 백성들과 어울리며 그들의 삶이 얼마나 힘들고 고통스러운지를 몸소 경험하였습니다. 이러한 경험을 바탕으로 흥선대원군은 민생 안정을 통한 왕권 강화를 추진하기 시작하였습니다. 그런데 흥선대원군이 집권한 직후의 국가 재정은 거의 거덜 난 상태였습니다. 세도정치 세력들이 국가 재정을 말아먹고, 양반들이 면세, 탈세에 혈안이 되어 있었으니 어쩌면 당연한 일이겠지요. 결국 국가 재정을 다시 강화하기 위해서 양안(토지대장)에서 빠져 있거나 불법으로 세금을 면제받는 토지(은결) 등을 색출하는 양전 사업을 실시하여 재정 수입을 늘리고, 지방 수령이나 토착 세력들이 힘없는 백성들의 땅을 겸병하여 빼앗지 못하도록 하였습니다. 이를 위해 양반, 지방 토호들이 마음대로 백성들을 두들겨 패고 괴롭히는 등 부당한 횡포를 부리지 못하도록 막았습니다. 또한 당시에는 이 마을 저 마을 돌아다니며 절도, 강도를 일삼는 깡패들이 있었는데, 이들을 강력하게 단속하여 백성들의 지지를 얻었습니다.

그동안 군포를 내지 않았던 양반들에게도 군포를 걷는 호포제를 실시하였습니다. 호포제는 집집(호)마다 모두 군포(세금)를 내야 한다는 것으로, 양반이나 농민이나 모두 군포를 내라는 것입니다. 원래 양반은 역을 면제받았기 때문에 군포를 낼 필요가 없었습니다. 또 중인은 자신이 맡은 직역이 있고, 천민은 한마디로 사람이 아니었기 때문에 군포를 낼 필요가 없었죠. 결국 가난한 농민들만 군포를 냈는데, 이렇게 불공평한 세금 부과를 개혁하기 위하여 흥선대원군은 모든 사람들이 군포를 내도록 만들었던 것입니다. 바꿔 말하면 양반도 세금을 내라는 거였습니다. 다음은 이와 관련된 『근세조선정감』의 내용입니다.

나라 제도로서 인정(人丁)에 대한 세를 신포라 하였는데, 충신과 공신의 자손에게는 모두 신포가 면제되어 있었다. 이 법이 시행된 지도 이미 오래됨에 턱없이 면제된 자가 많았다. 그 모자라는 액수는 반드시 평민에게 덧붙여 징수하여 보충하고 있었다. 대원군은 이를 수정하고자 동포법을 제정하였다.

당연히 양반들은 열 받았고, 자신들에게 피해를 준 흥선대원군을 미워했습니다. 반대로 농민들은 세금 부담이 줄어들자 흥선대원군을 지지하였습니다. 결국 국가 재정이 강화되고 백성들의 세금 부담이 줄어들어 민생이 안정되었죠. 그 결과 왕권은 강화되었습니다.

원래 환곡은 봄에 가난한 백성들을 구휼하기 위해 곡식을 빌려주고 가을에 약 10%의 이자를 더해 돌려받는 것이 원칙이었지만, 실제로는 높은 이자를 받는 고리대가 되어 백성들을 착취하는 데 악용되었습니다. 그래서 이를 폐지하고, 지방에서 민간 자치적으로 관리하는 사창제를 실시하여 백성들을 구휼함으로써 민생을 안정시켰습니다. 사창은 '리(보통 한 마을을 부르는 단위)'를 단위로 설치되었습니다. 사창의 운영은 마을 사람들 중 부유하면서도 덕망이 있는 사람에게 맡기고, 사또나 아전들이 개입하지 못하게 하였죠.

또한 흥선대원군은 사액서원(나라에서 이름을 내리고 면세, 면역 등의 혜택을 주도록 인정한 서원) 47개만을 남겨놓고 나머지 서원들은 철폐하였습니다. 서원은 원래 훌륭한 유학자 등 선현을 제사 지내며 교육을 하는 일종의 학교였습니다. 그러나 점점 양반들이 모여서 패거리를 지으면서, 붕당 싸움의 뿌리가 되었고, 면세(세금 면제)와 피역(역을 피하는 것)의 특권을 남용하며 백성들을 괴롭히는 깡패 소굴 같은 곳이 되어갔습니다.

그래서 흥선대원군은 나라의 뿌리를 갉아먹는 해충 같은 존재인 서원을 철폐하고, 서원 소유의 토지와 노비를 몰수하여 국가 재정을 강화하였던 것입니다. 당연히 양반들은 반발했죠. 양반 유생들은 궁궐 앞까지 몰려와 상소를 올리고, 연좌시위를 하며 서원 철폐는 유교에 대한 탄압이라고 주장하면서 강력한 저항을 벌여나갔습니다. 하지만 흥선대원군은 이에 굴하지 않고 서원 철폐를 강력하게 밀고 나갔습니다. 다음은 이와 관련된 『근세조선정감』의 내용입니다.

"진실로 백성에게 해가 되는 것이 있으면 비록 공자가 다시 살아난다 하여도 나는 용서하지 않겠다. 하물며 서원은 우리나라의 선유(先儒)를 제사 지내는 곳인데, 지금은 도둑의 소굴이 되어버렸으니 말할 것도 없다."

즉 서원은 백성들을 해치는 도적들이 숨어 있는 소굴이라는 말입니다. 흥선대원군이 물러날 때 유생들, 즉 기득권 세력의 복수를 대신해 준 인물이 바로 최익현이었습니다. 최익현을 비롯한 유생 세력은 위정척사운동을 벌이며 서양 세력의 침투에 맞서 싸웠던 대원군을 적극적으로 지지했습니다. 그러나 이들은 대원군이 추진한 개혁의 칼끝이 자신들에게 상처를 입히자 결국 대원군을 쫓아낼 결심을 하고 실행하였던 것입니다.

★ **영화**와 **드라마**로 **역사** 읽기 - 드라마「닥터 진」

　「닥터 진」의 시대 배경은 흥선대원군이 정권을 잡기 전 세도정치의 폐단이 매우 극심하던 때입니다. 주인공 닥터 진은 타임슬립을 통하여 흥선군 이하응(대원군이 되기 전이죠)을 만나게 되죠. 그런데 흥선군은 장터를 돌아다니며 도박을 일삼고, 무뢰배(깡패 같은 사람들)와 어울리는 한심한 사람이었습니다. 심지어 세도가들의 술자리에 찾아가 술과 안주를 얻어먹기도 하였습니다. 한 세도가가 "어디서 상갓집 개가 짖나?" 하면서 안주를 연못에 던지며 먹으라고 흥선군을 모욕하자 그는 연못에 뛰어들어 건져 먹으며 더 달라고 하죠. 이 드라마에서도 묘사했다시피 흥선군이 이러한 행동을 한 이유는 자신이 세도 가문의 권력을 위협할 만한 인물이 못 된다고 안심시키기 위해서였죠.

　실제로 흥선대원군에게는 정권을 잡기 전부터 부하가 되어 어울리다 정권을 잡은 이후에도 흥선대원군의 최측근 역할을 한 '천하장안(천희연, 하정일, 장순규, 안필주 성을 따 이렇게 불렀죠)'이 있었습니다. '천하장안'은 평민 출신으로 흥선대원군이 신분보다는 능력을 중시하여 인재를 등용하였다는 것을 보여주는 대표적 예입니다.

■ 병인박해와 병인양요

　　　　　　　　　　대원군의 대외 정책은 한마디로 쇄국(鎖國)정책입니다. 나라(國)를 봉쇄(鎖)한다는 거죠. 외세는 우리나라의 문을 열려고 하고 우리는 나라의 문을 봉쇄하려고 하면서 결국 전쟁이 일어났습니다. 병인양요(1866), 신미양요(1871)가 대표적인 전쟁입니다. 먼저 병인양요의 원인인 병인박해를 살펴보겠습니다. 당시에 대원군은 러시아가 쳐들어올 것을 걱정했습니다. 만약 러시아가 쳐들어오면 우리 힘만으로 방어하기 어렵다고 생각한 대원군은 우리나라에서 천주교를 포교하고 있던 프랑스 신부들을 이용하려고 하였습니다. 이이제이(以夷制夷), 즉 오랑캐(프랑스)로써 오랑캐(러시아)를 견제한다는 말입니다. 그런데 대원군이 프랑스 신부들에게 러시아 견제 문제에 대해 프랑스와 교섭하고 싶다고 연락을 했는데, 신부들이 분위기 파악을 못하고 그냥 무시했어요. 대원군은 완전 열 받았죠. 격노한 대원군은 그 화풀이로 우리나라 천주교 신자들 8,000여 명을 죽여버립니다. 그리고 프랑스 신부 9명도 죽였어요. 이것이 병인박해, 즉 병인년(1866)에 일어난 천주교 박해죠.

프랑스 신부들 중에서 몇 명이 가까스로 우리나라를 탈출하여 프랑스 사람들에게 이 사실을 알렸습니다. 결국 병인박해를 구실로 로즈 제독이 이끄는 프랑스 군대가 강화도로 쳐들어옵니다. 왜 강화도였을까요? 강화도는 인천 옆에 있는 섬이고 인천은 서울 바로 옆에 있죠. 강화도는 서울로 들어오는 길목이었던 것입니다. 프랑스군은 한 달 가까이 강화도를 점령한 상태에서 서울을 공격하겠다고 위협하고, 강화도 주민들을 학살하고, 외규장각 도서(고속철도인 떼제베를 사주면 돌려준다더니 우리나라 다른 문화재와 맞바꾸자면서 말을 바꾸다가 2011년 영구임대 방식으로 반환하였습니다. 한마디로 원래 프랑스 것인데, 빌려주는 방식으로 돌려준 것이죠) 등 귀중한 문화재와 금, 은, 보물까지 약탈하였습니다.

조선은 군대를 재정비하여 프랑스군을 몰아내기 시작하였고, 한성근이 이끄는 부대가 문수산성에서 승리하였습니다. 이어 양헌수가 이끄는 부대는 정족산성(삼랑성)에서 프랑스군을 물리쳤습니다. 연이어 패배한 프랑스군은 약탈한 문화재와 보물을 가지고 강화도를 떠났습니다. 이것을 병인양요라고 합니다.

이곳은 문수산성입니다. 한성근이 이끄는 부대가 프랑스군을 물리친 곳이죠.

■ 오페르트 도굴 사건이 일어나다

　　　　　　　　　이어서 오페르트 도굴 사건(1868)이 발생하였습니다. 오페르트는 독일의 상인이었습니다. 오페르트 뒤에서는 미국 상인들이 자본을 대고 프랑스 선교사가 이를 도왔습니다. 오페르트가 조선에 와서 통상을 요구하였는데 조선은 당연히 거부하였죠. 결국 오페르트는 흥선대원군의 아버지(남연군) 무덤을 파헤치고 유골을 훔쳐가려고 했습니다. "네 아버지 유골을 우리가 가지고 있으니 통상을 허락하라!"며 협박하려고 했던 것입니다. 이들은 먼저 충청남도 덕산에 상륙하여 한밤중에 남연군의 묘를 파헤치기 시작했습니다. 덕산군수와 묘지기들이 저항했지만 이들을 막을 수는 없었습니다. 하지만 묘가 석회 등으로 단단하게 만들어져 있어 시간이 지체됐고, 아침이 밝아 주민들이 몰려들자 도굴단은 배로 달아났습니다. 다음은 『고종실록』에 기록된, 이 사건 직후 오페르트가 조선 정부에 보낸 편지 중 일부입니다.

"남의 무덤을 파헤치는 것이 예의 없는 행동이지만 무력을 사용하여 백성을 괴롭히는 것보다 나을 것 같아 그렇게 하였다."

도굴을 하여 유골을 훔치려 했다는 것이 예의 없는 일이라는 것은 아네요. 그런데 무력을 사용하여 백성을 괴롭히는 것보다 나을 것 같다는 말도 안 되는 이유를 대고 있습니다. 뺨 때린 후에 몽둥이로 구타하는 것보다 나을 것 같아 그렇게 했다고 말하는 것과 똑같죠. 흥선대원군은 엄청나게 분노하였고 백성들도 화가 났습니다. 유교 국가인 조선에서 부모의 묘를 도굴한다는 것은 상상조차 할 수 없는 일이었습니다. 그러니 조선 사람들이 서양 사람들을 싫어하게 된 것은 당연하죠. 임금의 할아버지 묘 도굴 사건은 당시 조선 사람들에게 큰 충격을 주었습니다. 서양 오랑캐가 짐승과 같다는 말은 많이 들었지만, 실제로 일어난 해골 탈취 시도는 당시 사람들에게 서양인들이 짐승 같은 오랑캐라고 확신하게 만들었던 것입니다.

서양 오랑캐들이 임금님의 할아버지 묘를 도굴하였다더군.

뭐라고? 정말 상종 못할 오랑캐들이네그려.

■ 제너럴셔먼호 사건과
   신미양요

병인박해가 벌어진 후 얼마 지나지 않아 제너럴셔먼호 사건(1866)이 일어났습니다. 이것은 미국의 상인들이 탄 제너럴셔먼호라는 배가 일으킨 사건입니다. 이들은 조선과의 통상을 요구하였고, 조선은 국법에 따라 통상 요구를 거절하였습니다. 그러나 제너럴셔먼호는 경고를 무시하고 평양 만경대까지 나아갔습니다. 이를 막으려던 조선의 군인들을 잡아 가두었으며, 상륙하여 민가를 약탈하고, 조선인들을 총으로 쏘아 죽이기까지 하는 등 횡포를 부렸습니다. 우리도 가만히 당하고만 있지는 않았습니다. 밤이 되자 평양의 군인들과 백성들이 제너럴셔먼호에 접근하여 불을 질렀습니다. 기습적인 화공으로 제너럴셔먼호는 모두 불타고, 배에 타고 있던 사람들이 모두 죽었습니다. 다음은 이와 관련된 『승정원일기』의 기록입니다.

> 평안감사 박규수가 보고하기를, "오랑캐들이 처음에는 교역을 요청하다가…… 저들은 대동강을 지나가던 상선을 약탈하고 우리 장수를 억류…… 성안의 모든 군사와 백성이 울분을 참지 못하고 조총과 화살을 난사하고 서로 도와 마침내 큰 배를 남김없이 모두 불태워버렸습니다."

제너럴셔먼호가 통상을 요구하다가 뜻을 이루지 못하자 약탈, 납치

미군에게 빼앗긴 어재연 장군기 : 2007년 한국에 반환되었죠.

등 행패를 부렸고, 이에 화공을 가하여 승리하였음을 보여주고 있습니다. 1871년에는 미국이 쳐들어오는데 이를 신미양요라고 합니다. 신미양요를 일으키면서 내세운 구실은 '제너럴셔먼호 사건'입니다. 이 사건을 구실로 1871년 로저스 제독이 이끄는 미국 군대가 강화도에 쳐들어와 초지진, 덕진진을 점령한 후 일어난 가장 큰 전투가 광성보 전투입니다. 어재연이 이끄는 수비대가 거세게 저항했지만 결국 미군에게 광성보를 점령당했죠. 그러나 조선군의 계속된 저항으로 미군은 강화도에서 철수하였습니다.

프랑스에 이어 미국과의 전쟁에서도 승리한 흥선대원군은 서울 종로 거리와 전국 곳곳에 '척화비'를 세웁니다. 그 비석에 "서양 오랑캐가 침범하는 데도 싸우지 않으면 화친하는 것이요, 화친을 주장하는 것은 나라를 팔아먹는 것이다."라는 글을 적어놓았죠. "외국의 못된 오랑캐와 싸우지 않는 것은 나라를 팔아먹는 일"이라는 뜻입니다. 이것은 흥선대원군의 통상수교 거부 정책을 잘 보여주는 비석들입니다. 요즘에도 정치적 구

신미양요가 벌어진 광성보에서 바라본 바다(왼쪽)와 신미양요 무렵 전국 곳곳에 세워진 척화비(오른쪽)

호가 쓰인 플래카드가 많이 보이죠? 척화비란 당시의 플래카드 같은 것입니다.

★ **영화**와 **드라마**로 **역사** 읽기 – **드라마** 「명성황후」①

　　드라마 「명성황후」는 고종 즉위 후 흥선대원군이 정권을 잡은 이후부터 고종황제가 대한제국을 수립한 이후 시호를 명성황후로 정할 때까지의 시기를 다루고 있는 작품입니다. 명성황후의 정치적 라이벌이 흥선대원군이었기 때문에 「명성황후」의 앞부분은 흥선대원군이 사실상 주인공이었죠.

　　이 드라마에서는 흥선대원군이 어떠한 개혁을 하였는지 자세히 묘사하였습니다. 가장 먼저 호포제 실시와 관련된 내용이 많이 등장하였는데, 양반들이 상민과 똑같이 군포를 내야 하는 것에 반발하여 군포 내기를 거부하는 장면들이 나옵니다. 양반들의 조세 저항이 심하자 흥선대원군은 아이디어를 냅니다. 양반들이 소유한 노비 이름으로 납부하라는 거였죠. 결국 양반들은 군포를 낼 수밖에 없었습니다. 또한 서원철폐에 대해서도 묘사하여 서원철폐 명령에 대해 양반 유생들이 저항하자 공권력을 동원하여 서원을 모두 박살내고 없애버리는 장면들이 나왔습니다. 또한 경복궁 중건을 위해 원납전을 걷는 과정에서 강제로 돈을 내는 것에 대한 불만이 점점 커졌다는 것과 당백전을 마구 발행하여 경제적 혼란이 극심해져 당백전이 제 가치를 하지 못하는 상황이 그려지기도 하였습니다.

이와 함께 흥선대원군이 외세에 맞서 싸우는 전투 장면들이 나왔습니다. 가장 먼저 제너럴셔먼호 사건이 묘사되어 평양에서 서양인들이 대포를 쏘는 등 행패를 부리는 장면과, 우리가 화공으로 제너럴셔먼호를 불태워버리는 장면이 나왔습니다. 곧 이어 병인양요가 일어나 프랑스군과 전투를 벌였습니다. 프랑스군이 도망가면서 우리나라의 보물들과 외규장각 도서를 훔쳐가는 장면도 나왔죠. 오페르트 도굴 사건에서는 서양인들이 남연군 묘를 도굴하려다가 단단한 석재가 드러나자 당황하는 장면이 나왔습니다. 그리고 다음 장면에서는 화가 난 고종이 자신의 할아버지 무덤이 도굴될 뻔한 것에 대해 신하들을 질책하였죠. 제너럴셔먼호 사건을 구실로 신미양요가 일어나자 흥선대원군이 결사항전할 것을 선언하고 전국 곳곳에 척화비를 세우는 장면과, 비록 광성보 전투 등에서 패했지만 계속된 조선군의 저항으로 별 성과 없이 미군이 철수하는 장면이 나왔습니다.

2.
응답하라 1876

■ 강화도조약으로
　문을 열다

응답하라 1876! 1876년은 강화도조약을 맺은 해입니다. 우리나라가 처음으로 다른 나라와 맺은 근대적 조약입니다. 당시 정권을 잡고 있던 민씨 정권 내에선 통상 개화론(일본, 서양에게 문을 열지 않으면 두들겨 맞고 결국엔 강제로 문을 열게 되니 우리 스스로 문을 열고 무역도 하고 문물을 받아들여 개화하자는 주장)이 점점 대세가 되었고, 결국 개항하기로 결정하였습니다. 만약 흥선대원군이 계속 정권을 잡고 있었다면 어떻게 되었을까요? 흥선대원군이 해왔던 정책에 비춰볼 때 분명히 일본과의 전쟁도 불사했을 것입니다. 그러나 당시 정권은 문호 개방을 해야 한다는 입장을 갖고 있던 민씨 정권이었기 때문에 강화도조약을 맺었던 것이죠.

앞에서 살펴본 것처럼 1873년 흥선대원군은 결국 정권에서 밀려났습니다. 하지만 고종이 권력을 차지하면서 부인인 명성황후(명성황후가 1895년 일본에게 시해당한 이후 1897년 고종이 황제에 즉위하면서 명성황후로 시호가 높여졌죠)도 정치를 하게 되었죠. 정권을 잡은 명성황후와 정권을 잃은 흥선대원군은 정치적인 라이벌이 되었습니다. 흥선대원군 세력을 몰아낸 명성황후는 자신의 친척들(명성황후의 성이 민씨였죠)을 고위 관리로 등용하였습니다. 이른바 '민씨 정권'이 시작된 것입니다. 민씨 정권은 온건 개화파와 같은 입장이었습니다. 흥선대원군처럼 무조건 통상수교를 거부하자는 입장에서 벗어나, 일단 통상수교를 하고 부국강병에 필요한 무기, 과학 기술만을 받아들이자는 입장이었습니다.

이때 일본에서는 조선 침략을 준비하고 있었습니다. 강화도조약은 한마디로 말하면 일본이 조선 침략을 시작한 출발점입니다. 침략의 배경에는 '정한론'이 있었죠. 일본에서는 메이지 유신 이후 신분제와 사회적 특권이 사라지면서 지배층이었던 사무라이들의 불만이 커져갔고, 이러한 상황에서 조선을 정벌하여 내부의 불만을 외부로 돌리자는 주장이 나타났는데, 이것이 바로 정한론입니다. 정한론은 받아들여지지 않았지요. 하지만 즉각적인 무력 침략은 아니더라도 조선 침략의 길로 가는 것은 확실해졌고, 결국 운요호사건, 강화도조약으로 이어졌습니다.

일본은 미국에 의해 나라의 문이 열렸습니다. 미국 군함이 와서 협박하여 문호를 개방하였죠. 그러니까 자신들이 당한 대로 우리한테 했던 것입니다. 일단 일본은 군함 운요호를 강화도 부근에 보내 알짱거리게 했습니다. 당연히 우리는 꺼지라고 경고 사격을 하였죠. 일본은 이때다 하고 반격을 가해 우리 초지진 포대를 박살내고 영종도(강화도 옆 섬)에 상륙하여 민가를 약탈하고 사람들을 죽이고 도망갔습니다. 이를 운요호사건(1875)이라고 합니다.

이 사건을 구실로 일본은 조선에 통상조약 체결을 강요하였습니다. 이미 싸움은 벌어졌고 조약을 맺지 않으면 전쟁을 하자는 뜻으로 알겠다는 협박이었죠. 방귀 뀐 인간이 도리어 화내는 것과 같습니다. 이렇게 조선은 일본의 강압과 협박을 당하는 상황에서 강화도조약을 맺게 되었습니다(1876).

강화도조약의 체결

■ 강화도조약이
불평등한 이유

　　　　　　강화도조약의 핵심은 최초의 근대적 조약
이면서 불평등조약이라는 것입니다. 그럼 중요한 조약 내용들을 하나씩
살펴봅시다.

제1관 조선국은 자주국이며, 일본국과 평등한 권리를 가진다.(이것은 청
나라의 종주권을 부인하여 일본의 침략을 쉽게 만들려는 것입니다. 남의 돈을 빼앗
는 것보다는 길에 떨어진 돈을 줍는 것이 더 쉬운 법입니다. 조선은 청나라의 것이 아
니라 주인 없는 것이니 일본이 줍겠다는 일본의 침략 의도가 숨겨져 있죠.)

제2관 조선 정부는 부산과 제5관에서 제시하는 두 곳(뒤에 인천, 원산으
로 결정)을 개항하고, 일본인이 왕래 통상함을 허가한다.(이것은 일본의 정치
적·군사적 침략 목적이 들어 있습니다. 왜냐하면 부산, 원산, 인천을 개항했기 때문
입니다. 특히 인천은 수도인 한양[서울]과 직통으로 뚫려 있기 때문에 조선에 대한 정

치적·군사적 침략이 매우 쉬워졌던 것입니다. 실제로 임오군란, 갑신정변, 갑오개혁 등의 사건에 외세가 쉽게 개입할 수 있었던 이유도 바로 여기에 있습니다.)

제7관 조선국의 연해 도서는 지극히 위험하므로 일본국의 항해자가 자유로이 측량함을 허가한다.(불평등조약의 증거입니다. 다른 나라 사람들이 우리의 바닷가를 마음대로 다니면서 조사하고 길이와 면적을 재고 다닌다는 것은 사람으로 치면 성희롱입니다. 다른 사람이 나의 몸무게와 키를 마음대로 잰다면 기분이 어떻겠어요? 노예가 된 기분이 들지 않을까요?)

제10관 일본국 인민이 조선이 지정한 각 항구에서 죄를 범한 것이 조선국 인민에게 관계되는 사건일 때에는 모두 일본 관원이 재판한다.(역시 불평등조약의 증거입니다. 로마에 가면 로마법을 따르라는 말이 있습니다. 그 나라에 가서 죄를 지으면 그 나라 법에 따라 처벌받는 것이 당연하죠. 치외법권은 외교관 같은 소수의 외국인에게만 주는 특권입니다. 그런데 치외법권이 특정 국가 사람 전체에게 주어진다면 이것은 지나친 특권입니다. 생각해보세요. 여러분이 이태원에서 외국인에게 얻어맞았는데, 그 외국인이 자기 나라 판사 앞에서 자기 나라 법으로 재판을 받고 무죄로 석방된다면 얼마나 억울하겠어요?)

강화도조약 이후 부속 조약들이 맺어졌습니다. 일본도 처음으로 다른 나라에게 사기를 치는 것이었기에 실수를 했던 것이죠. 개항을 시키기만 했지 실제 무역을 할 때 필요한 조치들을 빠트렸습니다. 일본 화폐를 사용할 수 없으면 무역 자체가 이루어질 수 없고, 개항장에 일본 상인들이 머물 지역도 확보해야 했으며, 또한 일본 외교관들이 개항장에서 벗어나 조선에서 마음대로 정보를 수집할 수 있어야 했던 것이죠. 그래서 일본이 부랴부랴 부속 조약을 맺었습니다. 다음은 조·일 수호조규부록의 일부입니다.

제7관 일본국 인민은 본국에서 사용되는 화폐로 조선국 인민의 소유물과 마음대로 교환할 수 있다.

또 추가적으로 맺은 조·일 통상장정의 핵심은 일본으로 쌀, 잡곡 수출을 무제한 허용하고, 일본과의 수출입 상품에 관세를 물리지 않는 혜택을 주는 것입니다. 다음은 조·일 통상장정의 일부입니다.

제6조 조선국 항구에 머무르는 일본인은 쌀과 잡곡을 수출입할 수 있다.
제7조 일본국 정부에 속한 모든 선박은 항세(관세)를 납부하지 않는다.

조·일 통상장정은 1883년에 다시 체결되었는데, 수출입 상품에 관세를 설정하고, 방곡령에 대한 조건이 규정되었습니다. 또 일본 상인에 대한 최혜국 대우가 인정되어, 조·청 상민수륙무역장정(1882)으로 청나라 상인들에게 허용된 내륙 진출이 일본 상인들에게도 허용되었습니다.

■ 황쭌셴의 『조선책략』과
   조·미 수호통상조약

황쭌셴(黃遵憲)은 당시 일본에 가 있던 청나라 외교관이었어요. 이름만 봐도 중국 사람인 거 알 수 있죠? 2차 수신사로 일본에 갔던 김홍집이 황쭌셴과 필담을 나눈 내용을 『조선책략』이라는 책으로 묶어 가져왔습니다. 그 핵심은 "조선은 러시아의 침략을 막기 위해 청, 일본, 미국과 연합하여야 한다(親中國·結日本·聯美邦)."는 주장입니다. 이미 청, 일본과는 연합한 상태이므로 미국과 수교해

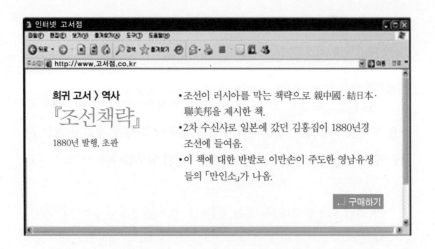

야 한다는 주장이죠. 『조선책략』이 조선에 유포되자 양반 유생들이 난리가 납니다. 이러한 양반 유생들의 집단적인 반대 운동 중 하나가 바로 이만손이 주도한 영남 유생들의 「만인소」(1881)입니다. 더 자세한 내용은 뒤에서 다시 살펴보겠습니다.

『조선책략』이 조선에 유포된 이후 민씨 정권의 분위기는 러시아의 남하를 견제하기 위해 미국과 수교를 하자는 방향으로 흘러갔고, 청나라의 알선으로 조·미 수호통상조약(1882)이 맺어졌습니다. 다음은 조약의 주요 내용입니다.

제4조 조선의 백성이 미합중국 국민에게 범행을 하면 조선 당국이 조선 법률에 따라 처벌한다. 미합중국 국민이 조선에서 조선의 백성을 때리거나 재산을 훼손하면 미합중국 영사나 그 권한을 가진 관리만이 미합중국 법률에 따라 처벌한다.(치외법권 조항)

제11조 조선이 어느 때든지 어느 국가에 항해, 통상, 기타 어떠한 것을 막론하고 본 조약에 부여되지 않은 어떠한 권리나 특혜를 다른 나라에

허가할 때에는 이와 같은 권리, 특권 및 특혜는 미국 관민상인에게도 무조건 똑같이 준다.(최혜국 대우 조항)

청나라가 이 조약을 알선한 이유는 조선에 대한 영향력을 보여주기 위해서랍니다. "얘들아, 조선은 내가 시키면 다 해. 내 부하야. 조선하고 놀고 싶으면 나한테 잘 보여." 바로 이런 뜻이죠. 또 조선을 노리고 있던 일본과 러시아를 미국을 통해 견제하려는 목적(이러한 목적을 위해 거중조정 조항이 들어 있었죠. 거중조정이란 제3국이 분쟁 당사국 사이에 개입하여 분쟁을 원만히 해결하도록 주선하는 것을 말합니다. 조선과 다른 나라 사이에 분쟁이 발생하면 미국이 개입하여 분쟁을 해결할 수 있다는 것이었죠)도 있었죠. 이이제이!

어쨌든 조·미 수호통상조약은 서양 국가와 맺은 최초의 조약입니다. 그런데 이 조약도 불평등조약입니다. 미국인 모두에게 치외법권을 주었으며, 또한 미국에게 최혜국 대우(다른 외국에 부여한 유리한 대우를 조약 상대국에도 자동으로 적용하는 것으로 처음으로 미국에게 최혜국 대우를 주었죠)의 혜택을 주었습니다. 또 관세 조항이 처음으로 규정되어 미국과의 수출입 상품에 관세를 물리게 되었지만 낮은 비율의 협정 관세(원래 관세는 그 나라 고유의 주권입니다. 다른 나라와 협정을 맺어 관세를 결정한다는 것은 우리나라의 주권을 침해하는 불평등 조항이었죠)였기 때문에 별 효과는 없었죠.

이렇게 물꼬가 트이자 이후 다른 서양 열강들과도 차례대로 조약을 맺게 되었습니다. 1883년 영국, 독일, 1884년 러시아, 1886년 프랑스와 조약을 맺었죠. 모두 치외법권, 최혜국 대우 조항이 들어간 불평등조약입니다. 이 외에 여러 서양 나라들과도 조약을 맺었는데, 대개 청나라의 알선에 의해 맺어졌죠. 그러나 러시아는 청나라가 견제하는 나라였기 때문에 조선이 독자적으로 수교했습니다. 또한 프랑스와 조약을 가장 늦게 맺

보빙사절단 : 1883년 조·미 수호통상조약을 체결한 기념으로 미국에 파견되었죠.

은 이유는 천주교 공인 때문이었습니다. 프랑스가 조약을 맺기 위한 조건으로 천주교의 포교 자유를 인정하라고 요구했기 때문이죠. 그렇다면 프랑스가 이러한 조건을 단 이유는 뭘까요? 맞습니다. 병인양요입니다. 병인양요의 원인은 병인박해, 즉 천주교 탄압이었죠. 다시 말해 프랑스가 병인양요를 일으킨 것은 조선이 천주교를 탄압했기 때문에 어쩔 수 없었다는 자기 합리화였습니다.

■ 친외세냐, 반외세냐?
친봉건이냐, 반봉건이냐?

구분	개화파	위정척사파	동학(농민) 세력
외세에 대한 대응	친외세	반외세	반외세
봉건에 대한 대응	반봉건	친봉건	반봉건

개항을 전후하여 우리나라에서는 개화파 세력, 위정척사파 세력, 농민 세력이 각기 다른 주장을 하고 있었습니다.

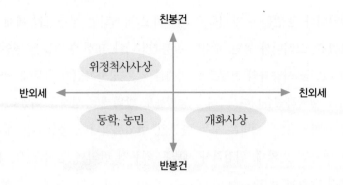

친봉건

위정척사사상

반외세 ← → 친외세

동학, 농민   개화사상

반봉건

하나하나 살펴봅시다. 먼저 개화파는 서양과 통상수교를 하고 근대화를 이룩하자는 세력이죠. 1860년대부터 등장했는데 이들의 주장은 성리학 중심의 봉건적인 체제를 반대하고, 서양의 문물을 받아들여 근대화하자는 것입니다.

다음은 위정척사파에 대해 알아보겠습니다. 위정척사는 "바른 학문(정학, 즉 성리학)은 지키고(호위하고) 사악한 학문(성리학 이외의 모든 학문, 종교, 사상)은 배척하자!"라는 뜻입니다. 위정척사파는 아까 말한 개화파와는 완전 반대입니다. 개화파가 진보적인 세력이라면 위정척사파는 보수적인 양반들입니다. 양반들은 갖고 있는 것이 많잖아요? 자기 땅도 많고 양반들이 거들먹거릴 수 있는 신분 질서도 있었죠. 그런데 외국 세력이 들어오면 지금까지 갖고 있던 모든 것을 잃을지도 모르죠. 그러니까 당연히 외국 세력을 싫어했어요. 이해되죠?

또 하나의 세력은 동학과 농민들입니다. 동학은 교조 최제우가 1860년에 창시한 우리 고유의 종교입니다. 서학에 반대한다는 뜻에서 동학입니다. 안티 서학이죠. 이름부터 반외세예요. 그리고 동학 하면 떠오르는 것이 '인내천', 즉 '사람이 곧 하늘'입니다. 인간은 하늘처럼 존귀한 존재이며 양반이나 평민이나 천민이나 모두 하늘처럼 평등하다는 것, 즉 반봉건입니다. 농민들은 자신들을 억압하고 착취하는 봉건적인 체제에 반대하였죠. 그러니까 농민 세력도 반봉건입니다. 또한 농민들은 병인양요, 신미양요 등 서양과의 전쟁으로 피해를 입은 당사자였기 때문에 서양 오랑캐를 싫어하였습니다. 그래서 농민들도 반외세의 성격을 띠었죠. 그러니까 동학과 농민 세력은 모두 반봉건, 반외세입니다. 종합하면 개화 세력은 반봉건 친외세, 위정척사 세력은 친봉건 반외세, 동학(농민) 세력은 반봉건 반외세입니다.

■ 개화파의 형성과 분열

개화파의 출발인 초기 개화파(개국통상론)의 대표적 인물은 박규수, 오경석, 유홍기입니다. 이들은 조선 후기 실학자 가운데 중상학파라고 하는 북학파의 영향을 받았습니다. 북학파는 '북(청나라)의 학문을 배우자!'는 사람들입니다. 당시 청나라의 학문은 사실상 서양과의 교류 속에 발달한 것이죠. 그래서 북학파의 영향을 받은 초기 개화파는 청나라처럼 서양과 교류하며 서양 문물을 받아들여 개화하자고 주장한 것입니다. 실제로 박규수의 할아버지가 북학파의 대표인 박지원이죠. 초기 개화파 중 박규수만 양반이고 오경석, 유홍기는 중인이에요. 오경석은 역관으로 청나라를 오가며 『해국도지』, 『영환지략』 등의 책을 우리나라에 소개했고, 유홍기는 의원으로 오경석이 전해준 책으로 공부하며 개화파가 되었죠.

1870년대 박규수의 집 사랑방에 김옥균, 박영효, 홍영식, 김윤식, 서광범, 유길준 등 양반 자제들이 모여들어 개화사상을 배우기 시작하였습니다. 이들 중 일부는 다시 유홍기의 제자가 되어 개화사상을 더욱 발전시켰죠. 이와 같이 개화사상은 북학파의 실학을 중심으로 중국의 양무운동과 일본의 문명개화론의 영향을 받아 이루어졌어요. 그리고 이들이 급진 개화파와 온건 개화파로 분화된 것입니다. 다음은 신채호의 「지동설의 효력」이란 글에서 박규수가 제자들을 가르치는 내용을 살펴봅시다.

"오늘날 중국이 어디 있단 말인가? 이리 돌리면 미국이 중국이 되고, 저리 돌리면 조선이 중국이 되며, 어느 나라건 가운데로 돌리면 중국이 된다."

이 세상의 중심이 중국이라는 세계관을 화이론적 세계관이라고 합니다. 박규수는 지구의를 돌리며 이 지구에 중심이 되는 나라는 정해져 있지 않으므로 화이론적 세계관에서 벗어나야 함을 제자들에게 가르친 것이죠.

개화파의 개화에 대한 기본적 입장은 당시 개화를 진행하고 있던 청나라의 양무운동 등을 배우자는 것이었습니다. 그러나 1882년 임오군란에 의해 청군이 주둔하게 되면서 주차관 위안스카이의 횡포는 극에 달했고, 이로 인하여 나타난 반청 분위기를 중심으로 급진 개화파가 뭉치기 시작했습니다. 1884년 갑신정변을 일으킨 주도 세력은 5명인데, 그들의 지도자라고 할 만한 사람이 김옥균입니다. 그를 중심으로 홍영식, 서광범, 박영효, 서재필 등이 참여하였습니다. 이에 반해 같은 개화파이면서 갑신정변에 참여하지 않은 이른바 온건개화파의 대표적 인물은 김윤식, 김홍집, 어윤중 등이었습니다.

■ 개항 직후 개화정책의 추진

　　　　　　　　　　　　　　　　　　자, 이제 본격적으로 개항 이후 개화정책이 추진되던 시기로 가보겠습니다. 나라의 문을 열었으니 가장 먼저 무엇부터 해야 할까요? 일단 보고 배워야 하니까 일본에 제1차 수신사(1876)를 보냅니다. 김기수를 책임자로 파견하여 일본의 근대 문물을 시찰하고 돌아왔죠.

　　개화정책을 제대로 추진하려면 총괄적으로 관리하는 관청이 필요하잖아요? 그래서 통리기무아문이라는 기관을 만들었습니다. 통리기무아문은 당시 개화정책을 추진하는 최고 권력 관청입니다. 그 아래에 12사라는 12개의 관청을 설치해서 개화 업무를 추진했죠. 또 신식 군대인 별기군을 만들었습니다. 일본인 장교를 훈련 교관으로 불러와서 근대식 무기를 다루는 기술을 가르치고 군사훈련을 시켰습니다. 구식 군인도 바꾸어 5군영을 2영(무위영, 장어영)으로 축소, 통합했죠.

　　제2차 수신사(1880)는 김홍집이 책임자였는데, 돌아올 때 『조선책략』을 가져와 유생들의 반발을 불러일으켰습니다. 박정양, 어윤중, 홍영식 등

별기군 : 신식 군대로 근대적 군사훈련을 받았죠.

으로 이루어진 조사시찰단(신사유람단, 1881) 역시 일본의 정부기관, 공장 등 근대 문물을 시찰하였습니다. 우리나라에 돌아와서는 일본의 근대화 상황을 각 분야의 보고서(문견사건)로 작성하여 고종에게 보고하였죠.

청나라에는 김윤식을 책임자로 하여 영선사(1881)를 보내 톈진에서 무기 만드는 기술, 서양식 군사훈련 방법 등을 배우게 하였습니다. 영선사 일행의 귀국 후 근대적 무기 공장을 하나 세우는데, 그 이름이 기기창(1883)입니다. 또 미국과 조·미 수호통상조약을 체결한 기념으로 보빙사절단(1883)도 보냈습니다. 민영익을 책임자로 하여 미국을 순방하였는데, 몇몇은 유럽 각국을 둘러보고 귀국하였습니다.

★ **영화**와 **드라마**로 **역사** 읽기 – **드라마** 「명성황후」②

드라마 「명성황후」에서는 1873년 흥선대원군이 정권을 잃는 장면이 묘사되었습니다. 최익현이 고종의 친정을 요구하는 상소를 올리자 고종의 뒤에서 명성황후가 고종이 이제 직접 정치를 하도록 설득하는 장면이 나왔습니다. 또한 흥선대원군이 물러나자 고종이 명성황후와 고위 관리들의 인사를 함께 논의하는 내용도 나왔죠. 민씨 정권이 시작된 것입니다.

명성황후와 고종은 문호를 개방하고 부국강병을 이룩해야 한다고 생각하였습니다. 이때 일본인들이 우리나라에 대한 침략을 논의하는 장면이 나오기도 하였는데, 일본이 미국 함대에 의해 강제로 개항을 당한 것처럼 조선에 대해서도 무력으로 협박하여 개항을 시킬 음모를 꾸미는 내용이 묘사되었습니다. 이어서 일본 군함 운요호가 영종도 포대를 박살내고 상륙하여 행패를 부리는 장면이 나왔습니다. 그리고 강화도에서 우리나라와 일본의 수교 협상이 이루어지고, 최익현 등 유생들은 개항 반대 상소를 올리며 위정척사운동을 벌였습니다.

결국 강화도조약이 맺어졌는데, 일본 대표들은 크게 웃으며 즐거워하고, 우리나라 대표들은 어찌할 줄 모르는 모습이 나왔죠. 강화도조약이 우리나라가 일본에게 사기를 당한 불평등조약이었음을 보여주는 장면이었죠. 개항 직후 수신사로 일본에 다녀온 김기수가 고종에게 보고하는 장면에서는 전기, 기차 등에 대해 대화를 나누는 장면이 나왔는데, 당시 민씨 정권이 과학 기술을 도입하는 것에 관심을 갖고 있던 온건 개화파의 입장이었음을 알 수 있습니다. 또한 별기군이 일본인 교관의 지휘에 따라 훈련하는 모습도 나왔는데, 개화정책이 진행되고 있었음을 보여주는 장면이었습니다.

3.
응답하라 1884

■ 개화파와 보수파의 갈등이 폭발하다

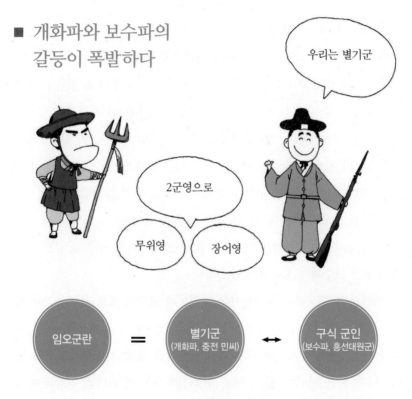

응답하라 1884! 1884년은 갑신정변이 일어난 해입니다. 갑신정변은 급진 개화파가 일으킨 우리나라 최초의 근

대화 운동입니다. 당시 정권을 잡고 있던 민씨 정권은 온건 개화파의 입장과 같습니다. 즉 갑신정변은 개화파 내부의 갈등이 폭발한 사건이었습니다. 특히 온건 개화파는 청나라와 친하게 지내면서 개화를 천천히 하자는 입장이었고, 급진 개화파는 청나라의 내정간섭에 불만을 품고 일본과 친하게 지내면서 빨리 개화를 하자는 입장이었죠. 그렇다면 청나라는 왜 우리나라에 와서 내정간섭을 하게 된 걸까요? 그 이유를 알기 위해선 먼저 임오군란에 대해 살펴봐야 합니다. 임오군란의 결과 청나라 군대가 우리나라에 주둔하게 되었기 때문이죠.

임오군란(1882)은 기본적으로 개화파와 보수파의 갈등이 터진 사건입니다. 강화도조약 이후 민씨 정권이 개화정책을 추진하면서 신식 군대인 별기군을 만들었습니다. 별기군은 서양식 무기로 무장하고, 월급도 꼬박꼬박 나오는 등 대우가 좋았습니다. 별기군은 잘나가던 개화파의 상징이었던 것입니다. 그런데 예전부터 우리나라에 있던 구식 군인 있죠? 국가에서 별기군에게는 월급을 많이 주고 구식 군인에게는 월급을 조금 줬습니다. 게다가 일 년 넘게 구식 군인들의 월급을 주지 않았습니다. 당시에는 월급을 쌀로 주었는데, 일 년 만에 쌀을 받아 보니 그 속에 겨(쌀 껍질)와 모래, 흙이 절반이었습니다. 정말 열 받는 일이었죠. 구식 군인은 소외되어 있던 보수파의 상징인 것입니다.

여러분이 직장에서 십 년 이상 일했는데 갑자기 새로 들어온 신입사원들에게는 월급을 많이 주면서 여러분에게는 일 년 넘게 월급을 안 주었다고 가정해봅시다. 그러다가 갑자기 월급을 받았는데 월급봉투를 열어보니까 돈은 반밖에 없고, 반은 위조지폐가 들어 있다면 어떻게 하겠습니까? 완전 열 받겠죠? 구식 군인들도 열 받았습니다. 임오군란의 직접적인 원인은 구식 군인에 대한 차별 대우입니다. 이는 당시 개화정책이 추진되던 시기에 보수파들이 차별받는다고 느꼈던 불만과 똑같습니다.

결국 구식 군인들은 민씨 정권 고위 관리들의 집으로 몰려가 그들을 죽이고 곧이어 별기군을 습격하였습니다. 이렇게 개화의 상징인 별기군을 보수파의 상징인 구식 군인들이 공격하면서 임오군란은 시작되었습니다. 별기군을 지휘하던 일본인 교관도 죽여버렸습니다. 그리고 일본 공사관에 쳐들어가 불을 지릅니다. 반외세의 성격을 띤 것입니다. 구식 군인들이 반란을 일으키자 하층민들도 합세하였습니다. 이들도 민씨 정권에 불만이 많았기 때문이죠. 민씨 정권의 부정부패로 백성들은 착취당하였고, 일본의 경제 침략으로 곡물이 엄청나게 유출되어 곡물 가격이 폭등하였죠. 명성황후의 친척들이 바로 민씨 정권이었고, 강화도조약을 맺은 것도 명성황후였으니 모든 불만이 당시 중전이었던 명성황후에게 쏠렸던 것이죠.

그들은 "나라를 외세에 팔아먹고 백성들을 착취하는 민씨 정권과 개화파의 우두머리인 중전을 죽이자!" 하면서 경복궁으로 쳐들어갑니다. 결국 명성황후는 충청도 충주로 도망을 갔습니다. 이때 임오군란을 뒤에서 조종했던 사람이 흥선대원군이었습니다. 중전은 도망가고 구식 군인들이 궁궐을 장악하자 겁이 난 고종은 흥선대원군을 부릅니다. 이제 믿을 건 아버지밖에 없잖아요? 그래서 흥선대원군이 궁궐로 돌아와 다시 정권을 잡았습니다. 재집권한 흥선대원군은 통리기무아문을 폐지하는 등 개화정책을 중단하고 2영 체제를 다시 5군영 체제로 되돌리며 군란을 수습하였습니다.

임오군란으로 정권을 빼앗긴 민씨 세력은 청나라에 SOS를 때립니다. 그러자 청나라는 조선에 군대를 보내 군란을 진압하고, 흥선대원군을 군란의 책임자로 몰아 청나라로 끌고 갔습니다. 이후 청나라는 조선에 군

대를 주둔시키면서 내정간섭을 시작하였습니다. 다음은 『매천야록』의 임오군란과 관련된 기록 중 일부입니다.

난병들이 대궐을 침범하자 중전은 밖으로 피신하였다…… 고종은 그 소문을 듣고 급히 대원군을 부르니 대원군은 난병을 따라 입궐하였다…… 대원군에게 군국사무를 처리하라는 명을 내리니, 대원군은 기무아문과 무위·장어 2영을 폐지하고 5영의 군제를 복구하라는 영을 내리고 군량도 지급하도록 하였다.(임오군란의 결과 대원군이 재집권한 상황을 보여주고 있죠.)

청은 임오군란을 진압한 이후에도 3,000명의 청군을 계속 주둔시켰습니다. 청나라 주둔군 사령관으로 파견된 위안스카이는 내정간섭을 일삼고 무례와 횡포를 부렸습니다. 또한 고문으로 파견된 마젠창과 묄렌도르프(독일 출신) 역시 내정간섭을 하였습니다. 그리고 임오군란 직후에 조약들이 맺어졌습니다. 청나라 덕분에 정권을 되찾은 민씨 정권이 청나라에게 은혜를 갚은 조약이 바로 조·청 상민수륙무역장정입니다. 청나라 상인들에게는 조선의 내륙에 진출하여 장사할 수 있는 특혜가 주어진 것입니다. 이렇게 되니까 일본이 짜증났죠. 그래서 일본도 조·일 통상장정을 개정(1883)하여 최혜국 대우를 내세워 내륙까지 들어와서 장사를 했습니다. 청과 일본의 무역 경쟁이 시작되었죠. 다음은 조·청 상민수륙무역장정의 내용입니다.

> 제2조 조선의 개항장에서 청의 상무위원이 청 상인에 대한 재판권을 행사한다.(치외법권 조항이죠.)
>
> 제4조 베이징과 한성, 양화진에서 상점을 열어 무역을 허락하되, 양국 상민의 내지 행상을 금한다. 다만 내지 행상이 필요할 경우 지방관의 허가서를 받아야 한다.(한성은 서울이고, 양화진은 현재 마포구로 당시엔 서울로 들어가는 길목이었죠. 즉 서울과 서울로 가는 길목에서 청나라 상인들이 무역할 수 있는 특권을 준 것이죠. 또한 허가서만 받으면 얼마든지 전국 어디든 갈 수 있게 된 것이죠.)

아까 구식 군인들이 별기군을 죽이고 나서 일본인 교관까지 같이 죽였다고 했죠? 게다가 일본 공사관에까지 불을 질렀습니다. 건수 잡은 일본은 우리에게 배상을 하라고 합니다. 돈 달라는 거였죠. 그래서 제물포조약이라는 조약을 맺으며 일본에게 배상금을 주었습니다. 또 "우리 공사관을 지킬 군대를 조선에 주둔시키겠스므니다." 이러면서 일본 군대가 조선에 주둔하게 되었습니다. 한편, 임오군란 직후 3차 수신사로 파견된 박영효는 태극기를 만들어 사용하기 시작하였습니다. 현재 태극기와 거의 똑같답니다. 다음은 제물포조약의 일부입니다.

제4조 홍도의 폭거로 일본국이 받은 피해 및 공사를 호위한 육해군 경비 중에서 50만 원은 조선국이 채워준다. 해마다 10만 원씩 5개년 동안 완납한다.(홍도의 폭거란 임오군란을 의미하죠. 배상금을 지불하라는 것입니다.)

제5조 일본 공사관에 군인 약간을 두어 경비한다. 그 비용은 조선국이 부담한다.(일본군이 우리나라에 주둔하게 되었죠. 임오군란은 청군, 일본군 등 외국 군대의 주둔을 초래한 사건입니다.)

■ 위정척사운동의 전개와 의의

1860년대
통상반대론
척화주전론
➡ 1870년대
왜양일체론
개항불가론
➡ 1880년대
개화정책 반대
조선책략 반대
➡ 1890년대
의병운동으로
계승

위정척사운동은 연대별로 크게 4단계로 나눕니다. 먼저 1860년대는 통상반대론(서양 오랑캐와 교역하면 경제가 망한다는 주장), 척화주전론(서양 오랑캐와 맞서 싸우자는 주장)의 시대입니다. 흥선대원군의 통상수교 거부 정책을 적극 지지하였습니다. 1860년대 주요 사건을 기억해볼까요? 1866년 제너럴셔먼호 사건, 병인양요, 1868년 오페르트 도굴 사건, 1871년 신미양요. 모두 서양 오랑캐의 통상 요구나 침략에 맞서 싸웠던 사건들이죠. 위정척사파는 당연히 통상반대, 척화주전, 즉 '서양과 놀지 말고 한판 붙자!' 이거죠. 대표 인물은 기정진, 이항로 등입니다. 다음은 이항로의 상소 중 일부입니다.

"안으로 관리들로 하여금 사학(邪學)의 무리를 잡아 베시고, 밖으로 장병으로 하여금 바다를 건너오는 적을 정벌하게 하소서."(잡아 베고, 정벌하고, 아주 살벌하죠. 한마디로 '싸우자!' 이겁니다.)

1870년대는 왜양일체론(일본이나 서양이나 모두 오랑캐라는 주장), 개항불가론(일단 개항하면 외세의 계속되는 침략을 막을 수 없다는 주장)의 시대입니다. 즉 강화도조약에 반대한다는 뜻이죠. 1870년대 주요 사건을 기억해볼까요? 1875년 운요호사건, 1876년 강화도조약. 모두 일본의 침략, 수교 요구죠. 위정척사파는 당연히 '개항 반대, 왜적이나 서양 오랑캐나 똑같다! 강화도조약 결사 반대!' 이거죠. 대표 인물은 최익현, 유인석 등입니다. 다음은 최익현의 상소문 중 일부입니다.

"저들이 비록 왜적이라고 하나 실은 양적입니다. 강화가 한번 이루어지면 사학 서적과 천주의 초상화가 교역하는 속에 들어올 것입니다."(왜 오랑캐나 서양 오랑캐나 똑같다는 거죠.)

1880년대는 개화정책 반대, 『조선책략』 반대의 시대입니다. 대표적 활동이 영남 만인소 사건입니다. 1880년대 주요 사건을 기억해볼까요? 강화도조약 이후 정부는 통리기무아문을 중심으로 개화정책을 추진하고 있었고, 특히 수신사로 일본에 갔던 김홍집이 가져온 『조선책략』이 전국적으로 퍼지면서 양반 유생들은 난리가 났죠. 그래서 『조선책략』에 반대하고 개화정책 중단을 촉구하는 상소들이 빗발쳤는데, 그중 대표적인 것이 이만손이 주도하여 영남 지역의 유생들이 집단적으로 고종에게 상소를 올린 「만인소」입니다. 이 외에 강원도 유생 홍재학이 올린 척사 상소도 있습니다. 다음은 「만인소」의 내용 일부입니다.

"수신사 김홍집이 가지고 와서 유포한 황쭌셴의 사사로운 책자를 보노라면 어느새 털끝이 일어서고 쓸개가 떨리며 울음이 북받치고 눈물이 흐릅니다…… 중국은 우리가 신하로서 섬기는 바이며 해마다 옥과 비단을 보내는 수레가 요동과 계주를 이었습니다. 신의와 절도를 지키고 속방의 직분을 충실히 지킨 지 벌써 이백 년이나 되었습니다…… 이제 무엇을 더 친할 것이 있겠습니까? 일본은 우리에게 매여 있던 나라입니다. 삼포왜란이 어제 일 같고 임진왜란의 숙원이 가시지 않았습니다. 그들은 이미 우리 땅을 잘 알고 수륙 요충지대를 점거하고 있습니다…… 그들이 우리의 허술함을 알고 함부로 쳐들어오면 장차 이를 어떻게 막겠습니까? 미국은 우리가 본래 모르던 나라입니다. 잘 알지 못하는데 공연히 타인의 권유로 불러들였다가 그들이 재물을 요구하고 우리의 약점을 알아차려 어려운 청을 하거나 과도한 경우를 떠맡긴다면 장차 이에 어떻게 응할 것입니까? 러시아는 본래 우리와 혐의가 없는 나라입니다. 공연히 남의 말만 듣고 틈이 생기게 된다면 우리의 위신이 손상될 뿐만 아니라 만약 이를 구실로 침략해 온다면 장차 이를 어떻게 막을 것입니까?"(한마디로『조선책략』은 말도 안 되는 소리다 이거죠.)

1890년대는 위정척사운동이 항일 의병운동으로 계승된 시대입니다. 반외세, 보수적 성격이 반외세의 대표적 활동인 항일 의병운동으로 이어진 것입니다. 1890년대 주요 사건을 기억해볼까요? 1895년 을미사변, 단발령에 분노하여 양반 유생들과 민중들이 일으킨 것이 바로 을미의병이죠. 1880년대까지 위정척사운동은 상소로 한 운동이었습니다. 한마디로 말로만 했던 것이죠. 그리고 운동의 결과는 점점 실패로 끝났죠. 이제는 말로만 해서는 안 되겠죠? 그래서 창과 칼을 들고 행동에 나선 것이 바로 의병이었습니다. 위정척사운동은 의병운동으로 계승되었다고 할 수 있습니다. 다음은 위정척사운동을 벌이다 을미의병에 참가한 대표적인 의병장 유인석의 창의문입니다.

> "국모의 원수를 생각하며 이를 갈았는데, 참혹함이 더욱 심해져 임금께서 머리를 깎으시는 지경에 이르렀다."(을미사변, 단발령이 원인이 되어 을미의병이 발생하였음을 알 수 있죠.)

그러나 위정척사운동은 '조선은 곧 작은 중국'이라는 소중화 사상과 성리학 체제에서 벗어나지 못하는 한계성이 있었습니다. 국왕이 지배하는 전제 군주제와 양반들이 중심이 된 신분제를 지키려 했던 것이죠. 그 이유는 양반 유생들의 기득권을 지키려는 목적이었습니다. 자신들의 지배층 자리를 서양, 일본 오랑캐가 차지하는 것이 싫었던 것입니다. 그러나 위정척사파가 내세운 논리들을 보면 당시 서양 열강과 일본의 침략성을 정확하게 이해하고 있다는 것을 알 수 있습니다. 영화나 드라마를 보면, 착한 사람이라고 생각되던 인물이 사실은 범인으로 밝혀지는 반전이 나오기도 하죠. 그런데 착한 사람의 의심스러운 행동을 보고 계속 갈등을 일으키는 까칠한 인물들이 있습니다. 위정척사파가 바로 이와 같은 까칠한 사람들이었다고 보면 됩니다.

■ 온건 개화파와
급진 개화파의 분열

먼저 온건개화파(사대당)의 기본 입장은
동도서기론이죠. 동(우리)은 도(정신), 서(서양)는 기(기술). 다음은 동도서기
론과 관련된 자료들입니다.

> "신이 변혁을 꾀하고자 하는 것은 기(器)이지, 도(道)가 아닙니다. 옛날
> 의 범선과 오늘의 화륜선은 배의 고금에 다름일 뿐이며, 옛날의 우마 수
> 레와 오늘의 기차는 차재의 고금에 다름입니다."(『승정원일기』에 실려 있는
> 윤선학의 상소)
>
> "기계(器械)에 관한 기술과 농업 및 수예(樹藝)에 대한 책과 같은 것도
> 만약 나라에 이익이 되고 백성에게 이익이 될 수 있다면 또한 선택하여
> 이용할 것이지, 굳이 그들의 것이라고 해서 좋은 법까지 아울러 배척할
> 것이 없다는 것이 명백합니다."(『승정원일기』에 실려 있는 곽기락의 상소)

다시 말해 우리의 정신은 서양보다 나은데 서양의 기술이 우리보다
뛰어나니까 기술만 배우자는 것입니다. 사실 이것은 우리가 만들어낸 것
이 아니라 청나라 거를 베낀 거예요. 청나라에서는 이미 중체서용(中體西
用)이라고 해서 양무운동을 하고 있었습니다. 중(中)은 청나라이고, 서(西)
는 서양입니다. 즉 청나라의 정신을 주체(體)로 하고, 서양의 과학 기술을
이용(用)하자는 것이죠. 온건 개화파는 청나라처럼 천천히 서양의 과학
기술만 배우자는 양무운동을 모델로 개화를 추진하자는 것이었죠. 그래
서 청나라와 사대 관계를 인정하면서 청의 도움을 받아 개화하자는 생
각이었습니다. 일본에서도 이와 비슷한 사상이 있었는데, 이를 화혼양재

온건 개화파

우리의 정신은 서양을 앞섭니다. 단지 서양의 뛰어난 기술만 배우면 되니까 천천히 개화하면 됩니다.

급진 개화파

서양은 기술뿐만 아니라 정신, 사상, 제도도 우리보다 뛰어나니까 모두 배워야 합니다. 개화를 서둘러야 합니다.

(和魂洋才)라고 합니다. 화(和)는 일본이고, 양(洋)은 서양입니다. 즉 일본의 혼(魂, 정신)을 지키고, 서양의 재(才, 과학 기술)를 받아들이자는 거죠.

급진 개화파(개화당)는 김옥균, 박영효, 서광범, 홍영식, 서재필 등이 대표적 인물들입니다. 이들의 기본 입장은 문명개화론입니다. 문명(기술, 정신, 사상, 제도 등 모든 것을 통째로 말하는 것) 모두를 개화해야 한다는 것이죠. 서양의 기술뿐만 아니라 정신, 사상, 제도 모두 우리의 것보다 뛰어나니까 모두 배워야 한다는 것입니다. 물론 이것도 일본 것을 베꼈어요. 일본은 문명개화론에 의해 메이지유신, 즉 개화 세력의 정변을 통해 왕권을 강화하고 기술, 정신, 사상, 제도 등 모든 면에서 근대화 정책을 추진했습니다. 그래서 급진 개화파는 빨리 서양의 모든 것을 배우자고 주장하며 메이지유신을 모델로 개화를 추진하였죠. 청과의 사대 관계를 청산하고 일본의 도움을 받으면서 개화하자는 것입니다.

■ 갑신정변은
  왜 일어났을까?

　　　　　　　　　갑신정변(1884)을 일으킨 사람들은 급진 개화
파였습니다. 자, 이제 갑신정변에 대해 살펴보겠습니다. 임오군란 이후 청
나라 군대가 주둔하면서 위안스카이같이 새파랗게 젊은 애송이가 이래
라 저래라 내정간섭을 하고, 청나라의 추천으로 낙하산 타고 내려온 정
치고문 마젠창, 외교고문 묄렌도르프는 급진적 개화에 반대하는 등 정부
의 개화정책이 지지부진해지자 급진 개화파는 불만을 갖게 되었어요. 김
옥균이 일본에 가서 차관(어떤 나라가 다른 나라한테 빌려주는 돈)을 도입하여
개혁 자금을 마련하려던 것도 실패했어요. 김옥균이 큰소리치며 돈 빌려
오겠다고 했는데 빈손으로 돌아오니까 반대파들이 막 욕을 했겠죠? 위기
의식을 느낀 급진 개화파는 쿠데타를 해야겠다고 생각했습니다.

■ 급진 개화파의 삼일천하

　　　　　　　　　게다가 청·프 전쟁이 일어나자 조선에
주둔하고 있던 청군의 절반이 베트남으로 이동하여 힘의 공백이 발생하
였죠. 이때다 하고 갑신정변을 일으켰던 사람들이 급진 개화파였습니다.
갑신정변을 일으킨 대표 인물은 김옥균, 박영효, 서광범, 홍영식, 서재필
등 5명입니다. 급진 개화파는 일본에 쿠데타 계획을 알리고 도와달라고
부탁했습니다. 우리나라를 침략하려고 호시탐탐 노리던 일본은 이게 웬
떡이냐 하고 도와주겠다고 약속하죠.

　　급진 개화파가 쿠데타 준비를 하고 있는 마침 그때 우정국을 새로 만
든 기념으로 축하연을 하기로 되어 있었습니다. 우정국은 지금의 우체국

을 말하는데, 우정국 설치를 주도한 세력이 급진 개화파였죠. 우정국 개국 축하연에 참석한 민씨 정권 고위 관료들을 죽여버리고 정권을 장악한 급진 개화파는 새 정부를 수립했습니다. 이 쿠데타가 바로 갑신정변입니다. 갑신정변을 삼일천하라고도 하죠. 쿠데타로 잡았던 정권이 3일 만에 무너졌다고 해서 삼일천하입니다. 다음은 『매천야록』의 갑신정변과 관련된 기록입니다.

　　은밀히 모의하여 임금을 위협하여 경우궁으로 옮겼다. 민태호 등을 모두 제거하고, 일본을 꾀어 군사를 이끌고 들어와 청나라 군대를 막으려 하였다.

이 기록에 따르면 급진 개화파가 민태호 등 민씨 정권 고위 관료들을 죽이고, 일본군을 끌어들여 청군을 몰아내려 하였음을 알 수 있죠. 그럼 왜 갑신정변이 실패했는지 살펴봅시다. 첫째, 갑신정변이 일어났다는 소식을 들은 청나라 군대가 개입했기 때문입니다. 청나라 군대의 절반이 청·프 전쟁에 동원되어 갔지만 아직 절반이 남아 있었잖아요? 무려 1,500명이나 남아 있었습니다. 둘째, 청 군대가 개입하자 일본 군대는 바로 손을 뗐습니다. 그러자 일본 군대만 믿고 있던 급진 개화파들만 황당해졌죠. 결국 일본인들의 도움을 받아 일본으로 도망갔습니다. 자신들이 주체적으로 해결할 수 있는 역량이 있어야지 남만 믿고 일을 진행했다가는 큰 낭패를 겪게 된다는 것을 보여주는 좋은 예입니다.

셋째, 민중의 지지를 받지 못했기 때문입니다. 민중들은 급진 개화파를 엄청 싫어했습니다. 무지몰각한 민중이 까닭도 모르고 반대하였기 때문일까요? 민중과 함께하지 못했기 때문에 갑신정변이 실패한 것은 사실

우리에게 돌을 던지고 욕설을 퍼붓던 백성들의 모습이 지금도 눈에 선하네.

김옥균

일본이라는 외세를 끌어들였고, 민중들의 최대 관심사인 토지개혁에는 무관심했기 때문이었습니다.

서재필

이지만 더 정확히 말하면 급진 개화파가 민중을 배제하고 엘리트 중심의 정변으로 권력만 잡으면 모든 것이 해결될 것이라고 착각했기 때문입니다. 이들에게는 정변을 일으킬 용기와 추진력은 있었지만 민중을 이끌 수 있는 지도력과 어떻게 정변을 성공으로 이끌 것인가라는 로드맵은 없었던 것입니다. 그 이유는 이들이 소수의 엘리트로서 위로부터의 근대화를 추구했기 때문입니다. 민중들을 무시하고 똑똑한 자신들이 시키는 대로 하라는 것이었죠. 또한 당시 민중들이 가장 싫어하던 일본이라는 외세를 끌어들였고, 민중들의 최대 관심사인 토지개혁(재분배) 같은 것에는 무관심했기 때문입니다. 민중들의 지지를 받지 못하면서 개혁이 성공하기를 바랄 수는 없겠죠?

갑신정변은 삼일천하로 끝났지만 급진 개화파는 14개조 정강을 발표하여 근대적 국가 건설을 선언하였습니다. 그 핵심 내용을 살펴보면 다음과 같습니다.

1조 대원군을 가까운 시일 안에 돌아오게 하고 종래 청에 조공하던 허례를 폐지할 것.(청에 대한 사대 관계 폐지. 국왕의 아버지를 납치하고 내정을 간섭하는 청나라를 몰아내자 이겁니다.)

2조 문벌을 폐지하고 인민 평등의 권리를 제정하여 능력에 따라 관리를 등용할 것.(신분제를 없애고 인민 평등권을 확립하자 이겁니다. 근대국가를 건설하자는 뜻이죠.)

3조 지조법을 개혁하여 간사한 관리를 뿌리 뽑고 백성의 곤란을 구제하며 국가 재정을 넉넉하게 할 것.(지조법은 조세제도를 말합니다. 세금을 걷을 때 중간에서 백성들을 착취하는 탐관오리를 몰아내고 민생 안정과 국가 재정 강화를 하겠다는 뜻이죠.)

9조 혜상공국을 혁파할 것.(혜상공국은 보부상을 관리하는 관청으로 이를 폐지하여 상업의 자유로운 발전을 목적으로 하였죠.)

12조 모든 재정은 호조에서 관할하고 그 밖의 재무 관청은 폐지할 것.(국가 재정을 호조로 통합하여 지나친 세금 징수, 횡령, 세금 낭비 등을 막겠다는 뜻이죠.)

14조 의정부와 6조 외의 불필요한 관청을 모두 없애고 대신과 참찬이 협의해서 처리케 할 것.(내각제도를 수립하여 내각 중심으로 정치를 실시하겠다는 뜻이죠. 입헌군주제로 나아가고자 하였음을 알 수 있죠.)

갑신정변의 14개조 정강을 분석해보면, 전체적으로 일본의 메이지 유신을 모델로 하여 근대국가를 건설하려고 하였음을 알 수 있습니다. 갑신정변의 역사적 의의는 근대국가 건설을 목표로 한 근대화 운동의 선구, 즉 최초의 근대화 운동이라는 것입니다. 왕권을 제한하려 한 것은 입헌군주제를 시도한 것이고, 인민 평등권을 내세워 신분제를 폐지하려고 한 것은 갑신정변이 근대화 운동이었음을 보여주는 것이죠. 또한 지배층 양반의 일부인 급진 개화파가 주도한 위로부터의 근대화 운동이었습니다. 그러나 이후 개화운동에 부정적 영향을 미쳐 오히려 외세의 침략을 가속화시켰습니다. 게다가 일제 강점기에 박영효가 일본의 작위를 받고 귀족원 의원을 지냈으며, 갑신정변의 행동대로 활동하였던 인물들이 중추원 참의와 같은 매국노가 되었다는 사실은 갑신정변을 더욱 씁쓸히 느끼게 합니다. 최초로 하는 것보다는 제대로 하는 것이 더 중요하다는 것을 다시 생각하게 합니다.

■ 영국은 왜 거문도를 점령했을까?

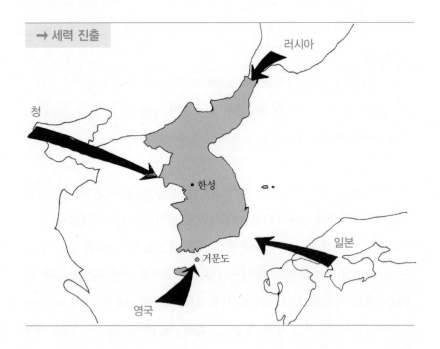

갑신정변 이후에도 조약들이 맺어졌습니다. 갑신정변으로 일본인들이 죽고 공사관이 박살났죠. 그래서 조선과 일본이 맺은 한성조약(1885)으로 일본에 배상금, 공사관 신축비를 물어줍니다. 그리고 청나라와 일본이 맺은 톈진 조약(1885)이 있습니다. 그런데 일본이 머리를 썼죠. 청, 일 둘 다 조선에서 동시에 떠나자고 청나라에 제의하였습니다. 조선을 차지하고 싶은데 지금은 청에게 밀리니까 일단 청나라의 조선에 대한 영향력을 약화시키려고 했던 것이죠. 청나라는 멍청하게도 동시에 조선에서 떠나자는 일본의 제안을 받아들였습니다. 또 만약 나중에 청, 일 둘 중에 어느 하나라도 조선에 파병할 일이 생기면 서로 알리자고 약속을 했습니다. 결국 이 조항이 나중에 청·일 전쟁이 일어나는 원인이 되었습니다. 어쨌든 톈진 조약을 맺고 두 나라 군대는 모두 철수했습니다. 다음은 톈진 조약의 내용 중 일부입니다.

1. 청국은 조선에 주둔하는 군대를 철수하며 일본국은 공사관 호위를 위해 조선에 주재한 병력을 철수한다.(청군과 일본군 모두 철수하자는 것이죠.)
3. 장래 조선국에 만약 변란이나 중대 사건이 일어나 청, 일 양국 혹은 어떤 한 국가가 파병을 요할 때에는 응당 그에 앞서 쌍방이 문서로써 서로 통지해야 한다. 그 사건이 진정된 뒤에는 즉시 병력을 전부 철수하며 잔류시키지 못한다.(결국 이 조항의 영향으로 1894년 동학농민운동을 진압하러 청군과 일본군이 우리나라에 들어왔고, 청·일 전쟁이 발생하게 된 것이죠.)

톈진 조약(1885)으로 청, 일 두 나라의 군대가 모두 조선에서 떠나면서 힘의 공백이 발생하였습니다. 이 힘의 공백을 이용하여 조선에 개입하려고 한 나라가 바로 러시아입니다. 이때 조·러 비밀협약이 추진되었는데 청이 중간에 방해하여 결국엔 실패했죠. 영국은 당시에 세계 곳곳에서 러시아와 라이벌 관계였습니다. 그런데 러시아가 조선을 차지하게 생겼으니까 짜증난 거였죠. 그래서 영국이 러시아에 대한 경고를 하겠다며 거문도를 불법으로 점령하였습니다(1885). 결국 청나라, 일본에 이어 러시아, 영국까지 조선을 둘러싸고 쟁탈전을 벌이게 된 것입니다.

이러한 갈등을 해결하기 위한 대책으로 조선의 중립화를 주장하는 사람들이 나타났습니다. 당시 조선 주재 독일 부영사 부들러와 유길준이 "강한 나라들 사이에서 조선이 살 길은 중립뿐"이라고 주장을 한 것입니다. 유길준은 당연히 우리나라 사람입니다. 부들러는 한반도 중립화만이 일본과 청나라 사이의 충돌을 막을 수 있다고 조선 정부에 건의하였습니다. 조선 정부는 청과 일본이 맺은 톈진 조약으로 이미 조선의 안전이 보장되고 있는데 뭔 소리냐며 받아들이지 않았습니다. 또 유길준은 몇몇 강대국만의 보장은 의미가 없기 때문에 강대국 모두가 한반도 중립화를 보장해야 한다고 보았습니다. 유길준의 중립화론 역시 유길준이 급진 개화파로 몰리고 연금되어 활동이 중단되면서 발표되지 못했습니다.

★ **영화**와 **드라마**로 **역사** 읽기 – **드라마** 「명성황후」③

　　드라마 「명성황후」에서는 명성황후가 죽을 위기에 빠졌던 임오군란에 대해 자세히 묘사하였습니다. 구식 군인들이 봉급으로 받은 쌀에 흙과 모래가 섞여 있는 것에 화가 나 군란이 일어나죠. 구식 군인들은 흥선대원군에게 도움을 요청하고, 흥선대원군 세력이 군란을 뒤에서 조종하는 장면이 묘사되었습니다. 이후 구식 군인들이 별기군을 습격하고, 일본인 교관을 죽여버리죠. 이어서 일본 공사관을 습격하여 불태워버립니다. 대궐로 몰려간 군란 세력은 민겸호 등 민씨 정권 고위관리들을 찾아내 죽이고, 명성황후도 죽이려고 했지만 이미 명성황후는 대궐을 탈출한 상황이었죠. 결국 흥선대원군이 대궐로 돌아와 다시 정권을 잡았습니다. 그러나 청나라 군대가 우리나라에 들어와 군란은 진압되고 흥선대원군은 청나라로 끌려가고 명성황후는 다시 대궐로 돌아옵니다.

　　임오군란 이후 청나라의 내정간섭이 심해지자 급진 개화파는 불만을 갖게 됩니다. 청·프 전쟁이 일어나자 청나라 군대 1,500명이 철수하게 되고, 급진 개화파는 이를 이용해 쿠데타를 일으키려고 합니다. 급진 개화파들은 일본의 지원 약속을 받지만 일본은 상황을 봐서 빠지려는 속마음을 내보이기도 하죠. 우정국 개국 축하연이 열리던 중 갑신정변이 일어나고 급진 개화파가 정권을 잡습니다. 그러나 3일 만에 청나라 군대가 개입하여 급진 개화파들은 일본 공사관으로 도망치죠. 머리를 깎고 일본인으로 위장하여 인천으로 도망치자 백성들은 이들에게 돌을 던지며 욕을 합니다. 일본으로 망명하던 중 김옥균은 "프랑스 혁명처럼 민중과 함께 개화를 하려고 했어야 했다."며 한탄을 하죠. 그러나 이미 후회해도 소용이 없었습니다.

4.
응답하라 1894

■ 고통받는 농민들과 동학의 확산

응답하라 1894! 1894년은 그야말로 역사적 격변기였다고 볼 수 있습니다. 동학농민운동, 갑오개혁, 청·일 전쟁이 연달아 일어났습니다. 이 모든 사건들의 출발점이었던 동학농민운동은 반봉건, 반외세 운동이었습니다. 당시 농민들은 지배층의 봉건적 수탈과 외국 상인들의 경제적 침략으로 고통받고 있었습니다.

1876년 개항 이후 외국의 공업 제품이 들어오자 경쟁력이 없었던 우리나라 수공업자들은 몰락하였습니다. 특히 일본은 갑신정변 이후 조선에 대한 경제 침탈에 집중하였습니다. 우리나라의 쌀과 곡식을 마구 가져갔죠. 입도선매, 고리대로 곡물을 사들여 폭리를 취했습니다. 일본으로 쌀이 엄청나게 유출되면서 우리나라 사람들이 먹을 식량마저도 부족해졌습니다. 이에 지방관들이 방곡령 등으로 저항하였는데, 가장 규모가 컸던 것이 1889년 함경도, 1890년 황해도에 내려진 방곡령입니다. 일본의 항의로 결국 방곡령은 실패로 돌아가고 우리는 일본한테 계속 쌀을 유출당해야 했습니다. 당연히 일본에 대한 농민들의 적개심은 점점 커졌습니다. 게다가 정부와 지방관들은 조세를 수탈하고 지주들은 소작료를 수탈하면서 백성들을 괴롭혔습니다. 결국 농민들은 전국 곳곳에서 봉기하였고, 도시 하층민들도 수탈에 항의하여 포도청을 습격하거나, 외세에 빌붙은 못된 상인들을 공격하였습니다.

동학은 교조 최제우가 1860년에 창시한 우리 고유의 종교입니다. 서학에 반대한다는 뜻에서 동학입니다. 즉 반외세입니다. 그리고 동학 하면 떠오르는 것이 인내천(人乃天)인데, 인간은 하늘처럼 존귀한 존재이며 양반이나 평민이나 천민이나 모두 하늘처럼 평등하다는 뜻이죠. 즉 반봉건입니다. 동학의 이러한 성격이 바로 동학농민운동의 기본적 성격이 되었습니다. 반봉건, 반외세! 당시 사람들이 내세운 구호로는 보국안민(輔國安民, 나라를 돕고 백성을 편안하게 한다는 것으로 국가적 위기를 구하겠다는 뜻이죠. 반외세적 성격입니다), 제폭구민(除暴救民, 폭정을 제거하고 백성을 구한다는 것으로 봉건적인 압제에 맞서 싸우겠다는 뜻이죠. 반봉건적 성격입니다)이라고 합니다. 동학의 이러한 성격은 농민들에게 열렬한 환영을 받습니다. 특히 지배층과 외세(일본)의 수탈이 심했던 삼남(충청, 전라, 경상) 지방의 농민들이 동학을 엄청 믿습니다. 반봉건, 반외세!

■ 동학의 교조신원운동

그러나 당시에 반외세는 괜찮지만 반봉건은 곧 반체제였습니다. 신분사회에서 신분 폐지, 평등을 주장했던 동학은 사회를 혼란스럽게 만드는 혹세무민의 사이비 종교 취급을 받았던 것이죠. 그래서 교조 최제우는 사이비 교주로 몰려 처형당하였습니다. 교조 최제우가 사이비 교주이므로 동학 역시 사이비 종교가 된 것입니다. 동학이 합법화되기 위해서는 교조 최제우가 사이비 교주라는 누명을 벗겨야만 했어요. 이를 교조신원운동이라고 합니다. '교조 최제우의 원한을 풀어주는 운동'이라는 뜻이에요. 1892년, 1893년 동학 교도들이 공주, 삼례, 서울(고종에게 최제우의 억울함을 풀어달라고 복합 상소), 보은 등지에 모여 집회를 열고 교조신원을 주장하고 동학 교도에 대한 탄압을 중지하라고 시위했습니다. 그런데 사람들이 많이 모이면 서로 불만을 말하게 되고, 그 불만이 구호로 터져 나오게 됩니다. 집회는 점차 정치·사회적 운동으로 변화되어갔지요. 그래서 전라도 금구 집회에서는 서울로 쳐들어가자는 주장이 나왔고, 보은 집회에서는 척왜양창의(한마디로 왜적들과 서양 오랑캐들을 몰아내자는 거죠), 보국안민 등을 내세우며 전국적 봉기를 추진하였습니다.

■ 고부에서 동학농민운동이 시작되다

이러는 와중에 전라도 고부에 조병갑이라는 군수가 있었습니다. 이 사람은 농민들을 착취하는 못된 사또였습니다. 만석보라는 저수지를 만들어놓고 물값을 걷으며 착취했습니다. 드디어 조병갑의 착취에 참다못한 농민들이 반란을 일으켰습니다. 이것이 바로 갑오년(1894) 1월에 일어난 고부 농민봉기입니다. 전봉준은 당시 동학의 접주였는데, 동학의 포접제 조직(각 지역에 접소를 두고 접주, 도접주, 대접주 등의 피라미드식 조직과 직책을 둠)으로 인원 동원력이 우수했죠. 그래서 동학농민운동이 순식간에 호남지방을 휩쓸게 된 것입니다. 다음은 고부 농민봉기 참여자를 모집했던 사발통문의 내용입니다.

1. 고부성을 격파하고 군수 조병갑을 효수할 것.(고부 군수 조병갑에 대한 민중들의 분노를 알 수 있죠.)

3. 군수에게 아첨하여 백성을 괴롭힌 탐관오리를 징계할 것.(조병갑의 부정부패가 가능했던 봉건적 체제에 대한 불만을 알 수 있죠.)

고부 농민봉기는 조용히 끝날 뻔했는데, 안핵사(봉기가 발생하면 정부에서 사건 처리를 위해 내려 보낸 관리)로 내려온 이용태란 인간이 꺼지는 불꽃에 휘발유를 끼얹었습니다. 봉기 주동자들을 색출하여 동학 교도로 몰아 죽이려고 했죠. 당연히 상황은 점점 악화되었습니다.

■ 반봉건으로 시작된 제1차 봉기

이러한 상황에서 전봉준, 손화중, 김개남이 함께 봉기하였는데, 이것을 제1차 봉기라고 합니다. 1894년 3월 무장(현재 전북 고창)에서 봉기하였다고 하여 '무장 기포'라고도 하죠. 농민군은 고부를 다시 점령하고 백산에서 모여 4대 강령과 백산 격문을 발표하였죠. 다음은 4대 강령의 내용입니다.

3. 일본 오랑캐를 몰아내고 나라의 정치를 깨끗이 한다.(반외세의 성격을

보여주죠.)

4. 군대를 몰고 서울로 들어가 권세가와 귀족을 모두 없앤다.(반봉건의
성격을 보여주죠.)

다음은 농민군의 격문인 「백산 격문」의 기록입니다.

"안으로는 탐학한 관리의 머리를 베고 밖으로는 횡포한 강적의 무리를
쫓아 내몰고자 함이라."(반봉건, 반외세의 성격을 함께 보여주죠.)

자, 그럼 1차 봉기의 성격은 뭘까요? 반봉건이죠. 제폭구민, 보국안민
을 구호로 내세웠어요. 전라도 전역에서 봉기하였는데, 특히 균전사(1890
년 왕실이 개간 사업을 위해 파견한 관리로 농민들의 토지에서 소작료를 거두면서 농민들
을 수탈하였죠) 폐지를 주장하였습니다. 농민군은 황토현 싸움, 황룡촌 싸
움에서 승리하였고, 관군이 도망친 전주성은 그냥 들어가 점령했죠.

■ 집강소에서 농민들이
  자치를 하다

　　　　　　　　　　　　　제 버릇 개 못 준다고 조선 정부는 또
청에 도움을 요청하죠. 그래서 청나라 군대가 조선에 들어오는데, 텐진
조약이 있었던 거죠? 청나라 군대, 일본 군대 둘 중에 어느 하나라도 조
선에 파병하게 된다면 나머지 한쪽에게도 반드시 알려야 한다는 텐진 조
약! 먼저 청나라 군인들이 들어왔습니다. 텐진 조약을 내세우며 일본군
도 들어오게 되었습니다. 상황이 이렇게 돌아가니까 정부에서는 청군과

일본군을 일단 내보내야겠다고 생각하였습니다. 그래서 동학농민군과 타협을 서둘렀습니다. 정부는 동학농민군에게 "너네 원하는 거부터 말해봐! 제발 그만 좀 하자! 일단 청나라, 일본 침략자들부터 내보내야 되잖아? 몇 개 개혁하면 돼? 12개? 다 들어줄 수는 없고 일부는 들어줄게. 이제 됐지?" 이렇게 전주화약을 맺습니다. 이후 전라도 지역에서는 동학농민군이 각 고을에 집강소(농민 자치 조직)를 설치하고 각종 제도를 개혁하고, 농민들을 수탈하는 데 앞장섰던 지주들을 처벌하는 등 폐정 개혁을 실시하였습니다.

■ 청·일 전쟁에 승리한 일본과
　삼국간섭을 주도한 러시아

정부 역시 전주화약으로 약속한 폐정 개혁을 추진하기 위해 교정청을 설치하였습니다. 우리 스스로 개혁을 추진하려고 했던 것이죠. 전주화약으로 농민군들이 모두 고향으로 돌아갔으니까 이제 청나라 군대, 일본 군대 다 필요 없어졌죠? 그래서 조선 정부가 청군과 일본군에게 "이제 다 해결됐으니까 너희 나라로 돌아가!" 그러니까 일본 침략자들이 "우리는 안 가므니다. 조선을 근대적으로 개혁해주겠스므니다."라고 말하면서 경복궁을 점령하고 갑오개혁을 강요합니다. 사실 일본군이 인천에 들어올 때부터 일본의 의도는 이거였죠. 청군은 전라도와 가까운 아산만으로 들어왔는데, 일본군은 서울로 직행인 인천으로 들어온 것부터가 서울을 손아귀에 넣겠다는 음모였던 것입니다. 청나라가 가만히 있지 않을 것을 안 일본군이 청군을 기습하면서 청·일 전쟁이 일어납니다.(1894).

이제 1895년을 살펴봅시다. 청·일 전쟁은 일본의 승리로 끝났습니다. 시모노세키 조약으로 청나라는 랴오둥반도를 일본에게 빼앗겼습니다. 이러한 상황에 가장 열 받은 나라가 바로 러시아였습니다. 일본을 견제해야겠다는 생각을 하고 러시아와 친한 프랑스, 독일을 불러모으죠. 이렇게 러, 프, 독 3국이 모여서 랴오둥반도를 내놓으라고 일본을 간섭하기 시작했습니다. 이를 삼국간섭이라고 하죠. 일본은 서양 열강 세 나라가 한꺼번에 협박하니까 바로 쫄았죠. 결국 랴오둥반도를 다시 청에게 돌려주었습니다.

■ 반외세를 내세우며 일으킨 제2차 봉기

우리 땅에서 청·일 전쟁이 일어나자 동학농민군이 다시 뭉칩니다. 외세를 내보내려고 정부와 타협을 한 것인데 오히려 청군과 일본군이 전쟁하고 까불고 있으니 짜증나잖아요. 그래서 바로 가을에 삼례에서 제2차 봉기가 일어납니다. 그러니까 제2차 봉기의 성격은 뭡니까? 맞습니다. 반외세입니다. 이번에는 전봉준이 이끈 남접군과 손병희가 이끈 북접군이 논산에 모여 힘을 합칩니다. 그래서 공주 우금치 싸움에서 일본군, 관군과 결전을 벌였는데 당시의 최신 무기인 기관총에 완전 몰살당했습니다. 당시 농민군들은 동학의 주문을 외우면 총알을 피할 수 있다는 믿음을 갖고 있었습니다. 실제로도 당시 총의 명중률이 낮았기 때문에 총에 맞아 죽거나 다친 사람들도 별로 없었죠. 그러나 기관총은 연속으로 발사되었기 때문에 많은 사람들을 대량 학살할 수 있었던 무시무시한 최신무기였습니다. 이처럼 많은 사람들이 죽고 다치면서 농민군은 뿔뿔이 흩어졌습니다. 이후 농민군 지도자들인 전봉준, 김개남, 손화중 모두 붙잡혀 처형당하였습니다. ㅠ.ㅠ

체포되어 압송되는 전봉준

■ 동학농민운동의
의의와 영향

먼저 동학농민운동의 역사적 의의를 살펴 봅시다. 농민군이 제시했던 폐정개혁안을 분석하면 다음과 같습니다.

:: 탐관오리는 그 죄목을 조사하여 엄히 징벌한다, 횡포한 부호들을 엄히 징벌한다, 불량한 유림과 양반을 징벌한다.(봉건적 지배세력을 타도하자는 것이죠.)

:: 노비문서는 불태워버린다, 칠반천인의 차별을 개선하고 백정이 쓰는 평량갓은 없앤다, 관리의 채용은 지벌을 타파하고 인재를 등용한다.(신분제 폐지를 주장한 것이죠.)

:: 젊은 과부의 재가를 허용한다.(남녀평등을 주장한 것이죠.)

:: 무명잡세를 모두 폐지한다.(조세제도를 개혁하자는 주장이죠.)

:: 왜와 통하는 자는 엄히 징벌한다.(반외세적 성격을 보여줍니다.)

:: 공사채를 물론하고 기왕의 것은 무효로 한다.(백성들을 착취하는 각종 고리대였던 공사채를 없애자는 주장이죠.)

:: 토지는 균등히 나누어 경작하게 한다.(당시 농민들의 최대 관심사였던 토지개혁을 주장한 것이죠.)

반봉건, 반외세! 이렇게 동학농민운동은 농민이 주도하는 아래로부터의 근대 개혁 시도였지만 외세의 개입으로 결국 좌절되었습니다. 또한 구체적인 근대사회 건설 방안은 없었습니다. 그러나 동학농민운동의 영향을 받은 두 가지 역사가 있습니다. 동학농민군의 주장이 일부 받아들여진 갑오개혁! 동학농민군 출신들이 다시 을미의병에 참가하면서 무력 투쟁을 계승한 의병운동! 이처럼 동학농민운동은 갑오개혁에 영향을 주었고, 의병운동으로 계승되었던 것입니다.

■ 갑오개혁-제1차 개혁

　　　　　　　　　　　　갑오개혁은 크게 제1차 개혁과 제2차 개혁으로 나눌 수 있습니다. 먼저 제1차 개혁의 핵심 기구는 군국기무처

인데, 이는 초정부적인 국가 기구입니다. 이 기구를 통하여 근대적인 제도적·법적 개혁이 이루어졌어요. 일본이 내세운 앞잡이는 김홍집이었습니다. 고종과 명성황후를 정권에서 밀어내고 내세운 꼭두각시는 흥선대원군이었죠. 흥선대원군을 섭정으로 하는 제1차 김홍집 내각이 성립되어 군국기무처를 중심으로 개혁을 추진하였던 것입니다. 제1차 개혁은 왕권 약화, 내각 권한 강화가 핵심입니다. 먼저 정부(의정부)와 왕실(궁내부)을 분리하고, 6조를 8아문으로 바꾸는 등 정치제도를 개혁하였습니다. 또한 경무청(현재의 경찰청)을 만들어 경찰 제도가 시작되기도 하였습니다. 또 청나라 연호 사용을 폐지하며 개국 연호(조선을 건국한 1392년을 원년으로 하였죠. 1894년은 개국 503년)를 사용하였습니다. 또 과거제를 폐지하고, 신분제와 노비제를 폐지하였습니다. 경제적으로는 국가 재정을 탁지아문으로 일원화하고, 은본위 화폐제도, 도량형 통일, 조세 금납제 등을 실시하였죠. 사회적으로는 고문 폐지, 연좌제 폐지, 조혼 금지, 과부 재가 허용 등을 실시했습니다.

■ 갑오개혁-제2차 개혁

청·일 전쟁에서 일본이 승리하면서 박영효를 조선에 돌아오게 하고 군국기무처를 폐지하였는데, 흥선대원군을 섭정에서 쫓아내고 김홍집은 그대로 앞잡이로 내세워 제2차 김홍집-박영효 연립 내각을 성립시켰습니다. 그리고 고종에게는 홍범 14조를 반포하게 하였죠. 갑오개혁의 내용을 잘 알 수 있는 것이 바로 홍범 14조입니다. 핵심 내용을 살펴봅시다.

1조 청국에 의존하려는 마음을 버리고 자주 독립의 기초를 세운다. (청에 대한 사대 관계를 청산하자는 것이죠.)

3조 대군주는 대신과 친히 논의하여 국정을 결정하고, 종실과 척신이 간여하지 못하게 한다.(왕권 약화입니다. 왕이 혼자 결정하지 못하고 대신들과 함께 결정하라는 것입니다.)

4조 왕실 사무와 국정 사무를 반드시 나누어 서로 혼합하지 아니한다.(정부[의정부]와 왕실[궁내부]을 분리한다는 것이죠.)

7조 조세의 부과, 징수, 경비 지출은 모두 탁지아문이 관할한다.(탁지아문으로 일원화하여 국가 재정을 총괄하게 한다는 것이죠.)

10조 지방 관제를 속히 개정하여 지방 관리의 직권을 제한한다.(사법권을 독립시키는 등 지방관의 권한을 축소하겠다는 것이죠.)

14조 문벌과 지연에 구애받지 않고 사람을 쓰고, 선비를 두루 구하여 널리 인재를 등용한다.(과거제 폐지, 신분제 폐지를 말합니다.)

다음은 제2차 개혁의 내용을 살펴봅시다. 의정부를 폐지하고 내각으로 바꾸었고, 8아문을 다시 7부로 바꾸었으며, 전국 8도를 23부로 바꾸었습니다. 또한 부, 목, 군, 현 등이던 지방행정구역 명칭을 '군'으로 통일하였습니다. 또 교육입국조서를 발표하여 한성사범학교 관제, 소학교 관제, 외국어학교 관제를 공포하였습니다. 또한 재판소 구성법, 법관 양성소 규정을 제정하여 재판소(지방재판소, 한성재판소, 고등재판소 등)를 설치하고 사법권을 독립시켰습니다. 그리고 상공업을 자유롭게 발전시키기 위해 육의전과 상리국(보부상을 관리하던 혜상공국이 이름을 바꾼 기관)을 폐지하기도 하였습니다. 이렇게 갑오개혁은 정치, 사회, 경제, 교육 등 거의 모든 측면에서 추진된 개혁이었습니다. 그런데 하나 빠진 게 있죠? 바로 군제 개혁이죠. 왜일까요? 갑오개혁의 궁극적 목적은 일본이 조선을 차지하겠다는 것이었죠. 그런데 조선의 군대가 강해지면 침략을 할 수가 없잖아요? 그래서 침략에 방해가 되는 군제 개혁 등 부국강병책은 하지 않았습니다.

■ 일제, 을미사변을 일으키다

제2차 개혁을 주도하던 박영효가 명성황후 폐위 음모로 쫓겨나 일본으로 다시 망명하고, 삼국간섭을 본 명성황후는 '러시아가 일본보다 강하니까 러시아와 친해져야겠다.'고 생각했죠. 그래서 명성황후의 말을 들은 고종이 친러파들을 등용했습니다. 일본은 지금까지 갑오개혁 하면서 조선을 차지할 음모를 착착 진행시키고 있었는데 중간에 러시아가 껴들어서 랴오둥반도도 빼앗기고, 조선도 못 차지할 것 같으니까 비상수단을 생각했죠. 바로 명성황후를 죽일 음모를 꾸밉니다. 결국 일본 깡패들이 경복궁에 들어가서 명성황후를 죽이고 시체까지 불태워버리는 만행을 저질렀습니다. 다음은 이와 관련된 『매천야록』의 기록입니다.

> 일병들은 민씨 왕후를 칼로 내리쳐 그 시신을 검은 두루마기에 싸 가지고 녹산 밑 나무 사이로 가서, 석유를 뿌리고 불을 질러 매장하였다.

완전 사이코패스들이죠. 완전 범죄를 위해 시체까지 불태워버리는 살인마들이었습니다. 이렇게 명성황후가 1895년(을미년)에 죽임을 당했다고 해서 을미사변이라고 합니다.

★ **영화**와 **드라마**로 **역사** 읽기 – **영화** 「**불꽃처럼 나비처럼**」

영화 「불꽃처럼 나비처럼」은 명성황후를 여자 주인공으로 하고, 실존인물 홍계훈을 남자 주인공 '무명'으로 각색한 작품입니다. 실제로 홍계훈은 임오군란 당시 명성황후를 궁궐 밖으로 탈출시켜 목숨을 구하여 무관으로 중용된 인물입니다. 또한 을미사변 당시 일본군에 맞서 궁궐을 지키다 전사한 인물이기도 하죠. 그래서 이 영화에서는 '무명'이란 명성황후의 호위무사가 명성황후를 사랑하였으며, 임오군란에서도 명성황후의 목숨을 구했고, 을미사변 때도 명성황후를 지키기 위해 끝까지 싸우다가 죽은 것으로 묘사하였죠.

일본 깡패들이 경복궁에 들어가기 전 일본 침략자들은 흥선대원군을 찾아갑니다. 그리고 흥선대원군한테 "우리가 명성황후 죽이고 나면 너를 왕으로 올려줄게."라고 하면서 흥선대원군을 경복궁으로 끌고 갔습니다. 일본 침략자들의 속셈은 사실 이런 것이었습니다. 자기들이 명성황후를 죽이고 나서 흥선대원군이 명성황후를 죽이라고 시켰다면서 다 뒤집어씌우려는 것이었죠. 그러나 흥선대원군은 일본의 음모에 넘어가지 않았습니다. 이 영화에서도 을미사변을 묘사하면서 흥선대원군이 일본의 음모를 알고 부하들에게 명성황후를 구하라는 명령을 내리죠.

■ 제3차 개혁(을미개혁)과 아관파천

그런데 이것을 지켜본 친일파들은 "역시 일본은 무서운 나라구나. 나도 죽지 않으려면 일본 침략자들한테 빌붙어야지." 하면서 다시 친일 내각으로 돌아갑니다. 이렇게 친일파들이 주도하여 제3차 개혁(을미개혁)이 시작됩니다. 지금이 몇 년입니까? 1895년 을미년이죠. 그래서 제3차 개혁을 을미개혁이라고 합니다. 을미개혁 때 대표적으로 내세운 게 단발령입니다. 우리 민족은 원래 부모가 준 머리카락이라고 해서 안 잘랐잖아요? 그런데 일본 침략자들이 자르라고 하니까 의병을 일으키는데, 이게 우리나라 최초의 의병인 을미의병입니다. 당시 상황을 보여주는 『매천야록』의 기록입니다.

군무사는 순검들과 함께 가위를 든 채 길을 막고 있다가 사람만 만나면 달려들어 머리를 깎아버렸다.

강제로 상투를 잘랐던 것이죠. 일본의 강요로 국가가 두발 단속을 했습니다. 또 기억해야 하는 것이 태양력 사용인데, 지금 우리가 쓰는 달력이 양력이에요. 을미개혁 전까지 썼던 달력은 음력입니다. 이 외에도

'건양'이라는 연호를 사용하고, 종두법을 시행하였으며, 소학교 설치, 우편 사무 시작, 친위대(중앙군), 진위대(지방군) 설치 등의 개혁이 이루어졌습니다.

친러파(러시아와 친한 파)가 권력을 잡을 기회에 명성황후가 일본 깡패들에게 시해당하니까 친러파들이 열 받잖아요? 그래서 친러파들이 고종에게 몰래 가서 말했죠. "전하, 중전마마 돌아가시는 것 보셨죠? 전하도 언제 일본 침략자들이 죽이려고 할지 몰라요. 그러니까 일단 러시아 공사관으로 몸을 피하세요." 결국 친러파들의 말을 듣고 고종이 러시아 공사관으로 갔습니다(1896). 이것을 아관파천이라고 하죠! 아관(러시아 공사관)으로 임금의 거처를 옮겼다(파천)는 뜻입니다.

아관파천 직후에 갑오, 을미개혁을 주도하였던 김홍집 등이 성난 민중들에게 살해되었고, 친일 내각은 붕괴되었습니다. 대신에 친러 내각이 구성되어 러시아의 영향력이 커져갔습니다. 이제 조선은 열강들의 이권 침탈장이 되어버린 것입니다. 여러분이 자기 집 떠나서 남의 집에 얹혀살게 되었다고 생각해보세요. 그 집에서 시키는 일이 있으면 안 한다고 할 수 있나요? 하기 싫어도 할 수밖에 없죠. 마찬가지로 고종도 러시아 공사관에 얹혀살고 있으니까 러시아가 시키는 대로 다 해준 것입니다. 또 러시아가 조선의 이권을 독차지하고 있으니까 미국, 프랑스, 독일, 일본도 다 달려들었죠. 러시아가 압록강, 두만강, 울릉도 삼림채벌권을 획득하고, 미국, 러시아, 일본, 독일 등이 곳곳의 광산채굴권을 획득하였습니다. 청나라는 황해도, 평안도 연안 어업권을 획득하고, 일본이 경인선, 경부선, 경의선, 경원선 철도 부설권을 획득하는 등 우리나라의 이권을 다 빼앗아간 것입니다.

■ 갑오·을미개혁에
대한 평가

　　　　　　　　동학농민운동 당시 정부는 동학농민군과 전주화약을 맺었고, 동학농민운동의 영향과 갑신정변 이후 개화의 흐름에 따라 교정청을 설치하여 우리 스스로 자율적 개혁을 하려고 했습니다. 그래서 갑오·을미개혁으로 이루어진 개혁은 우리 역사 발전에 긍정적인 내용들이 많습니다. 특히 역사상 처음으로 신분제를 폐지한 점, 왕권을 제한하여 입헌군주제를 시도한 점 등은 매우 긍정적으로 평가할 수 있는 것입니다.

　그러나 일본군이 경복궁을 점령하고 우리 정부에게 갑오개혁을 강요하기 시작했던 것은 분명한 사실입니다. 그리고 청·일 전쟁이 벌어졌지요. 이렇듯 일본의 강제에 의한 개혁이므로 타율적 개혁입니다. 또 일본은 김홍집 등 일부 온건 개화파 출신들을 앞세워 추진했기 때문에 소수

엘리트 중심의 위로부터의 개혁일 뿐이었습니다. 이러한 점들 때문에 민중들은 갑오·을미개혁에 대해 반대하였고, 갑오·을미개혁이 부정적으로 평가받고 있는 이유이기도 합니다.

5.
응답하라 1897

■ 독립협회,
　민중 계몽에 앞장서다

　　　　　　　　　　응답하라 1897! 1897년은 고종이
황제가 되고, 대한제국을 선포한 해입니다. 그런데 고종이 황제가 되기
전 일 년 동안 머문 곳이 러시아 공사관이었습니다. 1896년 아관파천 기
억나죠? 우리나라의 왕이 러시아 공사관에 머물면서 우리나라 이권을
러시아 등 열강들에게 넘겨주고 있던 상황입니다. 이에 서재필이 미국에
서 돌아와 러시아로부터의 독립을 외치며 만든 단체가 바로 독립협회입
니다. 핵심 구호는 자주 국권, 자유 민권, 자강 개혁! 최초로 민중과 함께
한 근대화 운동이죠. 서재필이 급진 개화파였던 거 기억나죠? 서재필은
갑신정변에 실패하고 반성했어요. 민중의 지지를 얻지 못하면 근대화는
성공할 수 없다는 것을 깨달은 거죠. 그래서 귀국하여 제일 먼저 『독립신
문』을 만들고 민중 계몽 활동을 시작했죠. 자주독립 정신을 상징하는 독
립문도 만들었죠. 또한 독립협회는 『대조선독립협회회보』라는 기관지를
발행하고 토론회를 열면서 민중을 계몽해나갔습니다. 민중들의 참여와
호응이 점차 높아지면서 그에 따라 정치의식도 높아졌습니다.

■ 황제의 나라가 되다

임금님께서 러시아 공사관으로 피하신 지가 벌써 일 년이 지났는데, 다시 환궁하셔서 정말 다행이군요.

나라 이름을 조선에서 '대한제국'으로 바꾸고, 원구단에서 황제 즉위식을 거행하고 연호를 광무라고 한다네요.

고종이 러시아 공사관에 가 있으니까 우리나라 사람들이 창피하잖아요? 독립협회 등 많은 사람들이 "전하, 러시아 공사관에서 궁궐로 돌아오셔야 합니다. 이러다가 나라의 이권은 다 빼앗기고, 나라가 망하게 됩니다. 어서 돌아오셔서 부강한 나라를 만들어주소서." 하면서 호소를 하자 결국 고종이 돌아옵니다. 이때가 1897년이니까 일 년 만에 경운궁(현재 덕수궁)으로 돌아온 것입니다. 고종은 돌아와서 나라 이름을 조선에서 대한제국으로 바꾸었습니다(1897). 그리고 환구단에서 황제 즉위식을 거행하고 연호를 광무라고 했습니다.

■ 만민공동회를 열어
민중의 의식을 높이다

　　　　　　　　　　　　뭐니 뭐니 해도 독립협회가 한 일 중에서 가장 히트를 친 것이 바로 종로 한복판에서 개최한 만민공동회 (1898)입니다. 만민공동회란 각계각층의 백성들이 연단에 올라가서 자신의 주장을 펼치고 모인 군중들은 그에 대한 동의, 반대, 다른 의견 등을 말할 수 있는 자리였습니다. 민중들이 서로의 생각을 많은 사람들에게 말함으로써 집단 커뮤니케이션이 일어났던 거죠. 그래서 민중들의 의식이 엄청 업그레이드되었던 것입니다. 이렇듯 만민공동회는 우리나라 최초의 근대적 민중 집회입니다.

　　만민공동회에서 처음 시작된 것은 자주국권 운동이었습니다. 자주국권 운동은 아관파천 이후 열강의 이권 침탈에 맞서서 했던 이권수호 운동을 가리킵니다. 독립협회에서는 특히 러시아의 이권 탈취를 저지하였습니다. 러시아는 겨울에도 얼지 않는 부동항을 갖고 싶어 했습니다. 그래서 부산 앞바다에 작은 섬이었던 절영도(현재 부산 영도구. 원래 섬이었지만 지금은 육지와 다리로 연결되어 있음)를 조차해줄 것을 요구하였습니다. 그러나 조차 기간은 보통 100년 이상입니다. 여러분 생각해보세요. 돈 빌려달라고 하면서 100년 뒤에 갚겠다고 하면 그건 사실상 강제로 빼앗는 것이죠. 독립협회는 말도 안 되는 요구라고 하며 반대 운동을 벌여 철회시켰습니다.

　　또한 독립협회는 러시아 군사 교련단, 재정고문단을 철수시켰고, 한·러 은행이 러시아의 경제 침략에 앞장서고 있다는 주장을 하여 폐쇄시켰습니다. 또한 프랑스, 독일의 광산채굴권 요구도 저지하였고, 일본이 탈취한 석탄고 기지도 반환시키는 등 많은 활약을 하였습니다. 자유민권 운동은 기본권 보장 운동(신체의 자유, 재산권 보호, 언론과 집회의 자유, 참정권 운동)을 가리키죠. 자강개혁 운동은 의회 설립 운동을 통한 중추원 관제 반포(중추원 관제를 반포하여 의회가 설립되기 직전까지 가기도 했죠. 그러나 결국엔 실현되지 못했습니다), 개혁내각 수립 운동, 관민공동회에서 「헌의 6조」 건의 등입니다.

■ 관민공동회에서 「헌의 6조」를 건의하다

이러한 만민공동회 활동으로 독립협회에 우호적인 박정양 내각이 수립되고, 관민공동회가 개최되었습니다. 관민공동회는 만민공동회에 정부 관리가 참여한 것으로 「헌의 6조」를 채택하여 고종에게 건의하기도 했습니다. 다음은 「헌의 6조」 중 일부입니다.

제1조 외국인에게 기대지 아니하고 관민이 합심하여 전제 황권을 공고히 할 것.(관민이 동심협력한다는 것이 핵심. 민중들이 정치에 참여해야 한다는 것이죠.)

제2조 외국과의 이권에 관한 계약과 조약은 각부 대신과 중추원 의장이 합동으로 날인하여 시행할 것.(중추원은 의회의 성격을 갖는 것으로 이후 벌어지는 의회 설립 운동의 근거가 되었죠.)

제3조 국가 재정은 탁지부에서 모두 관리하고 예산, 결산을 국민에게 널리 알릴 것.(국가 재정을 국민들에게 공개하는 근대적인 예산, 결산 제도를 주장한 것이죠.)

제4조 중대 범죄는 공개 재판하되, 피고의 인권을 존중할 것.(인간의 기본
권을 존중해달라고 요구한 것이죠.)

「헌의 6조」 채택 후 의회 설립 운동이 이루어져 중추원 관제(관선 25명,
민선 25명)가 반포되어 의회가 설립되기 직전까지 갔습니다. 그러자 보수
세력들이 가만히 있지 않았죠. 독립협회를 해산시킬 음모를 꾸밉니다.

■ 독립협회의 해산

독립협회가 어떻게 해산되었냐 하면,
보수 세력들이 보니까 만민공동회를 하면서 독립협회가 히트치고 있으니
까 배가 아프잖아요? 그래서 독립협회가 황제를 몰아내고 공화정을 실
시할 것을 주장한다고 모함하여, 고종이 박정양 내각을 쫓아내고 독립협
회를 해산하도록 명령하게 만들었죠. 공화정은 왕이 없는 대통령제 같은
것이에요. 그러니까 당연히 귀가 얇은 고종이 가만히 있겠어요? 자세히
알아보지도 않고 그냥 해산시켜버립니다. 그러나 사실 독립협회는 입헌
군주제(왕이 있으면서 헌법에 의해 통치하는 내각책임제 같은 것)를 주장했어요. 공
화정은 주장하지 않았습니다. 그러니까 억울하잖아요? 그래서 만민공동
회를 열면서 해산하지 않으려고 버텼죠. 그러다가 보수 세력들이 뒤에서
조종하는 황국협회(보부상 중심, 황실과 정부를 지지하는 어용 단체)가 만민공동
회를 습격하면서 갈등이 심해지자 정부가 군대를 동원하여 강제로 해산
시켰습니다.

최초의 근대화 운동이었던 갑신정변이나 최초로 근대적 제도를 마련
한 갑오·을미개혁은 모두 소수의 개회파들이 중심이 된 위로부터의 근

대화 운동이라는 한계성이 있었습니다. 독립협회는 이러한 한계를 뛰어넘은 최초로 민중과 함께한 근대화 운동, 아래로부터의 근대화 운동이라고 할 수 있습니다. 그러나 독립협회가 만들어진 1896년은 아관파천의 시기였습니다. 독립협회가 내세운 '독립'은 '러시아로부터의 독립'이었습니다. 그래서 독립협회의 외세 배척 운동은 주로 러시아에 대한 것이었고, 다른 열강들의 침략성에 대해서는 그 심각성을 깨닫지 못한 한계가 있었습니다.

오늘 만민공동회가 열리니 종로에 모입시다!
독립협회는 공화정을 주장한 적이 없습니다.
황국협회의 습격에 맞서 싸웁시다.
정부는 만민공동회 집회에 대한 탄압을
중단하십시오.

■ 대한국 국제의 반포

　　　　　　광무개혁은 아주 보수적이고 복고주의적인 개화였습니다. 대한제국의 헌법이라고 할 수 있는 대한국 국제(1899)가 있습니다. 제국, 전제 정치, 대황제란 말이 나오면 무조건 대한국 국제라고 보면 됩니다. 황제가 모든 권력(군 통수권, 입법권, 행정권, 관리 임명권, 조약 체결권, 사신 임명권 등등)을 갖는다는 것이 핵심이에요. 황제가 짱이라는 거죠. 완전 복고풍이죠. 국내적으로 황제의 군주권이 최고 권력이고, 대외적으로 대한제국의 주권이 외국의 간섭을 받지 않는 독립 주권임을 선포한 것입니다. 다음은 대한국 국제의 내용 중 일부입니다.

제1조 대한국은 세계 만국이 공인한 자주독립 제국이다.(황제의 나라란 말입니다.)

제2조 대한국의 정치는 만세 불변의 전제정치이다.(황제가 독재하는 전제 국가란 말이죠.)

제3조 대한국 대황제는 무한한 군권을 누린다.(황제가 군 통수권을 갖는다는 말입니다.)

제5조 대한국 대황제는 육, 해군을 통솔한다.(이 역시 황제가 군 통수권을 갖는다는 말입니다.)

제6조 대한국 대황제는 법률의 제정, 반포, 집행을 명하고 대사, 특사, 감형, 복권 등을 명한다.(황제가 입법권, 사법권을 갖는다는 말입니다.)

제7조 대한국 대황제는 행정 각부의 관제를 정하고 행정상 필요한 칙령을 발한다.(황제가 행정권을 갖는다는 말이죠.)

제9조 대한국 대황제는 각 조약 체결 국가에 사신을 파견하고 선전, 강화 및 제반 조약을 체결한다.(황제가 조약 체결권, 사신 임명권을 갖는다는 말이죠.)

광무개혁에는 나름대로 근대적 개혁도 포함되었기 때문에 복고적이면서 근대적이라 하여 절충적 개혁이라고도 합니다. 또 갑신정변, 갑오개

혁 등과 함께 광무개혁도 황실, 일부 관료들 중심의 위로부터의 근대화입
니다.

■ 광무개혁을 구본신참에 따라 추진하다

광무개혁의 기본은 구본신참(舊本新參)입니다.
"옛날의 것(舊)을 본(本, 기본)으로 하고, 새로운 것(新)을 참고(參)하겠다."라
는 뜻입니다. 우리의 정신을 지키고 서양의 과학 기술을 이용하자는 동
도서기와 똑같은 뜻입니다. 즉 광무개혁은 온건 개화파와 비슷한 입장입
니다. 다음은 광무개혁의 구체적인 내용입니다.

먼저 원수부(황제가 원수부를 통하여 군권을 장악하였죠)를 만들고, 친위대
(황제 호위 부대), 진위대(지방 부대)의 군사 수를 증강하여 국방력을 강화하
였습니다. 또한 황실 경찰 기구인 경위원을 설치하기도 하였습니다. 국가
재정 강화를 위해 양전사업을 하여 지계를 발급하였습니다(양전사업을 양
지아문에서 담당하여 1898년부터 1904년까지 실시하였습니다. 근대적 토지 소유권 확립
이 목적이었지만 전국의 3분의 2 정도의 지역에서만 실시되어 목적을 이루지는 못했습니
다). 또한 상공업 진흥(근대적인 공장, 회사 설립 지원)에 힘쓰고, 근대 시설을
확충(경인선, 경부선, 경원선, 전차, 전화, 전보, 우편)하였습니다. 실업학교와 외국
어학교 등을 설립하고, 외국에 유학생을 파견하는 등 근대 교육을 강화
하였습니다. 그리고 지방은 23부에서 13도제로 변경하였습니다.

6.
응답하라 1905

■ 러·일 전쟁이 일어나다

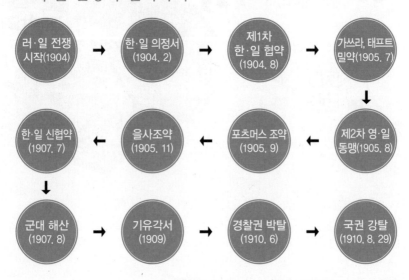

러·일 전쟁 시작(1904) → 한·일 의정서 (1904. 2) → 제1차 한·일 협약 (1904. 8) → 가쓰라, 태프트 밀약(1905. 7)

한·일 신협약 (1907. 7) ← 을사조약 (1905. 11) ← 포츠머스 조약 (1905. 9) ← 제2차 영·일 동맹(1905. 8)

군대 해산 (1907. 8) → 기유각서 (1909) → 경찰권 박탈 (1910. 6) → 국권 강탈 (1910. 8. 29)

응답하라 1905! 1905년은 일본이 우리나라를 위협하여 강압적으로 을사조약을 맺은 해입니다. 을사조약으로 일제는 우리나라의 외교권을 빼앗고, 통감부를 설치하여 내정간섭을 더욱 강화하였습니다. 사실상 우리나라의 주권을 빼앗긴 상태가 되어버린 것입니다. 당연히 우리 민족은 들고일어나 일제에 맞서 싸웠습니다. 을미의병 이후 잠

잠하던 의병운동이 다시 일어났으며, 교육, 산업 발전을 통한 국권 수호 운동이었던 애국계몽운동이 본격화되기도 하였습니다. 그렇다면 을사조약을 맺게 된 출발점은 무엇이었을까요? 1904년으로 가보도록 하겠습니다.

일본은 착착 전쟁 준비를 하고 러·일 전쟁(1904~1905)을 일으켰습니다. 이 전쟁이 시작되자마자 일본이 우리나라에게 조약을 맺을 것을 강요했습니다. 조선을 일본 편으로 만들어야 전쟁에 도움이 될 것이니까요. 그래서 거의 반 강제적으로 맺어진 조약이 한·일 의정서입니다. 한·일 의정서(1904. 2)의 핵심 내용은 필요한 군사 요충지(군사 전략상 필요한 중요한 지역)를 일본 마음대로 사용한다는 것입니다. 다음은 그 내용입니다.

> **제4조** 제3국의 침해 또는 내란으로 인하여 대한제국 황실의 안녕과 영토의 보전에 위험이 있을 경우에 대일본제국 정부는 곧 필요한 조치를 취할 것이며, 대한제국 정부는 대일본제국이 용이하게 행동할 수 있도록 충분히 편의를 제공한다. 대일본제국 정부는 이러한 목적을 달성하기 위하여 전략상 필요한 지점을 수시로 사용할 수 있다.

이 조항에 따르면 일본은 전략상 필요한 지점, 즉 군사 요충지를 마음대로 사용하겠다는 것이었죠. 얼마 후 일본이 전쟁에 이기고 있는 상황에서 조약 하나를 더 맺자고 강요했습니다. 그게 제1차 한·일 협약(1904. 8)입니다. 핵심 내용은 고문 정치를 시작하겠다는 것입니다. 고문이란, 한마디로 간섭하는 인간을 말합니다. 이때 제일 먼저 외교고문으로 스티븐스(미국인으로 일본의 앞잡이였죠), 재정고문으로 메가타를 파견했습니다. 이어 여러 부서에도 일본인 고문을 파견하여 내정간섭을 강화하였습니다. 다음은 제1차 한·일 협약의 내용 중 일부입니다.

제1조 대한제국 정부는 일본제국 정부가 추천한 일본인 1명을 재정고 문에 초빙하여 재무에 관한 사항은 모두 그의 의견을 들어 시행할 것.

(재정고문으로 메가타가 임명되었죠.)

제2조 대한제국 정부는 일본제국 정부가 추천한 외국인 1명을 외교고 문으로 외부에 초빙하여 외교에 관한 중요한 업무는 모두 그의 의견을 들어 시행할 것.(외교고문으로 스티븐스가 임명되었죠.)

■ 러·일 전쟁에 승리한 일본과 을사조약의 체결

일본이 러·일 전쟁에서 승리할 것이 확실해지니까 일본의 가쓰라와 미국의 태프트가 은밀하게 약속을 맺습니다. 이를 가쓰라·태프트 밀약(1905. 7)이라고 합니다. 일본은 한국 을 지배하기로 하고 미국은 필리핀을 지배하기로 자기들끼리 약속했습니 다. 다음은 가쓰라·태프트 밀약의 내용 중 일부입니다.

셋째, 미국은 일본이 대한제국의 보호권을 확립하는 것이 러·일 전쟁 의 논리적 귀결이며 극동 평화에 직접 이바지할 것으로 인정한다.

미국은 일본이 한국을 지배하는 것을 인정한다는 것이죠. 그다음에 영국이 일본의 한국 지배를 인정하는 제2차 영·일 동맹(1905. 8)을 맺습 니다.

제3조 일본국은 한국에서 정치, 군사 및 경제상의 탁월한 이익을 옹호

증진하기 위하여 정당하고 필요하다고 인정하는 지도 감리 및 보호 조치를 한국에서 집행할 권리를 갖는다. 단 해당 조치는 항상 열국의 상공업에 대한 기회균등주의에 위반하지 아니할 것을 요한다.

영국은 일본이 한국을 지배하는 것을 인정한다는 것이죠. 이어서 러·일 전쟁이 끝나는 조약이 맺어집니다. 바로 포츠머스 조약(1905. 9)입니다. 한마디로 러시아가 일본의 한국 지배를 인정하는 내용이었죠.

제2조 러시아제국 정부는 일본제국이 한국에서 정치, 군사상 및 경제상의 탁월한 이익을 갖는다는 것을 인정하고 일본제국 정부가 한국에서 필요하다고 인정하는 지도 보호 및 감리의 조처를 하는 데 이를 저지하거나 간섭하지 않을 것을 약정한다.

이렇게 러시아는 일본이 한국을 지배하는 것을 인정하였습니다. 이제 일본이 한국을 지배하는 것에 대해 딴죽을 걸 나라는 하나도 없게 된 것입니다. 이렇게 국제적으로 우리나라를 노예처럼 팔아먹은 결과가 바로 을사조약입니다. 을사조약(1905. 11)의 핵심은 우리의 외교권을 빼앗고, 통감부를 설치하여 사실상 우리나라를 지배하기 시작한 것입니다. 다음은 을사조약의 내용 중 일부입니다.

제2조 일본국 정부는 한국과 타국 간에 현존하는 조약의 실행을 완수하는 임무를 담당하고, 한국 정부는 지금부터 일본국 정부의 중개를 거치지 않고서는 국제적 성질을 가진 어떤 조약이나 약속을 맺지 않을 것을 서로 약속한다.(우리나라의 외교를 일본이 대신한다는 내용이죠.)

제3조 일본국 정부는 그 대표자로 한국 황제폐하 밑에 1명의 통감을 두되 통감은 오로지 외교에 관한 사항을 관리하기 위하여 경성에 주재하고 친히 한국 황제폐하를 만날 수 있는 권리를 가진다.(황제 밑에 일본의 대표인 통감을 두어 사실상 최고 통치권을 차지하겠다는 의도였죠.)

이 을사조약에 항거한 것이 바로 을사의병, 민영환 등의 자결, 조병세, 이상설, 안병찬 등의 반대상소, 『황성신문』 장지연의 「시일야방성대곡」(당시 「시일야방성대곡」이 실린 『황성신문』이 배포되자 일본은 대대적인 신문 회수 작업을 벌였습니다. 이미 배포된 800부가 회수되었고, 지방에 배포될 예정이었던 2,288부는 압수되었습니다. 당시 신문은 일본에 의해 검열된 후 나올 수 있었는데, 검열을 피하여 전격적으로 인쇄하여 서울에 배포하였던 것이죠), 나철, 오기호의 을사 5적 암살단 조직(박제순, 이지용, 이근택, 이완용, 권중현 등 5적들의 집을 방화하고, 친일 단체인 일진회를 습격하였죠), 고종의 헤이그 만국평화회의 특사 파견(1907. 6) 등입니다. 다음은 「시일야방성대곡」의 내용 중 일부입니다.

"이토가 스스로 알 수 있을 바이거늘 오호라! 개, 돼지새끼만도 못한 외부대신 박제순과 각 대신은 족히 책망할 여지도 없으려니와…… 우리 이천만 동포들이여! 살았느냐? 죽었느냐? 단군 기자 이래 4,000년 국민정신이 하룻밤 사이에 졸연히 망하고 멈추지 않았는가? 아프고 아프도다. 동포여 동포여!"

을사조약 체결을 주도한 이토 히로부미의 이름이 나오네요. 박제순 등 을사 5적을 개, 돼지새끼라고 표현하고 있습니다. 동포들에게 사실상 나라가 망하였음을 알리고 분노할 것을 호소하였습니다. 을사 5적은 을사조약 체결에 찬성한 대신이었던 외부대신 박제순, 학부대신 이완용, 군부대신 이근택, 내부대신 이지용, 농상공대신 권중현 등을 말합니다. 당시 이토 히로부미는 을사조약에 대한 찬성, 반대를 우리나라 대신들에게 물었죠. 참정대신 한규설, 탁지부대신 민영기, 법부대신 이하영 등은 반대하였고, 을사 5적은 찬성하였던 것입니다. 8명의 대신 중 5명의 과반수 찬성으로 을사조약 체결이 결정된 것이죠. 일본이 을사조약을 합법적으로 맺은 조약이라고 우기는 이유이기도 합니다.

그러나 을사조약은 불법적으로 맺어진 조약이기 때문에 무효입니다. 여러 가지 이유 중에서도 가장 중요한 무효 사유는 대한제국의 주권자였던 고종황제의 비준도 없고, 그 권리를 위임하지도 않았다는 것입니다. 1899년 제정된 대한제국의 헌법이라고 할 수 있는 대한국 국제에는 다음과 같은 조항이 있습니다.

제9조 대한제국의 주권은 대한제국 황제에게 있으며, 황제는 조약 체결권을 갖고 있다.

주권자인 황제의 비준이 없는 그 어떤 조약도 무효인 것이죠. 지금도 FTA 맺을 때 협상 대표에 대한 위임이 있고, 협정문에 서명, 날인이 있어야 하며, 주권자 국민의 대표 기관인 국회에서 비준이 필요합니다. 한·미 FTA도 국회의 비준이 늦어져 발효가 늦어졌던 것도 다 이러한 이유 때문입니다. 그러나 1984년 일본 외무성 사료관에서 발견된 을사조약 원본에는 위임장도 비준서도 없었습니다. 즉 당시의 주권자였던 고종황제는 을사조약에 대해 위임도 비준도 하지 않았던 것이고, 당연히 이 조약은 무효입니다.

★ 영화와 드라마로 역사 읽기 – 영화 「YMCA 야구단」

　　을사조약 전후 시기를 배경으로 한 영화로 「YMCA야구단」이 있습니다. 여주인공이 민영환의 딸로 나오는데, 을사조약 체결 후 장지연이 쓴 「시일야방성대곡」이 실린 『황성신문』이 스틸 사진으로 나오죠. 민영환의 자결 후 상복을 입은 여주인공의 모습도 나옵니다. 이 영화의 여주인공 아버지 민공(민영환)의 자결 이후 다시 모인 YMCA 야구단은 연습을 위해 훈련장을 찾았는데, 이들의 앞을 일본군들이 막아섰습니다. 일본 유학을 다녀와 일본어를 할 줄 아는 오대현이 일본군에게 "관청의 허가를 받았냐?"는 요지의 질문을 하자 일본군은 "지금 이 나라에 통감부보다 더 높은 관청이 있냐?"는 요지의 대답을 하죠. 을사조약 이후 통감부가 설치되면서 우리나라의 내정 역시 일본의 손아귀에 들어갔음을 보여주는 장면입니다.

　　한편, 을사 5적과 관련된 내용이 이 영화에서도 나옵니다. 민정림의 아버지 민공의 자결 이후 새로 YMCA 야구단에 들어온 오대현은 같은 팀의 동료 류광태의 아버지인 친일파 매국노를 살해하려 하였지만 실패하였습니다. 류광태의 아버지는 을사 5적에 들지 않았기 때문에 이 사건을 일으킨 오대현은 이른바 '을사 50적 암살단'이 되었죠. 결국 오대현을 의심한 류광태의 고발로 오대현과 민정림은 쫓기는 신세가 되었고, YMCA 야구단은 해체되어 야구단원들은 모두 뿔뿔이 흩어졌죠. 이호창 역시 의병이었던 형의 피 묻은 옷을 받고, 형의 죽음에 충격을 받죠. 그리고 아버지가 낙향한 시골로 내려가 서당에서 아이들을 가르치게 되죠.

　　이호창의 형이 의병으로 활동한 시기는 을사조약을 전후로 한 시기이기 때문에 이른바 '을사의병'에 참여했다고 볼 수 있습니다. 이 영화의 주인공 이호창의 형 역시 양반 유생이었고, 일본의 침략에 맞서 싸우다가 전사하였던 것으로 보입니다. 일본군 야구단과의 재대결에서 이호창이 형의 피 묻은 도포와 찢어진 갓을 쓰고 야구장에 나타나는 장면은 야구로 일본에 맞서 싸우는 '의병'이 되겠다는 뜻이었죠. 우리나라 야구 역사의 시작을 재미있게 묘사한 영화입니다.

■ 고종 강제 퇴위와 일제의 한국 강점

고종황제는 을사조약 무효를 선언하기 위해 헤이그 만국평화회의에 이상설, 이준, 이위종을 특사로 파견했지만 일제의 방해로 실패했습니다. 그러나 당시 헤이그에 모인 각국 기자들의 도움으로 기자회견을 통해 일제가 을사조약을 불법적으로 강요했다는 것을 알리는 데는 성공했습니다. 일제는 이 사건을 이유로 고종황제를 강제 퇴위시키고, 다시 한·일 신협약(1907. 7. 정미 7조약이라고도 함)을 맺습니다. 각 부서에 일본인 차관을 두어 통치하는 차관 정치가 그 핵심이죠. 다음은 그 내용입니다.

제5조 한국 정부는 통감이 추천한 일본인을 한국 관리에 임명한다.
(이를 근거로 일본은 통감이 추천한 일본인을 한국 각 부서의 차관으로 임명하였죠.)

이어서 군대까지 해산(1907. 8)하자 정미의병이 의병 전쟁으로 확산되었습니다. 이후 기유각서(1909, 사법권, 감옥 사무 박탈) → 경찰권 박탈(1910. 6) → 국권 강탈(1910. 8. 29)로 이어집니다.

1910년 8월 29일 당시 총리대신 이완용과 통감 데라우치 사이에 이른바 '병합' 조약이 맺어졌습니다. '병합'이란 말에는 '강제성'이 없습니다. 즉 일제의 지배를 우리 민족이 순순히 받아들였다는 뜻이죠. 그러나 우리 민족은 의병 전쟁을 일으켜 일제의 침략에 맞서 싸웠습니다. 그리고 힘이 약하여 일제의 지배를 당하게 된 것입니다. 그렇기 때문에 '병합'이 아니라 '강점(강제 점령)'이라고 해야 합니다. 다음은 일제의 '국권 강탈 조약'의 내용입니다.

제1조 한국 황제 폐하는 한국 전체에 관한 통치권을 완전하고도 영구히 일본 황제 폐하에게 양여한다.(이 조약으로 우리의 국권을 일본에게 빼앗겼음을 알 수 있죠.)

이렇게 나라가 망해가는 데 오히려 앞장섰던 친일 단체가 일진회입니다. 송병준, 이용구 등을 중심으로 고종황제 강제 퇴위를 촉구하고, 친일 여론을 확산하며, 한일합방 청원서 발표 등으로 나라를 팔아먹었습니다. 이 일진회와 누가 더 친일을 잘하는가 경쟁했던 단체가 바로 대한협회죠. 애국계몽운동 단체 중 하나인데 막판엔 친일 활동에 적극 나섭니다.

■ 위정척사운동을 계승하여
   의병이 일어나다

을미의병 → 을사의병 → 정미의병 → 무장독립투쟁

의병운동은 위정척사운동을 계승한 유생 의병장들과 동학농민군의 잔여 세력들이 힘을 합쳐 시작되었습니다. 위정척사운동과 동학농민운동의 반외세를 계승한 반침략 구국 민족 운동인 것입니다.

먼저 전기 의병(1896. 을미의병)은 을미사변, 단발령이 원인이 되어 일어났죠. 위정척사운동을 하던 유생들이 의병장이 되어 주도했습니다. 유인석, 이소응, 허위 등이 대표적 의병장으로 활약하였죠. 의병에는 1894년 활동했던 동학농민군 출신들도 많이 참여했습니다. 그런데 아관파천으로 친일 정권이 무너지고 단발령이 거두어지고 고종이 해산권고조칙을 내리자 자진 해산했습니다.

한편 의병에 가담했던 농민들을 중심으로 다시 활빈당(많이 들어본 이름이죠. 『홍길동전』에 나오는 바로 그 활빈당입니다. 그것을 모델로 활동했죠)이 만들어져 반침략, 반봉건 투쟁을 계속하였습니다. 탐관오리, 친일 부호, 일본 상인을 공격하여 돈을 빼앗아 가난한 사람들에게 나누어주기도 했습니다. 다음은 활빈당의 요구 사항인 「13조목 대한사민논설」 중 일부입니다.

5. 시급히 방곡을 실시하여 백성을 구제할 것.(반외세)

6. 시장에 외국 상인이 나오는 것을 엄금할 것.(반외세)

8. 금광 채굴을 금할 것.(반외세)

9. 사전(私田)을 혁파하고 토지를 균등하게 나눌 것.(반봉건)

13. 외국에 철도 부설을 허락하지 말 것.(반외세)

■ 을사조약에 항거한 중기 의병(을사의병)

그다음 중기 의병(1905. 을사의병)은 을사조약이 원인이 되어 일어났죠. 민종식(홍주성 점령), 정용기, 최익현 등이 대표적 유생 의병장입니다. 평민 출신 의병장(신돌석)이 처음으로 출현하였다는 거 꼭 기억하세요. 다음은 당시 최익현이 의병을 일으키며 내세운 격문 내용들 중 일부입니다.

"작년 10월에 저들이 한 행위는 만고에 일찍이 없었던 일로서, 억압으로 조각의 종이에 조인하여 오백 년을 전해오던 종묘사직이 드디어 하룻밤 사이에 망하였으니, 천지신명도 놀라고 조종(祖宗)의 영혼도 슬퍼하였다."(한 조각의 종이에 조인하였다는 것은 을사조약을 가리키죠. 을사조약으로 나라가 사실상 망했다는 것을 말해주고 있습니다.)

"우리에게 이웃 나라가 있어도 스스로 결교하지 못하고 타인을 시켜 결교하니 이것은 나라가 없는 것이요, 우리에게 토지와 인민이 있어도 스스로 주장하지 못하고 타인을 시켜 감독하게 하니, 이것은 임금이 없는 것이다."(을사조약으로 우리의 외교권을 빼앗겼으며 통감부가 설치되어 사실상 일본의 지배를 받게 되었음을 말해주고 있습니다.)

의병장 최익현은 정읍, 순창 일대를 장악하였지만 일본이 보낸 관군과 대치하게 되자, "너희들이 왜군이라면 즉각 결전을 하겠으나, 동족끼리 죽이는 일은 차마 못하겠다."고 항전을 중단하였습니다. 그리고 유배지인 대마도로 가는 길에는 일본 흙을 밟지 않겠다며 신발에 우리 흙을 넣어 갔고, 대마도에선 조선에서 가져온 한 동이의 물만 마시면서 단식 투쟁한 끝에 결국 숨을 거뒀습니다.

신돌석은 이름에서도 알 수 있다시피 평민 출신이었습니다. 일월산(경상도와 강원도의 경계에 있음)을 근거지로 하여 유격전을 펼친 것으로 유명합니다. 유격전은 이른바 게릴라 전술이라고 합니다. 소수의 병력으로 적을 공격하기 위해 기습 작전을 펼치는 전술이죠. 신돌석 이후 나타난 평민 의병장들은 양반 의병장들이 내세우던 신분의식이 없었기 때문에 의병 부대의 단결력을 더욱 강화할 수 있었습니다. 모두가 평등하다는 의식이 공동체 의식을 단단하게 만들었던 것이죠.

■ 의병 전쟁이 일어나다

그다음 후기 의병(1907. 정미의병)은 고종 강제 퇴위, 군대 해산이 원인이 되어 일어났죠. 일제가 헤이그 밀사 사건을 구실로 고종을 강제로 퇴위시키고 군대마저 해산하자 해산 군인들이 대거 의병에 합류하였습니다. 군대 해산에 항거하여 시위대 제1연대 제1대대장 박승환이 자결하였다는 소식에 서울 시위대와 지방 진위대가 봉기하였고, 해산 군인들이 의병에 합류하면서 의병 전쟁으로 변화하였습니다. 다음은 후기 의병과 관련된 『속음청사』의 자료입니다.

가평, 원주, 제천 등 여러 곳에서 의병이 일어났는데 이는 전부가 해산 병정이다. 서양식 총을 갖고 있고, 오래 조련을 받아 규율이 있어 일본군과 교전하면 살상을 많이 한다.

이 기록에 따르면 해산 병정들이 의병에 합류해 서양식 총 등으로 무장하여 화력이 강화되었고, 전략·전술적으로도 더욱 강력해졌다는 것을 알 수 있죠. 이때부터 유생, 농민, 해산 군인, 노동자, 상인, 지식인, 승려, 화적 등 정말 각계각층이 참여하기 시작했죠. 그리고 의병장도 평민이 대부분을 차지하였습니다. 대표적 평민 의병장으로는 신돌석, 홍범도, 김수민 등이 있습니다. 이렇게 의병운동이 활발해지는 가운데 찬물을 끼얹은 인간들이 바로 양반 의병장들입니다. 평민 의병장 부대와는 같이 안 놀겠다고 하여 양반 의병장 부대만으로 13도 연합 의병을 결성하여 서울 진공 작전을 했죠. 당시 일본군이 두려워한 것은 평민 의병장 부대들이었는데 이들을 뺐으니 일본군이 코웃음을 쳤겠죠. 하지만 각국의 영사관에 편지를 보내 의병을 국제법상 교전단체로 인정해줄 것을 요구한 것

군복을 입은 사람이 해산 군인 출신입니다. 저마다 다른 복장이 특징이죠.

은 의미가 있어요. 우리의 군대가 강제 해산되었기 때문에 이제 의병은 일본에 맞서 싸우는 유일한 한국의 정식 군대가 되었음을 선언한 것입니다. 그런데 총대장 이인영이 자기 아버지가 돌아가셨다고 고향으로 돌아가는 바람에 총대장 없이 군사장 허위가 앞장서서 진격하다가 결국엔 실패로 끝나고 말았습니다.

■ 일제에 맞서 끝까지 싸운 호남 의병

후기 의병의 실패 이후에도 전국 곳곳에서 의병들의 활동이 계속되었습니다. 특히 전해산, 심수택, 안규홍 등의 의병장들이 이끄는 호남 지역 의병 활동이 가장 활발하였습니다. 결국 일제가 우리나라를 차지하기 위해서는 의병의 씨를 완전히 말려야 했죠. 호남 지역 의병 말살을 위해 호남을 완전 봉쇄한 후 일본군이 호남 사람들을 두 달 동안 마치 빗질하듯이 반복적으로 살육, 방화, 약탈하였습니다(1909). 다음은 이와 관련된 『매천야록』의 내용 중 일부입니다.

> 일본군이 길을 나누어 호남 의병을 수색하니 위로는 진산, 금산, 김제,
> 만경으로부터 동으로 진주, 하동, 남은 목포로부터 사방을 포위한 것이
> 그물을 펼쳐놓은 것 같았다.

호남을 사방으로 포위하여 그물로 물고기를 잡듯이 호남 의병을 싹
쓸이해서 붙잡았다는 것을 보여주죠. 이렇게 잔인한 작전에서 살아남은
의병들은 만주, 연해주로 이동하였고 항일 무장투쟁으로 이어졌답니다
(만주에서 활동한 홍범도, 연해주에서 활동한 이범윤 등이 대표적인 무장투쟁 세력이죠).

■ 의사, 열사들의 무력 투쟁

1910년 나라가 완전히 망하기
전까지 의병 이외에도 의사, 열사들의 무력 투쟁이 계속 이어졌습니다.
먼저 나철, 오기호 등을 중심으로 '을사 5적 암살단'이 매국노들을 처단
하려 하였지만 실패하였습니다. 또한 우리 정부의 외교고문으로 일제의
앞잡이 노릇을 했던 미국인 스티븐스를 미국 유학 중이던 장인환, 전명
운이 샌프란시스코에서 살해했죠(1908). 또 매국노 이완용을 이재명이 암
살하려 하였으나 실패했습니다(1909).

연해주에서 의병 활동을 하던 안중근은 만주 하얼빈에서 우리나라
침략의 원흉 이토 히로부미를 총으로 쏴 죽였죠(1909). 안중근은 동양 평
화론을 주장하였습니다. 이토 히로부미가 우리나라의 주권을 침탈하고,
한, 중, 일 세 나라의 동양 평화를 흔들었기 때문에 처형하였다고 밝혔습

니다. 또한 안중근은 스스로를 '대한의군 참모중장'이라고 소개하면서 자신이 이토 히로부미를 죽인 것은 전쟁 행위로서 사살한 것이기 때문에 전쟁 포로로 재판받게 해줄 것을 주장하였죠. 다시 말해 민간인으로서 사람을 죽인 것은 살인이 됩니다. 그러나 전쟁에서 적을 죽인 군인은 살인범이 아니라 전쟁 영웅이죠. 이러한 이유로 '안중근 의사'가 아닌 '안중근 장군'이라고 부르는 것이 옳다는 주장이 있습니다. 저도 '안중근 장군'이 옳다고 생각합니다.

★ **영화**와 **드라마**로 **역사** 읽기 - **영화** 「2009 로스트 메모리즈」

　영화 「2009 로스트 메모리즈」. 왜 2009일까요? 2009에서 100을 빼면 1909죠. 100년 전 시간으로 거슬러 올라가 역사를 바꾸는 재미있는 영화입니다. 1909년 10월 26일 안중근 의사는 하얼빈 역에서 이토 히로부미를 처단하였습니다. 그러나 이 영화에서는 안중근이 이토 히로부미를 처단하는 데 실패하였습니다. 1909년으로부터 100년 뒤인 2009년에 열린 시간의 문을 통해 일본은 역사 조작을 위해 이노우에라는 자객을 100년 전으로 보내죠. 이노우에는 안중근을 하얼빈 현장에서 사살하고 이토 히로부미가 목숨을 건진 후 역사는 뒤바뀝니다. 다시 돌아온 2009년의 우리나라는 일본의 식민지 상태가 유지되어 우리나라 사람들은 일본인으로 완전히 동화되어 살아가고 있죠.

　일본에서는 메이지유신 이후 근대화의 와중에 소외된 사무라이들의 불만을 돌리기 위한 방안으로 우리나라를 침략하자는 이른바 정한론이 제기되었습니다. 그때 이에 반대하고 준비된 침략을 주장했던 세력의 한 명이 바로 이토 히로부미입니다. 우리나라는 역사적으로 외세의 무력 침략에 의해 나라를 빼앗긴 적이 한 번도 없습니다. 그 이유는 군사력이 강했기 때문이 아니라 민중들이 나라의 위기를 맞이하여 자발적으로 힘을 합하여 외세와 맞서 싸웠기 때문입니다.

이러한 민족성을 잘 알고 있던 이토 히로부미는 무력을 쓰지 않고, 천천히 가랑비에 옷 젖듯이 교활하게 침략해야 한다고 주장했고, 착착 진행시켰습니다. 결국 그의 생각이 옳았습니다. 우리는 천천히 우리도 모르는 사이에 일제의 지배를 받게 되었던 것입니다. 이토 히로부미가 살아남아 우리나라를 병합하고 초대 통감이 되었다면 보다 치밀하고 교활하게 통치를 하였을 것이고, 우리나라 사람들은 일본에 완전히 동화되었을 것이라는 가정에서 출발한 영화가 바로 「2009 로스트 메모리즈」인 것이죠.

영화 「2009 로스트 메모리즈」의 첫 장면에서는 안중근이 이토 히로부미를 저격하기 위해 준비하는 과정과 저격 현장을 묘사하고 있습니다. 물론 안중근이 이토 히로부미 저격에 실패하고 사살당하는 허구의 장면입니다. 그리고 이어지는 장면은 중요한 역사 사건의 기록 화면을 배경으로 뒤바뀐 역사의 내용을 자막으로 제시합니다. 실제 기록 사진을 제시하여 가상의 역사에 사실성을 부여하였죠. 1910년 이토 히로부미는 초대 조선총독에 부임하였고, 1919년 3·1운동은 집회 자체가 무산되었죠. 1932년 윤봉길의 훙커우 공원 의거 역시 사전에 사살되어 실패하였습니다. 2차 세계대전에서 일본은 미국 편에 붙었고, 1945년 독일 베를린에 원폭이 투하되어 미국과 일본은 승전국이 되죠. 이후 일본은 국제연합의 상임이사국이 되고, 1988년에는 일본 나고야에서 1964년 도쿄올림픽에 이어 두 번째 올림픽이 개최되었죠. 2002년 일본 월드컵 역시 성공적으로 개최됩니다. 그리고 2009년 경성(서울)의 거리는 일본어 간판으로 도배되어 있고, 조선총독부 건물 앞에는 도요토미 히데요시의 동상이 서 있죠. 식민지 조선의 가상 역사는 끔찍한 모습 그 자체입니다.

그러나 조선의 독립을 위해 투쟁하는 독립운동가들은 2009년에도 활동을 하고 있습니다. 물론 일본인들과 대다수 조선인들은 이들을 후레이센진이라고 부르면서 테러리스트라고 하죠. 여기서 후레이센진이란 불령선인(不逞鮮人)을 말하는 것으로 보이는데, 원래 일본어로는 후테이센진이 맞습니다. 이 영화의 옥에 티라고 할 수 있죠. 일제 강점기에 일제는 우리 독립운동가들을 불령선인이라고 경멸하는 말로 불렀죠. 어쨌든 이 영화에 나오는 가상 식민지 조선에서도 독립운동가들은 불령선인으로 불리고 있는 것입니다.

이 영화 속의 불령선인으로 불리는 독립운동가들은 조선해방동맹 소속으로 '시간의 문'이라는 역사의 비밀을 알고 있습니다. '시간의 문'을 여는 열쇠인 '월령'을 탈취하기 위해 유물 전시회를 습격하는 장면으로부터 우리 독립군들은 활동을 시작합니다. 그러나 일본 JBI의 진압작전으로 '월령' 탈취는 실패로 끝나고, 우리 독립군들은 모두 사살되죠. 이 탈취 작전을 이끌었던 독립군 지도자는 일본 경찰과의 대치 과정에서 조선인 경찰인 사카모토와 논쟁을 벌입니다. 사카모토는 우리 독립군들의 '독립운동은 범죄, 즉 테러'라고 하죠. 독립군 지도자는 "나라를 되찾겠다는 것이 어떻게 범죄냐?"고 반문합니다.

사실 이러한 논쟁은 실제 역사 속에서도 계속되고 있습니다. 지금도 우리나라 사람들 중에는 안중근, 김구, 윤봉길 등을 테러리스트라고 부르는 일부 몰지각한 사람들이 있습니다. 이 영화에서도 사카모토는 "안중근을 아느냐?"는 질문에 "이토 히로부미를 암살하려다 사살된 테러리스트"라고 대답하죠. 이러한 상황은 실제 구한말, 일제 강점기 때도 있었던 일들입니다. 전명운, 장인환이 미국인 스티븐스를 살해하는 사건이 터지자 우리나라의 교포들은 모금 활동을 벌이며 재판을 준비하였는데, 우리나라 교포들 중 일부는 스티븐스 살해 사건을 일본이 우리나라 사람들을 나쁜 사람들로 선전하는 데 이용당한 사건이라고 평가하기도 하였습니다. 또한 이들은 안중근이 이토 히로부미를 처단하였을 때도 이로 인한 미국의 여론이 악화될 것을 걱정하였을 뿐입니다. 이들은 안중근 등의 무력 항일 투쟁을 테러라고 생각하였던 것이죠.

지금도 세계 곳곳에서는 여전히 민간인까지 참혹하게 죽이는 테러가 발생하고 있습니다. 이러한 테러리스트들을 김구 선생이나 안중근 의사에 비유하는 사람들이 있는데, 정말 우리 독립운동가들을 모욕하는 일입니다. 우리 독립운동가들은 아무 죄 없는 민간인들을 인질로 납치하거나, 참혹하게 죽이거나, 비겁하게 복면으로 얼굴 가리고 협박하는 짓은 하지 않았습니다. 당당하게 거사를 치르고 태극기를 꺼내어 대한독립 만세를 외치다 감옥에 가서 당당하게 조사받고 의연하게 죽음을 맞이했습니다. 많은 의열단원들이 폭탄을 던지고, 총격전을 벌이다가 마지막 한 발의 총알로 자결하기도 하였습니다. 우리 독립운동가들은 일본 침략자, 친일파 매국노들을 처단하거나 일제 통치기관을 파괴하는 등 정당한 무력 투쟁을 하였던 것이죠.

다시 영화 이야기로 돌아옵시다. 조선인 경찰 사카모토는 사건을 조사하면서 일련의 사건들이 이노우에 재단과 관련이 있음을 파악하게 됩니다. 이에 일본의 '역사 조작 세력'은 사카모토에게 살인범의 누명을 씌우죠. 탈출한 사카모토는 독립군의 아지트로 피신하여 '시간의 문'이란 역사의 비밀을 알게 되죠. 그리고 아지트가 발각되어 일본 경찰의 공격으로 독립군들이 몰살당한 후 '뒤틀린 역사'를 정상으로 되돌리는 '역사적 임무'를 맡게 됩니다. '시간의 문'을 통하여 100년 전으로 돌아간 사카모토는 드디어 하얼빈 현장에서 역사를 바로잡습니다. 그리고 이 영화의 마지막 장면으로 이어집니다. 원상태로 되돌려진 세 번째 역사의 2009년 천안 독립기념관에 견학 온 어린이가 독립운동가들의 사진을 유심히 바라보는 장면인데, 실제 독립운동가들의 사진 속에 이 영화의 남녀 주인공들의 모습이 들어 있습니다. 역사를 정상으로 되돌린 영웅들이 선택한 길은 역시 독립운동이었던 것이죠. 실제 역사에서도 우리나라를 되찾기 위해 목숨을 걸고 싸운 독립운동가들은 우리 민족의 역사를 바꾼 영웅들입니다. 독립운동가들의 영웅적 행동이 없었다면 「2009 로스트 메모리즈」의 끔찍한 현실은 실제 현실이 되었을지도 모릅니다. 결국 과거의 역사를 올바르게 평가하고, 그 결과에 따라 우리가 사는 현재를 올바르게 사는 것은 미래의 역사를 바꾸어 나가는 길이라는 것을 재확인할 수 있습니다.

■ 배우고 돈을 벌어 국권을 회복하려 했던 사람들

애국계몽운동은 보통 1904년 이후 국권 강탈(1910)까지 교육과 산업을 발전시켜 즉 실력을 양성하여 나라를 지키자는 운동을 말합니다. 애국계몽운동의 배경이 되는 사상이 사회진화론입니다. 강한 사람(국가)이 발전하고 약한 사람(국가)은 도태된다는 적자생존의 논리죠. 강한 사람(국가)이 약한 사람(국가)을 지배하는, 제국주의 침략을 긍정하는 논리입니다. 이처럼 타협적 측면이 있던 애국계몽운동은 의병 전쟁에 적대적이었습니다. 목숨 걸고 싸우는 의병들 때문에 자신들이 비겁자로 보였기 때문이었을까요?

다음은 대표적인 애국계몽운동 단체들입니다. 보안회는 일본의 황무지 개간권 요구에 반대하는 운동을 주도하였습니다(1904). 일본이 우리나라의 황무지 개간권을 요구하여 더 많은 땅을 빼앗으려고 하자 보안회를 중심으로 격렬한 반대 운동이 일어났습니다. 보안회는 농광 회사를 설립하여 황무지를 우리 민족의 힘으로 개간할 것을 주장하고, 반대 운동을 계속 벌여나갔습니다. 이러한 전 민족적인 반대 운동의 결과 결국 일본의 황무지 개간권 요구를 철회시켰습니다. 또 헌정연구회는 입헌군주제를 주장하며 대중 계몽 운동을 하였습니다. 그 후신인 대한자강회는 실력양성 운동(교육, 언론, 종교 활동)을 하며 전국에 지회를 설치하여 활동하고, 기관지인 『대한자강회 월보』를 간행하였습니다. 그러나 고종황제 양위 반대 운동을 주도하고, 한·일 신협약을 반대하는 등 서울 시민을 선동했다는 혐의로 해산당하였습니다. 그 후신인 대한협회는 회장 윤효정이 이토 히로부미를 조선의 행복을 증진할 인물이라고 하면서 일제에 아부나 떠는 친일 단체로 변질되어 1910년 한일병합 때는 친일 단체 일진회와 누가 더 친일을 잘하느냐 경쟁하기도 했죠.

■ 독립전쟁을 준비한 신민회

신민회(1907~1911)는 국권 회복과 공화정체의 근대 국민국가 건설을 목표로 만들어진 안창호, 양기탁 중심의 비밀결사였습니다. 신민회는 애국계몽운동 단체 중에 유일하게 독립전쟁론(이동휘, 신채호 등은 의병운동의 영향을 받아 해외 독립군 기지를 만들어 독립전쟁을 해야 한다고 주장)에 입각한 해외 독립운동 기지 건설에 앞장섰죠. 즉 교육, 산업을 중시하면서도(대성학교, 오산학교, 태극서관, 평양 자기 회사, 강연, 학회 활동, 출판물 보급 등) 독립 전쟁을 준비하기 위해 국외에 독립운동 기지를 건설해야 한다는 입장이었죠.

신민회는 105인 사건(1911)으로 해산되었는데, 그것은 초대 조선총독 데라우치를 안명근(안중근의 사촌동생)이 암살하려 했다고 조작하여 우리 독립운동가들을 탄압했던 사건이죠. 안명근이 독립운동 자금을 모으다가 발각된 안악 사건이 데라우치 총독 암살 음모로 조작되어 105인 사건

독립군 양성
삼원보

민족교육
평양

계몽 활동
서울

민족 기업 육성
대구

신민회의 주요 활동

으로 이어진 것입니다. 기소된 사람이 123명이었는데, 1심에서 유죄가 선고된 사람들이 105인이었다고 하여 이른바 '105인 사건'이라고 부르죠.

★ **영화**와 **드라마**로 **역사** 읽기 – **드라마** 「이회영」

드라마 「이회영」은 신민회의 주요 인물이었던 이회영이 독립운동을 시작한 구한말부터 1932년 사망할 때까지의 일대기를 그린 작품입니다. 이회영은 지금으로 말하면 재벌 가문이었습니다. 여섯 형제가 있었는데, 재산을 모두 처분하여 남만주 삼원보에 독립운동 기지를 건설하고 신흥무관학교를 설립하여 독립군을 양성하는 데 앞장섰죠. 특히 신흥무관학교를 졸업한 많은 독립군들이 봉오동 전투, 청산리 대첩, 한국광복군 등으로 활약하였답니다.

드라마에서도 묘사했다시피 이회영은 아나키스트, 즉 무정부주의자였습니다. 맞습니다. 의열단과 같은 이념을 갖고 있었죠. 일제에 맞서 총, 폭탄으로 싸워서라도 독립을 쟁취하려고 했습니다. 이렇게 독립운동에 앞장섰던 이회영은 1932년 중국 대련에서 일제에 체포되어 고문을 당한 끝에 사망하였습니다. 일제는 자살로 위장하려 하였지만 유가족들에게 전달된 유품, 입고 있던 옷은 온통 핏자국으로 얼룩져 있었다고 합니다. 일제의 고문을 견디지 못하고 사망한 것이 확실시됩니다.

■ 교육, 언론, 출판을 통한
애국계몽운동과 국채보상운동

애국계몽운동의 중요한 활동이었던 교육 활동, 언론 활동, 출판 활동은 민족의식을 고취하기 위한 활동이었습니다. 먼저 교육 활동은 학회(서북학회, 기호흥학회, 호남학회 등), 사립학교(서양 근대 학문을 가르치고 애국심을 고취하여 민족운동가들을 양성하였죠)를 통한 민족교육이었습니다(애국계몽운동은 1904년 이후에 생기기 때문에 1880년대 설립된 원산학사, 동문학, 육영공원은 애국계몽운동이 아님). 이러한 노력으로 전국에 약 2,000여 개의 사립학교가 세워졌습니다(이에 일제는 1908년 사립학교령을 만들어 우리의 민족교육을 탄압하였죠). 『황성신문』, 『대한매일신보』 등의 항일 언론 활동이나 항일 출판 활동도 활발하게 벌어졌습니다. 이에 통감부에서는 신문지법, 보안법을 만들어 사전 검열을 하였습니다. 이리하여 항일적인 신문 기사들이 삭제되었고, 항일 서적들은 금서(출판이 금지된 책)로 지정되었습니다.

일제는 을사조약 이후 통감부를 설치하고 식민지 시설을 더 많이 건설해나갔습니다. 그리고 이에 필요한 자금을 일본이 대한제국에 차관으로 빌려주었습니다. 이처럼 나라가 나라에게 빌려준 돈을 차관이라고 합니다. 이 차관이 1,300만 원(당시 대한제국 일 년 예산과 비슷함)에 다다르자 발생한 경제적 애국계몽운동이 바로 국채보상운동(1907)입니다. 이는 일제의 차관 제공에 의한 경제적 예속화 정책에 대항, 일본에게 빌린 나라 빚을 갚아서 경제적 노예 상태에서 벗어나자는 운동입니다. 다음은 「국채보상운동 취지서」 중 일부입니다.

지금 우리들은 정신을 새로이 하고 충의를 떨칠 때이니, 국채 1,300만 원은 우리 대한제국의 존망에 직결된 것입니다. 이것을 갚으면 나라가 보존되고 이것을 갚지 못하면 나라가 망할 것은 필연적인 사실이나, 지금 국고에서는 도저히 갚을 능력이 없으며, 만일 나라에서 못 갚는다면 그 때는 이미 삼천리강토는 내 나라 내 민족의 소유가 못 될 것입니다.

국채는 나라의 빚을 말합니다. 우리나라가 일본에게 빌린 돈이 1,300만 원이나 되니까 빨리 갚아버려서 일본의 경제적 노예 상태에서 벗어나자는 주장이죠. 가장 먼저 대구에서 시작한 이 운동은 서울에서 조직된 국채보상기성회를 중심으로 『대한매일신보』, 『황성신문』, 『제국신문』, 『만세보』 등 언론기관과 애국계몽운동 단체들이 주도하였습니다. 남자들은 담배를 금연한 돈으로, 여자들은 비녀, 가락지 등으로 적극 참여하였습니다. 그러나 상층민, 명문가, 부호 등의 참여가 저조한 데다가 일제의 탄압(친일 단체 일진회를 내세워 방해하고, 국채보상운동을 주도한 양기탁을 횡령 혐의로 구속하였죠)으로 결국 실패로 끝났습니다.

○○신문

OXOO年 O月 OX日

나라의 빚을 갚자

아, 우리 이천만 동포는 국가가 이처럼 위난인데도 결심하는 이 없고 방도를 기획하는 일 한 가지 없으니…… 나라가 망해도 괜찮단 말씀인지…… 우리의 국채 1,300만 원은 대한의 존망이 달린 일이라 할지니…… 우리가 어찌 월남 등 멸망한 민족의 꼴을 면할 수 있으리오…… 이천만 동포가 석 달만 담배를 끊어 한 사람이 한 달에 20전씩만 대금을 모은다면 거의 1,300만 원이 될 것이니…… 국민들의 당연한 의무로 여겨서 잠시만 결심하면 갚을 수 있는 일이라…… 아, 우리 이천만 가운데 애국사상이 조금만이라도 있는 이가 있다면 반대하지 않을 것이라. 우리가 감히 이를 발기하고 취지문을 부치면서 피눈물로 복원하노니…….

7.
응답하라
개항 이후 경제,
사회, 문화의 변화

■ 일본의 경제 침탈이 시작되다

강화도조약 이후 부속 조약들이 맺어졌습니다. 조·일 수호조규부록의 핵심은 개항장에서 일본 화폐 유통을 허용한다는 것, 일본 외교관의 여행 자유, 개항장에서 일본 거류민의 거주 지역 설정 등입니다. 조·일 통상장정의 핵심은 일본으로 쌀, 잡곡 수출을 허용하고, 일본과의 수출입 상품에 관세를 물리지 않는 혜택을 주는 것입니다. 조·일 통상장정은 1883년에 다시 체결되었는데, 관세를 설정하고, 방곡령에 대한 조건이 규정되었습니다. 또 일본 상인에 대한 최혜국 대우가 인정되어 조·청 상민수륙무역장정(1882)으로 청나라 상인들에게 허용된 내륙 진출이 일본 상인들에게도 허용되었습니다.

이러한 조약들을 바탕으로 일본 상인들은 본격적으로 경제적 침략을 시작하였습니다. 일본 상인들은 강화도조약에서 인정된 치외법권으로 조선의 법에서 자유로웠기 때문에 우리나라 사람들에 대해 협박을 일삼고, 사기, 폭행 등 범죄를 마음대로 저질렀습니다. 게다가 부속 조약들에 의해 개항장에서 일본 화폐를 사용할 수 있는 특권, 일본 수출입 상품에 대한 무관세 등의 혜택을 받으며 약탈적 무역을 하였던 것이죠. 일본 상인들은 영국에서 싸게 수입한 면직물을 조선에 비싸게 팔고, 쌀, 콩, 쇠가죽, 금 등을 사갔습니다. 곡물이 일본으로 유출되자 식량이 부족했던 조선에서는 곡물 가격이 올라 비싼 물가와 식량 부족으로 민중들이 고통을 받았습니다. 또한 수입된 서양 면직물에 밀려 국내 면직물 산업은 위축되기 시작하였습니다.

일본 상인들은 처음에 조계(거류지, 외국인이 거주하며 무역을 할 수 있도록 인정한 지역) 내에서만 무역을 할 수 있었습니다. 항구에서 반경 10리(4킬로미터) 밖으로 나오면 불법이었죠. 일본인이 장사를 할 수 있는 범위가 매우 좁았기 때문에 조선 상인들에게 물건을 넘길 수밖에 없었습니다. 그래서 조선 상인들은 중간에서 어느 정도 이익을 볼 수 있었죠. 이를 거류지 무역(개항장 무역)이라고 합니다.

■ 조·청 상민수륙무역장정 이후
청나라, 일본 상인의 경쟁

이렇게 일본 상인들이 조선의 돈을 쪽쪽 빨아먹고 있는데 임오군란이 일어났습니다. 임오군란의 영향으로 맺어진 조약이 있다고 했었죠? 조·청 상민수륙무역장정. 이후 서울(한성)에 청의 상인들이 진출할 수 있게 됩니다. 또한 여행권을 받아 다른 내지에도 진출하죠. 청나라 상인들에게 조선의 내륙에 진출하여 장사할 수 있는 특혜가 주어진 것입니다. 다른 나라들이 가만히 있지 않았겠죠? 최혜국 대우(다른 외국에 부여한 유리한 대우를 조약 상대국에도 자동으로 적용하는 것)를 내세우면서 다른 나라 상인들도 특히 일본 상인들이 개항장을 넘어 내륙 진출을 시작하였습니다. 이제 본격적으로 청과 일본의 무역 경쟁이 시작되었죠.

이처럼 외국 상인들이 내륙 진출을 하게 되자 그동안 중간에서 이익을 얻던 객주, 여각, 보부상 등 중개 상인들이 몰락하기 시작했습니다. 또한 청나라, 일본 상인들의 서울 진출로 서울 시전 상인들의 이익도 줄기 시작했죠. 청나라, 일본 상인들의 우리나라를 상대로 한 무역 경쟁이 점점 심해지면서 청·일 전쟁 직전에는 청과 일본에서 수입한 총액이 거의 비슷하게 나타났습니다. 그리고 이때, 즉 두 나라의 갈등이 최고조에 이른 시점에 드디어 청·일 전쟁이 발발했던 것입니다.

일본으로 곡물 유출이 계속 늘어나면서 쌀값이 폭등하였습니다. 쌀값이 오르면서 지주들은 큰 이익을 얻었지만 소작인들은 지주의 수탈로 고리대를 쓰는 경우가 많아졌습니다. 고리대는 높은 이자를 내야 하는 사채입니다. 고리대를 갚으라는 횡포에 농민들은 어쩔 수 없이 벼가 다 익기도 전에 일본 상인들에게 헐값에 파는 경우가 많았습니다. 이를 입도선매라고 합니다. 벼가 서자마자 미리 판다는 뜻이죠. 그러나 가을에 수확을 하면 수확량 모두를 일본 상인들과 지주들이 가져가버렸기 때문에 농민들은 어쩔 수 없이 다시 고리대를 쓰는 악순환이 벌어졌습니다. 즉 고리대와 입도선매의 악순환이 매년 반복되었던 것입니다.

■ 열강의 경제 침탈

앞에서 아관파천 이후 조선은 열강들의 이권 침탈장이 되어버렸다고 배웠습니다. 고종이 러시아 공사관에 얹혀 살고 있으니까 러시아가 시키는 대로 다 해준 것입니다. 또 러시아가 조선의 이권을 독차지하고 있으니까 미국, 프랑스, 독일, 일본도 달려들었죠. 러시아가 압록강, 두만강, 울릉도 삼림채벌권을 획득하고, 미국, 러시아, 일본, 독일 등이 곳곳의 광산채굴권을 획득하였습니다. 일본은 경인선, 경부선, 경의선, 경원선 철도 부설권을 획득하는 등 우리나라의 이권을 다 빼앗아버린 것입니다.

■ 일본의 차관 제공과 화폐 정리

일본은 대한제국이 근대 시설을 설치하면서 필요한 돈을 차관으로 제공하였습니다. 특히 다른 나라에서 차관을 빌려 오지 못하도록 방해까지 하면서 차관 제공을 일본이 독점하였죠. 일본이 이렇게 한 이유는 악덕 사채업자들이 가난한 사람들에게 대출을 받도록 부추기는 이유와 똑같습니다. 영화나 드라마에서 빚을 진 사람들이 빚을 갚지 못하면 악덕 사채업자들에게 폭행, 협박당하는 장면이 많이 나오죠? 한마디로 경제적인 노예가 되는 것이죠. 즉 일본도 대한제국을 경제적인 노예로 만들기 위해 차관을 제공했던 것입니다.

일본은 러·일 전쟁 중 제1차 한·일 협약으로 고문정치를 시작하였습니다. 이때 파견된 재정고문 메가타는 1905년 우리나라에서 화폐 정리를 하면서 경제를 말아먹었습니다. 화폐 정리는 한마디로 대한제국의 화폐 발행권을 빼앗기 위한 것이었죠. 그래서 일본 제일은행권을 본위화폐로 하는 보조화폐를 새로 발행하였습니다. 대한제국의 화폐 제도를 일본과 같게 만들어 침략을 보다 쉽게 하려는 것이었죠. 그런데 대한제국의 기존 화폐를 새로운 보조화폐로 교환하면서 3일 동안만 교환해주었고, 백동화 등의 기존 화폐를 제값으로 교환해주지 않았기 때문에 국내 중소 상공업자, 농민과 은행 등이 몰락했습니다. 다시 말해 백동화 100원을 새로운 화폐로 교환했더니 70원이나 60원, 50원 등으로 돌려받거나 아예 교환을 거부당하기도 했다는 말이죠. 그렇다면 사라진 돈은 어디로 갔을까요?

당연히 일제가 챙겼습니다. 일제는 기존에 사용하고 있던 화폐를 교환할 새로운 화폐를 준비했습니다. 예를 들어 1,000억 원을 준비했다고 칩시다. 그런데 새 화폐로 교환해준 돈은 500억 원입니다. 즉 나머지 500억 원은 일본 제일은행의 차지가 되는 것이죠. 이렇게 일제는 우리 금융을 완전히 장악하여 조선 침략에 필요한 자금을 마음대로 조달하고 뒤흔들며 운영할 수 있었던 것입니다.

러·일 전쟁을 계기로 일본은 철도부지, 군용지 확보 명목으로 많은 토지를 약탈했습니다. 경인선, 경부선 등 철도 공사를 위해 철도부지 명목으로 토지를 약탈(역둔토는 역의 경비를 충당하도록 지급된 토지인 역토와 관청의 경비를 충당하도록 지급된 둔토를 말합니다. 역둔토를 철도부지 명목으로 약탈하였던 것입니다. 이 외에 민간인 소유지도 철도부지 명목으로 약탈하였습니다)하고, 농민들을 강제 부역에 동원하는 등 철도는 침략의 대표적인 상징이었죠. 그래서 민중들은 철도를 파괴하기까지 하면서 저항하였습니다. 이러한 토지 약탈을 본격화하기 위해 1908년 만들어진 것이 바로 동양척식주식회사입니다. 약탈한 토지를 관리하고 일본인들의 조선 이주를 장려하였습니다. 그래서 한일병합 전에 이미 일제가 약탈한 토지는 약 495km²에 이를 정도였습니다.

■ 상회사를 세우고, 상권수호운동으로 외국 자본에 대항하다

개항 이후 외국 자본과의 경쟁 속에서 1880년대 초 객주, 관료들이 상회사와 같은 근대적 회사를 설립하기 시작하였습니다. 대표적으로 대동상회, 장통상회, 의신회사 등이 설립되었습니다. 또한 정부에서는 해룡호라는 기선을 구입하여 세곡(세금으로 낸 곡식)을 운반하는 데 이용하였습니다. 기선은 증기 기관으로 빠르게 움직이는 배를 말합니다. 또한 정부는 해운 회사인 '이운사'를 만들어 운영하기도 하였습니다. 그러나 이러한 민족자본은 돈도 없고, 기술도 없고, 운영 방식도 미숙했기 때문에 외국 상인들과의 경쟁에서 패배하고 결국 몰락하여 일본인들에게 넘어갔습니다.

조·청 상민수륙무역장정 이후 청, 일 상인들이 서울까지 진출하며 서울 상권을 장악해나가자 참다못한 서울 시전 상인들은 1890년 외국 상인들의 서울 퇴거(거주하는 곳에서 퇴출하라, 한마디로 서울에서 나가라 이거죠)를 요구하며 철시(상인들이 집단적으로 가게 문을 닫는 것. 즉 파업하고 비슷하죠)하고 시위하였습니다. 또한 1898년에는 독립협회가 만민공동회를 열어 이권수호운동을 벌여 성공하자 서울의 시전 상인들도 상권수호운동을 다시 벌이게 됩니다. 먼저 황국중앙총상회를 조직하여 단결하고, 독립협회와 힘을 합쳐 철시하고 만민공동회에 적극 참가하여 외국 상인들이 서울에서 떠날 것을 요구하였습니다.

■ 방곡령을 내려 일본과 맞서다

1890년대 일본은 산업화

를 추진하면서 노동자들에게 낮은 임금을 주기 위해 조선에서 값싼 쌀

을 수입하여 곡물 가격을 싸게 유지하였습니다. 한마디로 쌀과 곡식을

마구 수입해 갑니다. 입도선매, 고리대로 곡물을 사들여 폭리를 취했습

니다. 이렇게 일본이 우리나라 쌀을 엄청나게 수입해 가니까 우리가 먹

을 게 없어지면서 농민들이 힘들어졌죠. 그러자 지방의 관찰사와 사또들

이 곡물 수출을 금지하는데, 이것이 방곡령입니다. 가장 규모가 컸던 것

이 1889년 함경도, 1890년 황해도에서 내려진 방곡령입니다. 방곡령은

"곡식 수출을 금지하는 명령"이라는 뜻입니다. 하지만 실패하죠. 일본은

조·일 통상장정의 관련 조항을 내세워 압력을 가하였고, 조선 정부는

굴복하여 방곡령을 철회하였습니다. 당연히 농민들은 일본에 대한 적개

심이 점점 커져갔습니다. 다음은 조·일 통상장정(1883) 중 일부입니다.

제37조 만약 조선국에 가뭄, 수해, 병란 등의 일이 있어 국내 식량 결핍을 우려하여 조선 정부가 잠정적으로 쌀의 수출을 금지하고자 할 때에는 반드시 먼저 1개월 전에 지방관이 일본 영사관에게 통고해야 한다. 또한 그러한 때는 그 시기를 미리 항구의 일본 상인에게 두루 알려 그대로 지키게 해야 한다.

쌀 수출을 금지하려면 1개월 전에 미리 알려야 한다는 것이죠. 이 조항을 근거로 일본은 압력을 가하여 결국 방곡령을 철회하도록 만들었죠.

■ 근대 산업자본을
만들어나가다

　　　　　　　　　　1896년 최초의 민간은행인 조선은행이 설립되었으나 곧 폐쇄되었고, 이어서 한성은행, 천일은행 등이 세워졌습니다. 그러나 화폐 정리 사업으로 모두 몰락하였죠. 은행이 보유하고 있던 화폐들 역시 제값을 받고 교환할 수 없었기 때문에 큰 피해를 입었기 때문이죠. 또 근대적인 생산 공장으로 조선유기상회, 종로직조사, 한성제직회사, 평양자기회사, 신석연초합명회사 등이 설립되었고, 대한협동기선회사, 우체기선회사, 대한철도회사 등의 회사들도 만들어졌습니다.

■ 개항 이후의 교육 활동

　　　　　　　　　　다음은 당시 교사와의 가상 인터뷰입니다. 인터뷰를 통해 근대 교육 활동에 대해 살펴보겠습니다.

▷ 기자 : 근대 학교가 시작된 것은 언제인가요?

▶ 교사 : 우리나라 최초로 설립된 근대 학교는 원산학사(1883)입니다. 원산은 강화도조약으로 개항한 항구였기 때문에 근대화에 대한 관심이 일찍 발달하였죠. 그래서 개화 관리, 덕원부(원산)의 상인들이 인재를 양성하기 위해 설립한 학교입니다. 근대 학문과 무술을 가르쳤죠.

▷ 기자 : 관련 자료가 있나요?

▶ 교사 : 그렇습니다. 『덕원부계록』에 다음과 같은 내용이 있죠. "덕원(현재 원산) 부사 정현석이 장계를 올립니다. 신이 다스리는 읍은 해안의 요충지에 있고 아울러 개항지가 되어 소중함이 다른 곳에 비할 비가 못

됩니다…… 그러므로 학교를 설립하여 연소하고 총명한 자를 뽑아 교육하고자 합니다." 즉 이것은 원산학사를 설립하겠다는 말이죠.

▷ 기자 : 그러니까 원산학사는 민간 학교이군요. 정부에서 만든 학교는 없었나요?

▶ 교사 : 정부에서도 영어 교육을 통한 통역관 양성을 위해 동문학(1883)을 설립하였고, 이어서 육영공원이라는 근대 학교를 설립하였습니다(1886). 특히 육영공원은 고위 관리의 자제들이나 고위 관리들이 추천한 선비들, 즉 상류층 엘리트들을 대상으로 영어와 서양 학문을 가르쳤습니다. 또한 연무공원(1888)에서는 신식 군대와 장교를 양성하는 교육을 하였습니다.

▷ 기자 : 근대식 교육제도는 언제 만들어졌나요?

▶ 교사 : 갑오개혁으로 근대식 교육제도가 만들어지기 시작하였습니다. 학무아문(교육 행정 기구)이 만들어지고, 고종이 교육입국조서를 발표(1895, "교육은 국가를 보존하는 근본이다. 이제 짐은 정부에 명하여 전국에 학교를 세우고 인재를 길러 새로운 국민의 학식으로써 국가 발전을 이루고자 한다.")하였습니다. 이에 따라 소학교, 한성사범학교, 각종 외국어학교 등 관립학교들이 만들어졌습니다. 대한제국에서도 최초의 중등교육 기관인 한성중학교가 설립되었고, 상공학교도 설립되었습니다.

▷ 기자 : 사립학교 설립에 대해서도 말씀해주세요.

▶ 교사 : 왕실, 전·현직 관리, 일반인들도 많은 사립학교를 설립하였고, 특히 기독교계에서 선교를 목적으로 배재학당, 이화학당, 숭실학교 등의 사립학교를 설립하였습니다. 또 애국계몽운동(신민회)을 하던 안창호가 대성학교, 이승훈이 오산학교 등의 사립학교를 설립하였습니다. 이러한 교육 활동의 결과 전국에 세워진 학교가 2,000여 개나 되었습니다.

■ 개항 이후의 언론 활동

　　　　　　　　　　　개항 이후 언론 활동이 어떻게 이루어
졌는지를 『대한매일신보』의 발행인이었던 영국인 베델과의 가상 인터뷰
를 통해 살펴봅시다.

　▷ 기자 : 1883년 최초의 신문 『한성순보』가 발행되기 시작하였다고
들었습니다.

　▶ 베델 : 당시 급진 개화파가 박문국이라는 인쇄소를 만들어 『한성순
보』를 발행하였습니다. 정부에서 발행한 '관보'의 성격을 띠고 있었고, 한
문을 사용하다 보니 일반 민중들은 읽기 어려웠습니다. 게다가 1884년
갑신정변이 실패로 돌아가면서 『한성순보』도 폐간되었죠. 이후 1886년에
는 온건개화파들이 주도하여 『한성주보』를 간행하기 시작하였습니다.

　▷ 기자 : 그럼 최초의 민간 신문은 무엇인가요?

　▶ 베델 : 『독립신문』입니다. 1896년 서재필이 귀국하여 만든 신문으
로 최초의 순 한글 신문이기도 합니다. 또한 『독립신문』은 영문판으로도
간행되었는데, 외국인들에게도 우리의 입장을 알려야 한다고 생각했기
때문이죠. 그러나 1898년 독립협회가 해산되면서 『독립신문』도 함께 폐
간되었습니다.

　▷ 기자 : 『제국신문』은 어떤 신문인가요?

　▶ 베델 : 『제국신문』은 순 한글로 간행되었기 때문에 서민층과 부녀
자들이 많이 구독하였습니다. 1910년 폐간될 때까지 민중 계몽을 위해
노력하였습니다.

　▷ 기자 : 『황성신문』은 장지연의 「시일야방성대곡」으로 유명한 신문으
로 알고 있습니다.

▶ 베델 : 『황성신문』은 국한문 혼용체로 된 일간신문으로 주로 양반 유생 출신들이 많이 읽었습니다. 국한문 혼용체는 한글과 한문을 섞어 쓰는 방법이었기 때문에 한자를 잘 모르는 사람들은 읽기가 힘들었죠.

▷ 기자 : 『만세보』는 어떤 신문인가요?

▶ 베델 : 『만세보』는 천도교계에서 발행한 신문이었습니다. 천도교는 동학이 이름을 바꾼 종교였기 때문에 남녀평등에 관심이 많았죠. 그래서 여성 교육 등을 강조하며 민중 계몽에 앞장섰습니다.

▷ 기자 : 마지막으로 선생님께서 발행인으로 활약하신 『대한매일신보』에 대해 알려주십시오.

▶ 베델 : 아시다시피 저는 영국인입니다. 제가 발행인이었기 때문에 일본 역시 함부로 기사를 검열할 수 없었습니다. 그래서 『대한매일신보』는 가장 강력한 항일 논조의 기사를 쓸 수 있었고, 한국인들에게 가장 인기가 높은 신문이었습니다. 그래서 발행부수가 가장 많은 신문, 즉 가장 구독자가 많은 신문이었죠.

▷ 기자 : 그렇다면 일제는 가만히 있었나요?

▶ 베델 : 아닙니다. 일제는 1907년 신문지법을 제정하여 항일 언론을 폐간시킬 수 있는 방법을 마련하였습니다. 『대한매일신보』는 1907년 다른 신문들과 힘을 합쳐 국채보상운동에 앞장섰습니다. 일제는 『대한매일신보』를 사실상 운영하고 있던 양기탁 선생이 국채보상운동으로 모금한 돈을 횡령했다고 조작하여 감옥에 가두었습니다. 또한 일제는 저를 추방하기 위해 영국 정부에 압력을 가했고, 결국 저는 중국 상하이에서 3개월 징역을 살고 조선으로 돌아왔습니다. 이후 시름시름 앓던 저는 1909년 "나는 죽더라도 『대한매일신보』는 영생케 하여 대한 민족을 구하시오."라는 유언을 남긴 채 이 세상을 떠나고 말았습니다. 그래서 현재 서

울 마포구에 제 무덤이 남아 있답니다.

■ 개항 이후
국사, 국어의 연구

국학은 조선 후기 실학자들이 연구하기 시작하였습니다. 국학은 대한제국 이후 더욱 발전하여 민족의식을 고취하고 민족문화 수호를 위해 국사, 국어 연구를 활발하게 하였습니다. 다음은 국사, 국어 연구자들의 가상 대화를 통해 살펴보겠습니다.

▶ 사회자 : 먼저 국사 연구에 앞장서신 박은식 선생님께서 말씀해주시죠.

▷ 박은식 : 당시 저와 신채호는 주로 영웅 전기(『을지문덕전』, 『강감찬전』, 『이순신전』), 외국 흥망사(『미국독립사』, 『월남망국사』, 『이태리건국삼걸전』) 등을 간행하였습니다. 외세의 침략에 맞서 싸워 우리 민족을 위기에서 구해줄 영웅이 나타나기를 기다리는 마음으로 영웅 전기를 썼던 것이죠. 또 미국이 독립하는 과정을 통해 우리도 독립할 수 있다는 희망을 얻고, 베트남이 나라를 빼앗기는 과정을 통해 타산지석을 삼아 베트남처럼 되지 않으려고 했던 것이죠.

▷ 신채호 : 특히 저는 『독사신론』을 지어 일제의 식민사관을 비판함으로써 민족주의 역사학의 연구 방향을 제시하였습니다. 황현의 『매천야록』, 정교의 『대한계년사』 역시 민족의식을 고취하였습니다.

▷ 최남선 : 저와 박은식은 우리 민족의 고전을 정리, 간행하기 위해 조선광문회를 설립하였습니다.

▶ 사회자 : 다음으로 국어 연구에 앞장서신 지석영 선생님께서 말씀 해주시죠.

▷ 지석영 : 저와 주시경 등을 중심으로 국문연구소를 설립하여 국어 를 연구하였습니다.

▷ 주시경 : 저는 『국어문법』을 저술하여 국어 연구를 통하여 민족의 식을 고취하였습니다.

▷ 유길준 : 저도 『대한문전』을 저술하여 국어 문법을 정리하였습니다.

■ 개항 이후의 사회적 변화

조선 후기에 신분제가 동요했던 것 기억하죠? 결국 1801년에는 공노비(국가가 소유한 노비)가 해방이 되고 사 노비(개인이 소유한 노비)만 남게 되었습니다. 국가에서는 사실상 노비 제도 를 포기했다는 뜻이죠. 개항 이후 신분제가 사라지는 흐름은 더욱 거세 졌죠. 1884년 갑신정변 때는 문벌 폐지와 인민 평등권이 선언되었습니다. 1886년에는 드디어 노비 세습제가 철폐되었습니다. 노비의 자식은 노비 가 아니게 된 것이죠. 당시 노비들이 죽으면 자연스럽게 노비가 사라지게 되는 것이었죠. 이제 노비제 철폐는 시간문제였습니다.

이어 1894년 동학농민운동에서 농민들은 신분제 폐지를 강력히 주 장하였고, 이에 영향을 받은 갑오개혁으로 신분제가 공식적으로 폐지되 었습니다. 또 과거제가 폐지되어 신분과 관계없이 관직 진출이 허용되었 습니다. 이 밖에도 조혼(어린 나이에 결혼하는 것), 과부의 재혼 금지, 연좌법 (죄인의 가족, 이웃 등이라는 이유로 처벌당하는 것) 등의 봉건적 악습도 폐지되었 습니다. 그리고 대한제국에서는 호적제도를 바꾸어 신분을 기록하던 제

만민공동회가 열리던 시기의 어느 대화 장면

양반 출신 : 감히 상놈 주제에 양반을 능멸하려 하다니!

평민 출신 : 아니 양반, 상놈 없어진 지가 언젠데 아직도 양반타령이오!

양반 출신 : 어허, 말세다. 독립협회 놈들이 나라를 망치는구나.

평민 출신 : 나라를 망친 건 여태껏 세상 변한 줄도 모르는 당신들이오.

도를 폐지하고 직업만을 기록하는 것으로 바꾸었습니다.

갑오개혁으로 신분제는 법적으로 폐지되었지만 신분차별 의식이 바로 사라진 것은 아닙니다. 여러분이 1학년인데 2학년, 3학년 같은 학년 구별이 없어지고 똑같이 맞먹을 수 있다고 칩시다. 어제까지 '형, 누나, 오빠, 언니'라고 부르고 존댓말을 쓰다가 오늘부터는 다 평등하니까 '야, 너' 막 반말하고 그럴 수 있나요? 그렇게 하기가 쉽지 않겠죠?

영화 「YMCA 야구단」의 시대 배경 역시 1905년 전후입니다. 영화 초반에 황성 YMCA 야구단을 모집하는 과정이 묘사되었는데, 양반 출신의 한 젊은이에게 옛날 머슴이었던 사람이 다가와 인사를 하는 장면이 나오죠. 갑오개혁이 1894년이니까 약 10년이 지났으면서도 머슴이었던 사람은 양반 출신에게 꼬박꼬박 존댓말을 쓰고 굽실거립니다. 이것은 1905년 당시에도 신분의식이 여전히 남아 있었음을 보여주는 장면입니다. 1894년 갑오개혁으로 신분제는 법적으로 폐지되었지만 사회적으로나 정신적으로는 신분의식이 남아 있었던 것이죠. 신분제가 사라졌음에도 불구하고 양반들은 양반의식에서 벗어나지 못하였고, 평민들 역시 자신들이 양반과 평등하다는 생각을 갖지 못하였습니다. 천민들 또한 신분해방 이후에 완전한 자유인이 되지 못하였습니다.

그렇다면 이러한 신분차별 의식이 사라지게 된 결정적 계기가 무엇이었을까요? 바로 독립협회가 주최한 만민공동회(1898)였습니다. 만민공동회란 각계각층의 백성들이 연단에 올라가서 자신의 주장을 펼치고, 자리에 모인 군중들은 그에 대한 동의, 반대, 다른 의견 등을 말할 수 있는 자리였습니다. 민중들이 서로의 생각을 많은 사람들 앞에서 말함으로써 집단 커뮤니케이션이 일어났던 것이죠. 그래서 민중들의 의식이 업그레이드되었던 것입니다. 백정 출신 박성춘이란 사람이 관민공동회에 연사로 연단에 올라 많은 사람들 앞에서 연설(백정은 짐승 취급을 받았던 완전 천민이죠. 백정 출신도 짐승이 아닌 인간으로 인정받기 시작했다는 것을 보여주는 사건입니다)을 하고, 시전 상인이 만민공동회 회장이 되기도 하였습니다(만민공동회에서 회장으로 선출된 사람은 쌀을 파는 시전 상인이었던 현덕호였습니다. 시전 상인은 돈이 많기는 하였지만 천한 대우를 받던 상인이었기 때문에 만민공동회의 회장, 즉 백성들의 대표가 되었다는 것은 신분의식이 사라져가고 있다는 것을 보여줍니다). 다음은 박성춘의 연설문 중 일부입니다.

"나는 우리나라에서 가장 천대받는 사람이고 아무것도 모르는 사람이지만, 지금 나라에 이롭고 백성이 편안할 길은 관민이 합심해야 이룩될 수 있소."

박성춘은 자신이 가장 천대받는 백정이라고 말합니다. 아직 신분의식이 남아 있었던 거죠. 그러나 백정이 많은 사람들 앞에서 연설할 수 있었다는 것 자체가 큰 변화였습니다. 또 독립협회 운동에 동조하기 위해 철시한 상인이 탄압을 가하는 순검에게 항의하고, 관리들의 부당한 횡포를 상급 기관에 제소하기도 하였습니다(봉건적인 구체제에서는 국가 공권력에 대한 항의, 제소 등은 거의 불가능했습니다. 그러니 이는 평등의식의 확산이 이루어졌음을 보여주는 사실들입니다). 그전까지는 상상하기도 어려웠던 일들이죠. 왜 이러한 일들이 생기기 시작한 것일까요? 독립협회가 내세운 자주국권, 자유민권, 자강개혁은 근대적인 민주주의 사상과 민족주의 사상이라고 할 수 있습니다. 이러한 사상의 영향으로 민중들은 근대적인 정치·사회 의식을 각성하게 되었던 것입니다. 이후 민중들은 애국계몽운동, 국채보상운동 등에 참여하면서 사회의식, 평등의식, 민족의식을 더욱 높여나갔습니다.

또 하나 신분차별 의식이 사라지는 데 영향을 준 것은 의병운동입니다. 을미의병이 해산된 이후 의병 출신들은 활빈당을 결성하고 관리들과 양반들의 무능과 수탈을 비판하면서 부호, 관청을 습격하여 가난한 사람들에게 재물을 분배하고 일본군의 탄압에 맞서 싸우는 등 반봉건, 반외세 투쟁을 계속하였습니다. 이어 을사의병에 처음으로 신돌석이 평민 의병장이 되어 활약하였고, 정미의병에는 많은 평민 의병장들이 나타나 외세에 맞서 싸웠습니다. 이러한 의병 투쟁에 참여한 민중들은 신분차별 의식의 굴레에서 점차 벗어났습니다. 이러한 변화의 모습은 영화 「YMCA

야구단」에서도 다시 확인할 수 있습니다. 일본군 야구단과의 경기에서 패한 후 의기소침해 있던 양반 출신에게 머슴 출신은 위로의 말을 하다가 모욕하는 말을 듣게 되고, 기분이 나빠진 머슴 출신은 "갑오개혁으로 신분제가 없어진 지가 언젠데 아직도 내가 당신 머슴인 줄 아냐."는 말을 하며 화를 내죠. 평민들의 의식이 점차 업그레이드되고 있음을 보여주는 장면입니다.

그러나 양반들의 신분의식은 쉽게 바뀌지 않았습니다. 1907년에 일어난 정미의병에서는 어처구니없는 일이 발생하였죠. 서울 진공 작전을 위한 13도 연합 의병을 형성하면서 평민 출신 의병장들이 이끄는 부대들을 제외시켰습니다. 양반 출신들은 평민 출신이 의병장을 한다는 것을 인정할 수 없었죠. 당시 의병장들의 절대 다수는 평민 출신들이었습니다. 특히 신돌석이 이끄는 부대처럼 전투력이 뛰어난 평민 의병장 부대들을 모두 제외한 것은 서울 진공 작전의 실패를 예고한 것이었습니다. 결국 총대장 이인영은 부친상을 이유로 의병에서 빠지고, 의병들은 동대문 밖 30리쯤까지 진격하였다가 일본군의 반격으로 퇴각하였습니다.

■ 여성의 사회 참여가
　시작되다

민권 의식의 성장과 함께 여성들의 사회 참여도 점차 늘어나기 시작하였습니다. 당시 여성과의 가상 인터뷰를 통해 살펴봅시다.

▷ 기자 : 여성들의 사회 참여는 언제 시작되었나요?

▶ 여성 : 1898년 양반 부인들이 '여권통문'을 발표하여 여성의 권리를 주장하고, 이를 위해 여학교를 만들어 여성들에 대한 교육을 해야 함을 주장한 것이 출발점이라고 할 수 있죠.

▷ 기자 : 어떤 여성단체들이 활약하였나요?

▶ 여성 : 여자교육회, 진명부인회 등이 만들어져 양규의숙, 진명여학교 등의 여학교들을 설립하였습니다.

▷ 기자 : 여성들이 어떤 사회 참여를 했는지 알고 싶습니다.

▶ 여성 : 외국에 유학을 다녀오거나 개신교를 전파하기도 하였고, 여학교에서 여학생들을 가르치는 교사가 되기도 하였죠. 국채보상운동에는 전국의 여성들이 갖고 있던 비녀와 가락지를 내어 나라 빚을 갚는 데 참여하기도 하였습니다.

■ 근대 과학 기술의 수용

앞에서 우리는 흥선대원군의 통상수교 거부 정책을 배웠습니다. 서양 세력과 싸우기도 했죠. 그런데 막상 전쟁을 해보니 서양 군대와 무기가 너무 세다는 걸 확실히 알게 되었죠. 그래서 흥선대원군도 서양의 무기에 관심을 갖고 무기 개발에 힘썼습니다. 그러나 큰 성과는 없었죠. 개항 이후 근대 시설이 어떻게 도입되었는지를 당시 농민과의 가상 인터뷰를 통해 살펴봅시다.

▷ 기자 : 개항 이후 개화정책에 따라 서양의 기계를 수입하고 외국인 기술자를 초빙하여 배우는 등 서양의 과학 기술을 받아들이기 위해 노력하고 있다고 들었습니다.

전차에 탄 갓을 쓴 남자, 장옷을 입은 여자, 어린아이가 보입니다.

▶ 농민 : 개항 직후 개화정책은 동도서기론의 입장에서 추진되었죠. 이러한 입장에서 신문 발간을 하는 등 인쇄를 맡았던 박문국, 근대 무기 제조 공장이었던 기기창, 화폐 주조 공장이었던 전환국 등이 설치되었습니다. 모두 1883년 만들어졌습니다.

▷ 기자 : 서양의 의료 시설은 언제 도입되었나요?

▶ 농민 : 1885년 최초의 서양식 병원인 광혜원(후에 제중원)이 설립되었고, 1899년 설립된 광제원에서는 지석영이 종두법(천연두 예방법)을 연구하고 『우두신설』을 저술하여 보급하였습니다. 이후 정부는 각 지방마다 자혜의원이라는 의료기관을 세웠습니다. 1904년 설립된 세브란스 병원은 선교사들이 선교를 목적으로 의료사업을 하였던 대표적인 예입니다. 정부는 의학교를 설립하여 의사를 양성하고, 위생국이란 정부기관을 만들어 의료·위생 사업을 관리하였습니다. 일제는 통감부 설치 이후 한의학을 공식적 제도에서 없애버림으로써 우리의 전통적인 한의학은 입지가 축소되었습니다.

▷ 기자 : 갑오개혁 이후로는 해외에 유학생을 보내 기술을 배워오도

록 하였다고 들었는데요?

▶ 농민 : 그렇습니다. 또한 정부에서는 경성의학교, 철도학교, 광무학교 등 각종 기술학교를 만들어 기술자들을 양성하였습니다.

▷ 기자 : 우편 제도는 언제 시작되었나요?

▶ 농민 : 우편 업무를 맡은 우정총국은 원래 1884년 업무를 시작할 예정이었으나 갑신정변으로 중단되었죠. 그러다 1895년 을미개혁으로 우편 업무가 시작되었고, 1900년 만국우편연합에 가입하여 외국과도 편지를 주고받을 수 있게 되었습니다.

▷ 기자 : 통신 시설은 언제 설치되었나요?

▶ 농민 : 1884년 일본과 부산 사이에 전신이 개통되었고, 전화는 1898년 경운궁 안에 처음으로 설치되었습니다.

▷ 기자 : 전기 시설은 언제부터 사용하였나요?

▶ 농민 : 1887년 전등이 처음 궁궐 안에 설치되었습니다. 그런데 전등을 사용하려면 전기가 있어야 하잖아요? 그래서 1898년 한성전기회사를 만들어 발전소를 건설하여 전기를 생산하게 되었고, 이렇게 생산한 전기를 이용하여 서대문과 청량리 사이에 처음 전차를 운행하기 시작하였습니다(1899).

▷ 기자 : 철도는 언제 부설되었나요?

▶ 농민 : 서울과 인천 사이에 경인선이 처음 개통된(1899) 이후 러·일 전쟁 중 일본의 군사적 필요에 따라 경부선(1905), 경의선(1906)이 차례로 부설되었습니다.

▷ 기자 : 이러한 근대 시설이 도입되면서 생활이 아주 편리해졌겠군요?

▶ 농민 : 맞습니다. 그렇지만 근대 시설은 열강의 이권 탈취와 침략을

목적으로 도입되었습니다. 특히 철도는 철도 부설 명목으로 철도 부지를 약탈하고, 강제로 농민들을 철도 부역에 동원하는 등 침략 목적의 근대 시설이었습니다. 그래서 의병들은 철도를 파괴하고 전신선을 끊어버리는 등 저항을 하였습니다.

★ 영화와 드라마로 역사 읽기 – 드라마 「제중원」

드라마 「제중원」의 주인공은 백정의 아들로 의사가 된 박서양을 모델로 하였습니다. 박서양은 관민공동회에서 연설한 백정 박성춘의 아들입니다. 1908년 제중원 의학교를 졸업하여 의사가 되었고, 일제 강점기에는 간도에서 병원을 세우고 독립군들을 치료하는 등 독립운동을 하기도 한 인물이죠.

이 드라마에서도 묘사되었다시피 제중원은 처음 광혜원이라는 이름으로 1885년 알렌에 의해 설립된 최초의 서양식 병원입니다. 1884년 갑신정변 당시 급진 개화파에게 부상을 당한 민영익(당시 민씨 정권의 실권자인 민태호의 아들)을 수술하여 목숨을 살린 의사가 바로 알렌입니다. 이 인연을 계기로 민영익이 서양식 병원을 세울 수 있도록 도왔고, 그 결과 만들어진 병원이 바로 광혜원이죠.

■ 개항 이후
의식주 생활의 변화

개항 이후에는 일본을 통하여 서양의 의식주 생활이 알려지면서 큰 변화가 시작되었습니다. 어떠한 변화가 나타났는지 당시 개화파의 한 인물과의 가상 인터뷰를 통해 살펴봅시다.

▷ 기자 : 우리나라 사람들은 언제부터 양복을 입었나요?

▶ 개화파 : 1894년 갑오개혁으로 관복(관리들이 입는 옷)이 간소화되고, 1895년 단발령과 함께 양복을 허용하는 복제가 도입되었습니다. 이후 민간에서도 점차 서양식 옷인 양복을 입는 사람이 늘어났죠. 1900년에는 고종황제가 서양식 제복을 입기 시작하였고, 관리들도 서양식 제복을 입게 되었죠.

▷ 기자 : 우리나라에 양복이 들어오면서 한복에도 영향을 주었다고 들었습니다.

▶ 개화파 : 맞습니다. 추운 날씨에는 저고리 위에 마고자를 입게 되었고, 양복의 조끼를 모방하여 한복 조끼를 만들어 입기도 하였죠. 여성들은 흰 저고리를 약간 길게, 검은 치마를 약간 짧게 한 개량한복을 입기도 하였습니다. 또한 여성들의 얼굴을 가리던 장옷(쓰개치마)은 점점 사용하지 않게 되었죠.

▷ 기자 : 서양 음식을 먹는 경우도 나타났겠군요.

▶ 개화파 : 우리도 예로부터 차를 마셨잖아요? 서양인들이 커피, 홍차를 마시는 것을 보면서 우리나라 사람들도 커피, 홍차를 즐기는 사람들이 많아졌습니다. 특히 고종께서는 커피를 즐겼다고 합니다.

▷ 기자 : 원래 조선에서 남자들은 독상으로 식사하였다고 들었습니다.

▶ 개화파 : 맞습니다. 우리나라에 들어온 서양인들은 여러 사람이 한 식탁에서 식사를 하고 남녀가 같이 식사를 하였죠. 이것을 보면서 점차 상류층에서부터 서양인들을 본떠 이러한 겸상 문화가 퍼져나갔습니다.

▷ 기자 : 현대의 후손들은 짜장면, 탕수육 등 중국 음식을 아주 좋아합니다. 언제부터 중국 음식을 먹게 되었죠?

▶ 개화파 : 임오군란 이후 청나라 군대, 상인 등이 우리나라에 거주하면서 중국 음식점이 생기고, 짜장면 등이 보급되기 시작하였죠. 호떡(胡는 원래 중국 북방 이민족들을 뜻하는 말로 당시 중국은 만주족이 세운 청나라였기 때문에 호 자가 들어가면 중국을 뜻했죠. 호 자에 우리말인 떡이 붙어 생긴 말입니다) 역시 중국 음식으로 우리나라 사람들에게 지금도 간식으로 사랑받고 있죠.

▷ 기자 : 일본 음식은 어떤 것이 들어왔나요?

▶ 개화파 : 일본인들이 먹는 우동, 초밥, 어묵 등을 우리나라 사람들도 좋아하게 되었죠.

▷ 기자 : 주거 문화는 어떻게 바뀌었나요?

▶ 개화파 : 원래 조선에서는 신분에 따른 주택의 규모, 형태 등에 제한이 있었죠. 이러한 제한 규정이 없어졌기 때문에 돈이 많은 부유층은 건물을 자유롭게 짓게 되었습니다. 또 서양식 건물이 건축되기 시작하여 명동성당, 정동교회, 러시아 공사관, 영국 공사관, 손탁 호텔, 덕수궁 석조전, 정관헌 등이 건축되었습니다. 민간에서도 한옥과 서양식 건물을 절충한 건물이 건축되기 시작하였습니다.

★ 영화와 드라마로 역사 읽기 - 영화 「가비」

영화 「가비」는 고종을 독살하려던 '독차 사건'을 다룬 영화입니다. 가비는 당시 커피를 부르던 말이었죠. 고종은 아관파천 시기에 커피를 처음 맛보고 커피 애호가가 되었다고 하죠. 이러한 고종의 기호를 이용하여 김홍륙이 1898년 고종과 황태자(훗날 순종)에게 올리는 커피에 아편을 넣어 독살하려 하였습니다. 맛이 이상함을 느낀 고종은 커피를 뱉어냈지만 황태자는 독의 후유증으로 이가 모두 빠졌다고 합니다.

이 영화에서는 한 여성 바리스타(커피를 만드는 전문가)가 아관파천 시기부터 고종에게 커피를 올리면서 국왕 전속 바리스타가 되었고, 덕수궁으로 돌아온 이후에는 정관헌이라는 왕실 카페에서 일하게 된 이야기가 나옵니다. 그런데 그녀는 일본의 음모로 바리스타가 된 스파이로 묘사됩니다. 그리고 1898년 김홍륙의 음모가 진행되죠. 커피를 이용한 '독차 사건'을 다룬 「가비」는 실화를 소재로 한 팩션(faction)-팩트(fact)와 픽션(fiction)을 합친 합성어로 실화를 바탕으로 상상력을 더한 이야기-영화입니다.

■ 개항 이후 문학, 예술의 변화

다음은 당시 어느 시민과의 가상 인터뷰입니다. 인터뷰를 통해 근대 문학, 미술, 음악, 연극 등에 대해 살펴보겠습니다.

▷ 기자 : 개항 이후 나타난 새로운 문학인 신소설에 대해 설명해주십시오.

▶ 시민 : 신소설은 주로 부녀자, 하층민을 독자층으로 삼았기 때문에

순 한글로 발행되었습니다. 주제는 자주독립, 신식교육, 여권신장, 신분타파, 자유결혼, 평등의식 등 근대적인 의식을 강조하였기 때문에 계몽 문학의 성격을 띠었다고 할 수 있죠.

▷ 기자 : 대표적인 작품으로는 어떤 것이 있나요?

▶ 시민 : 이인직의 『혈의 누』, 이해조의 『화의 혈』 등이 있습니다.

▷ 기자 : 신체시라는 새로운 문학도 나타났다고 하던데요?

▶ 시민 : 맞습니다. 신체시는 최남선이 만든 새로운 시로서 최초의 신체시가 바로 최남선이 쓴 「해에게서 소년에게」입니다. 신체시의 주제는 주로 문명개화, 부국강병, 친일파 비난 등이었는데, 반면에 의병을 비난하고 일제 정치 선전에 가담하는 반민족적인 문인들도 있었습니다.

▷ 기자 : 우리말로 번역된 외국 작품들은 어떤 것이 있나요?

▶ 시민 : 『성경』, 『천로역정』 등 기독교 계통 서적과 『이솝 이야기』, 『로빈슨 표류기』, 『걸리버 여행기』 등이 있습니다.

▷ 기자 : 근대 음악은 어떻게 시작되었나요?

▶ 시민 : 개항 이후 선교사들은 찬송가를 보급하였고, 서양식 악곡에 우리말 가사를 붙여서 부르는 창가(「애국가」, 「독립가」, 「권학가」 등)가 유행하였습니다.

▷ 기자 : 우리의 전통음악은 어떻게 되었나요?

▶ 시민 : 신재효는 판소리 여섯 마당을 정리하였고, 창극이 등장하였습니다. 창극은 판소리와 연극이 짬뽕된 거죠. 혼자 하던 판소리를 연극처럼 역을 맡아 나누어 부르는 거죠. 창극 공연을 위해 전국의 명인, 명창을 모아 만든 협률사라는 단체가 조직되기도 하였습니다.

▷ 기자 : 근대 연극의 시작도 말씀해주세요.

▶ 시민 : 신극 운동이 일어나 최초의 서양식 극장인 원각사가 만들어

져 신소설이었던 「은세계」, 「치악산」 등이 공연되었습니다. 우리의 전통적인 민속 가면극 역시 계속 유행하였습니다.

■ 개항 이후 종교계의 변화

다음은 당시 각 종교 신도들의 가상 대화입니다. 이 대화를 통해 당시 종교들의 활동에 대해 살펴보겠습니다.

▶ 사회자 : 개항 이후 서양 종교들이 본격적으로 전파되었습니다. 어느 분부터 말씀해주실까요?

▷ 개신교 신도 : 개신교는 학교(배재학당, 이화학당, 숭실학교), 고아원, 병원(세브란스 병원) 등을 운영하면서 교육, 의료 활동을 중심으로 포교하였습니다.

▷ 천주교 신도 : 천주교는 선교의 자유(1886년 조·프 수호통상조약으로 자유를 획득)를 얻은 이후 고아원, 양로원 등을 운영하였습니다.

▷ 천도교 신도 : 동학에서는 친일파 이용구 등이 일진회를 조직하여 동학 조직을 흡수하려 하였습니다. 이에 손병희는 동학의 이름을 천도교로 바꾸고 친일 세력을 동학에서 분리하였죠. 또한 『만세보』(천도교계 신문으로 여성 교육, 여권신장에 앞장섬)를 발간하여 대중 계몽 활동을 하기도 하였습니다.

▷ 유생 : 유교에서는 박은식이 양명학을 토대로 유교구신론을 내세우며 혁신을 주장하였습니다.

▷ 불교 신도 : 불교는 일본 불교에 예속당하였습니다. 그러나 한용운은 조선불교유신론 등 불교 개혁을 주장하며 민족운동에 나서기도 하였

습니다.

▷ 대종교 신도 : 대종교는 나철, 오기호가 만들었는데, 단군을 믿는 종교입니다. 간도, 연해주를 중심으로 항일 무장독립투쟁과 연결되어 중광단, 북로군정서는 대부분 대종교 신자였습니다.

■ 독도가 우리 땅인 이유

『삼국사기』에는 울릉도와 독도가 신라 지증왕 때 우리 땅으로 복속되었음을 기록하고 있습니다. 또한『고려사』에서도 울릉도를 우릉(무릉), 독도를 우산으로 기록하며 고려에 복속된 우리 땅임을 밝히고 있습니다. 조선 세종 때 편찬한『세종실록지리지』에서도 역시 울릉도를 무릉, 독도를 우산으로 기록하며 강원도에 속해 있는 우리 땅임을 재확인하고 있습니다.

특히 조선 숙종 때 안용복은 울릉도와 독도가 우리 땅임을 일본 정부로부터 인정받는 큰 공을 세웠습니다. 당시 조선에서는 섬 주민을 철수시키는 쇄환 정책을 실시하고 있었는데, 일본 어부들이 울릉도에 들어와 살며 우리 땅을 빼앗으려고 하였죠. 이를 안 우리 어부 안용복은 일본에 건너가 일본 막부 권력자에게 항의하고 울릉도와 독도가 조선의 영토임을 확인받고 돌아왔습니다. 이후 일본 정부에서는 일본인들이 울릉도와 독도에 들어가지 못하게 하는 도해금지령(1696)을 내려 울릉도와 독도가 조선 땅임을 확실히 했습니다.

■ 일제의 독도에 대한 침략

1877년 일본의 최고 통치 기관인 태정관에서 울릉도와 독도가 일본의 영토가 아니라는 지시를 내린 기록이 남아 있습니다. 이는 일본 스스로도 독도에 대한 영유권이 없음을 인정한 것입니다. 삼국시대 신라가 울릉도와 독도를 우리 영토로 만든 이후 독도는 명백한 우리 영토였습니다. 특히 1881년에는 조선 정부에서 섬 주민을 철수시키는 쇄환 정책을 중단하고, 1883년 주민들을 울릉도에 이주시키고 관리를 파견하였습니다. 또한 1900년에는 울릉도를 군으로 승격시켜 독도를 관할토록 하여 우리 영토임을 선언하였습니다. 다음은 이 내용을 담고 있는 「대한제국칙령 제41호」의 내용입니다.

제2조 군청 위치는 태하동으로 정하고 구역은 울릉 전도와 죽도, 석도(독도)를 관할할 것.

그러나 일제는 러·일 전쟁 중 독도를 일본 영토로 선언했어요(1905). 그런데 이 선언 자체가 불법이에요. 일본 정부가 아닌 일개 시마네 현에서 고시한 것으로 독도가 일본 영토가 되었다는 것이 말이 안 되죠. 어쨌든 우리의 입장은 울릉도와 독도는 신라 지증왕 때 우산국을 차지하면서 한 세트로 독도도 우리 영토가 되었다는 것입니다. 영토에 관한 가장 일반적인 국제관례는 자국 영토에서 보이는 섬들은 자동적으로 그 나라 영토가 된다는 것입니다. 그런데 독도가 보이는 유일한 곳이 바로 울릉도이고, 울릉도는 우리 영토이기 때문에 울릉도에서 보이는 독도도 당연히 우리 영토가 되는 것입니다.

■ 간도 문제의 발생

간도는 두만강과 토문강(송화강 상류) 사이에 있는 땅입니다. 17세기 초 청나라를 세운 만주족은 자신들이 살아온 만주 땅을 버리고 중국 본토로 이동하여 지배층이 되었습니다. 그런데 17세기 후반 간도에 거주하는 우리나라 사람들이 늘어나자 간도 문제가 발생하였습니다. 이에 조선과 청은 협상을 통해 1712년 백두산정계비를 세워 국경을 정했습니다. 그 후에도 간도를 사이에 두고 두 나라 사람들이 드나드는 일들이 계속되었습니다.

또한 19세기 후반부터 우리 민족은 간도에 대거 이주하여 개척하기 시작했어요. 이때 다시 청나라에서 간도가 자기네 땅이라고 주장하면서 영토 분쟁이 일어났습니다. 그래서 백두산정계비에 새겨진 내용을 확인했죠. 그 내용은 "서쪽은 압록강으로 경계를 삼고, 동쪽은 토문강으로 경계를 삼는다."였습니다. 여기서 문제는 토문강입니다. 우리나라는 토문강을 송화강 상류라고 하여 간도를 우리 땅이라 주장하였고, 청나라에서는 토문강을 두만강이라고 하여 중국 땅이라 주장하였죠.

■ 간도협약으로 빼앗긴 간도

이렇게 결론이 나지 않자 대한제국은 간도에 거주하고 있는 수십만 명의 우리 주민들을 통치하기 위해 간도관리사(이범윤)를 파견하였고, 간도를 함경도로 편입시켜 지배했습니다. 일제 역시 간도에 통감부 출장소를 설치하였습니다. 그러니까 일제도 간도를 우리나라 영토로 인정했다는 뜻이죠. 그러나 일제는 청나라와 간도협약(1909)을 맺어 만주 안봉선 철도 부설권을 받아내는 대가로 간도를 청에 넘겼습니다. 다음은 간도협약의 내용 중 일부입니다.

제1조 일·청 두 나라 정부는 토문강을 청국과 한국의 국경으로 하고 강 원천지에 있는 정계비를 기점을 하여 석을수를 두 나라의 경계로 한다.

석을수는 두만강 상류를 말합니다. 두만강을 한국과 중국의 경계로 한다는 뜻이죠. 다시 말하면 간도가 우리 땅이 아니라는 것입니다. 일본이 우리 땅 간도를 팔아먹은 것이죠. 을사조약으로 우리의 외교권을 일본이 빼앗았죠? 그래서 일본이 우리 대신 청과 간도협약을 맺은 것입니다. 그런데 을사조약은 무효입니다. 고종이 위임도 비준도 하지 않았기 때문에 국제법상 무효입니다. 그러니까 을사조약이 무효이므로 간도협약도 무효인 것입니다.

V.

응답하라
민족독립운동 시기

1.
응답하라 1910

■ 조선총독에게
절대 권력을 준 이유

철거된 조선총독부 건물 부재 : 독립기념관 경내에 전시되어 있습니다.

　　　　　　　　　응답하라 1910! 1910년은 일제에 의해
강제로 우리나라가 식민지가 된 해입니다. 일제 강점기는 크게 세 시기
로 구분할 수 있습니다. 1910년부터 1919년 3·1운동이 일어나기 전까지

를 헌병경찰통치 시기라고 합니다. 일본군 헌병들이 경찰 역할을 하면서 즉결처분권과 태형으로 우리 민족을 매우 강압적으로 통치하였다고 하여 무단통치 시기라고도 하죠. 다음은 3·1운동 이후부터 1931년 만주사변이 일어나기 전까지를 기만통치 시기라고 합니다. 일제는 문화적으로 통치한다는 뜻에서 이른바 문화통치라고 불렀죠. 이때 우리 민족을 기만하고 친일파를 양성하는 등 분열시켰다고 하여 민족분열통 치시기라고도 합니다. 마지막은 만주사변 이후부터 1945년 8월 15일 해방까지의 시기로 민족말살통치 시기라고 합니다. 일제가 만주사변, 중·일 전쟁, 태평양 전쟁 등 계속 침략전쟁을 일으킨 전시체제이기도 합니다. 일제의 침략 전쟁에 우리 민족을 동원하기 위해 우리 민족을 말살하고 완전한 일본인으로 만들려고 한 시기입니다.

이와 같이 일제가 우리나라를 통치하기 위해 만든 통치기관이 조선총독부입니다. 조선총독(초대 총독은 데라우치 마사타케)은 일본군 대장 출신이 임명되었는데, 오로지 일본 국왕에 직속되어 국왕 이외에 그 누구의 명령도 받지 않았습니다. 조선의 왕으로 파견된 셈입니다. 조선총독은 입법권, 행정권, 사법권, 군사권까지 장악한 절대 권력을 행사했는데, 총독에게 강력한 힘을 주어 우리 민족을 철저하게 탄압하려는 의도였죠. 조선총독의 가장 중요한 임무는 조선을 일본의 식민지로서 안정적인 통치가 이루어지도록 만드는 것이었습니다. 그런데 입법부가 법을 만드니 안만드니 한다거나 일제의 식민 통치에 저항하는 조선인들을 처벌하려는데 사법부가 무죄 판결을 내리는 등 방해하면 골치가 아프겠죠? 그래서 총독에게 마음대로 통치하면서 조선인들을 억압하라고 절대 권력을 준 것입니다.

중추원은 총독부의 자문기관이었어요. 이완용, 송병준, 김윤식 같은

매국노, 친일파 65명이 참여했지요. 실제로 하는 일은 없었는데 조선인
도 조선 통치에 참여시킨다는 명분을 위해 만들어놓은 일종의 액세서리
였죠. 3·1운동 때까지 소집된 경우가 없었으니까요.

조선총독부는 지방 통치조직으로 도, 부, 군, 면을 두었고, 통치기관
으로 도청, 부청, 군청, 면사무소를 설치하였습니다. 그리고 각 기관의 책
임자로 도지사, 부윤, 군수, 면장, 면서기까지 일본인이나 친일파들로 임
명하였습니다. 부, 부청, 부윤만 빼면 현재의 지방조직과 똑같다고 보면
됩니다. 간단하죠?

○○ 세트장
일제 강점기를 배경으로 한 영화
○○의 세트장으로 여러분을 초대합니다.

『조선총독부 세트장』

○○ 세트장은
일제 강점기 당시 서울(경성)의 모습을
완벽하게 재현하였습니다.

주요 관람 시설
- 조선총독부 세트장
- 경찰서 고문실 세트장
- 종로 거리 세트장

■ 헌병경찰에 의한
　　무단통치

　　　　　　　　　　헌병경찰 통치의 핵심은 헌병경찰이죠.
헌병은 군대 경찰이죠. 그러니까 헌병경찰은 군인이면서 경찰입니다. 그

래서 현역 군인이었던 헌병 사령관이 경무총감을 맡았습니다. 경무총감은 현재의 경찰청장이라고 할 수 있는데, 조선총독 바로 아래의 2인자(행정을 맡은 정무총감과 치안을 맡은 경무총감, 이렇게 2명이 2인자였지만 실질적 파워는 경무총감이 더 강했습니다)였기 때문에 현재로 보면 총리이면서 경찰청장이라고 할 수 있죠. 그렇다면 일제는 왜 헌병한테 일반 경찰 업무를 시켰을까요?

국민들을 강압적으로 통치할 때 군대를 동원해서 비상계엄 조치를 내리는 거 알죠? 그러니까 헌병경찰통치란 일제가 우리 민족을 강압적으로 두들겨 패면서 통치했다는 뜻입니다. 「저지 드레드」란 좀 오래된 할리우드 영화가 있는데, 2012년 리메이크되기도 했죠. 이 영화의 '저지'는 경찰이자 판사며 집행관입니다. 그래서 '저지'는 범인을 쫓아가서 붙잡으면 그 즉시 판결을 내립니다. "너는 형법 몇 조 몇 항에 의거하여 사형에 처한다." 그리고 바로 총으로 쏴버립니다. 이런 공상과학 영화에나 나오는 말도 안 되는 존재가 바로 헌병경찰입니다. 헌병경찰은 정식 법 절차나 재판 없이 즉결처분을 내리고 처벌까지 집행할 수 있는 즉결처분권(범죄 즉결례, 경찰범 처벌 규칙에 헌병경찰이 즉결처분할 수 있는 조항을 만들어주었죠)으로 재판 없이 태형, 구류, 벌금을 부과하였습니다. 이렇게 독립운동가를 탄압하고 조선인들을 강압적으로 통치하였던 것입니다. 다음은 경찰범 처벌규칙 중 일부입니다.

2조 일정한 주거 또는 생업 없이 이곳저곳 배회하는 자. 남을 유혹하는 유언비어 또는 허위보도를 하는 자.

거의 코에 걸면 코걸이 귀에 걸면 귀걸이 식의 조항으로 헌병경찰이 처벌할 수 있는 죄의 범위가 매우 넓었어요. 다음은 조선 태형령 중 일부입니다.

> 11조 태형은 감옥 또는 즉결 관서에서 비밀히 집행한다.(몰래 집행하는 걸 보니 태형이 잘못된 처벌인 줄 일제도 알긴 알았나 봅니다.)
> 13조 본령은 조선인에 한해 적용한다.(우리 민족에 대한 차별이었죠.)

여러분이 길 가다가 이곳저곳 배회한다는 이유로 경찰한테 붙잡혀서 경찰서에 끌려가 몽둥이로 두들겨 맞는다고 생각해보세요. 이렇게 무시무시한 세상이 바로 헌병경찰통치 시기였던 것입니다. 당시 헌병경찰에 체포되어 즉결 처분된 건수가 평균적으로 1년에 10만 건이나 되었습니다. 한국인은 언제 어떤 트집을 잡혀 헌병경찰에 끌려가 태형을 당하고 처벌을 받을지 모르는 불안에 떨어야 했죠. 집 앞 청소를 제대로 하지 않았다거나 마음대로 개를 잡아먹었다는 등 어처구니없는 이유로 태형을 당하기도 했어요. 재수 없게 헌병경찰한테 잘못 걸리면 죽는 것입니다. 태형은 매우 잔혹하여 맞다가 죽거나 그 후유증으로 죽기도 하였습니다. 이 때문에 '순사 온다.'라는 말이 가장 무서운 말이 되었던 거죠. 게다가 헌병경찰은 검사 사무 대리, 민사소송 조정, 산림 감시, 징세 사무 협조 등 일반 행정사무까지 처리하는 등 막강한 권한이 있었습니다. 이시기에는 관리, 교사도 군복 비슷한 제복을 입고, 칼을 차고 다니도록 했죠. 한마디로 한국인들을 위협하겠다는 뜻이었습니다. 여러분이 다니는 학교에서 선생님들이 군복 입고 칼 차고 있다고 생각해보세요.

일제는 1907년 이미 신문지법을 만들어 정기간행물, 즉 신문, 잡지 등의 발행을 허가제로 만들었습니다. 또한 신문, 잡지들을 정간, 폐간시킬 수 있는 규정을 만들었습니다. 그리하여 일제는 1910년 한국 강점 직후 눈에 가시 같았던 『황성신문』, 『대한매일신보』 등의 민족 언론들을 폐간 시켰습니다. 거기에 그치지 않고 일제는 언론·출판·집회·결사의 자유를 박탈하여 우리 민족을 철저히 억압하였습니다. 이 시기 우리 민족은 신문을 만들 수도, 마음대로 책을 출판할 수도, 집회를 할 수도, 조직을 결성할 수도 없었던 것입니다.

■ 토지조사사업으로 땅을 빼앗기다

토지조사사업 → 토지 약탈 → 식민지 지주제 : 토지 소유권 보호, 경작권·영구 임대 소작권·입회권은 보호하지 않음

　　　　　　　　1910년대에 가장 중요한 경제적 수탈이 바로 토지조사사업(1912~1918)입니다. 일제는 법적으로 토지 소유권을 확정하여 토지세를 확보하고, 토지 매매, 저당 등을 자유롭게 하여 일본인들의 토지 소유, 투자 등을 쉽게 하기 위해 토지조사사업을 추진하였습니다. 겉으로는 지세(토지세)를 공정하게 걷고, 개인의 토지 소유권을 보호하고, 토지의 생산력을 높이기 위하여 토지조사사업을 추진한다고 선전하며 사기를 쳤죠. 또 일제는 조선총독이 정한 기간 안에 자기 소유 토지를 신고하라고 했습니다. 신고 기간이 끝나면 신고가 안 된 토지는 모두 총독부가 빼앗으려는 음모였던 것이죠. 이걸 기한부 신고주의라고 합니다. 먼저 토지조사령이라는 법을 발표했습니다. 법에 따라 합법적으로 토지

를 빼앗겠다는 거였죠. 다음은 토지조사령의 일부입니다.

> **4조** 토지 소유자는 조선총독이 정하는 기간 내에 주소, 씨명, 명칭 및 소유지의 소재, 지목, 자번호, 사표, 등급, 지적, 결수를 임시 토지조사국장에게 신고해야 한다. 단, 국유지는 보관 관청이 임시 토지조사국장에게 통지해야 한다.(기한 내에 신고하지 않으면 토지를 약탈하겠다는 의도입니다.)
>
> **17조** 임시토지조사국은 토지대장 및 지도를 작성하고 토지의 조사 및 측량에 대해 사정으로 확정한 사항 또는 재결을 거친 사항을 이에 등록한다.(일제는 임시토지조사국을 설치하여 토지조사사업을 진행하였습니다.)

이렇게 짧은 신고 기간과 까다로운 신고 절차로 인해 미신고 토지(신고가 안 된 토지)가 많이 발생하였고, 명의상 주인을 내세우기 어려운 공공기관 소유 토지, 마을 공동 소유 토지, 동중, 문중 소유 토지 등을 총독부가 탈취하였습니다. 신고하지 않았으니 주인 없는 땅이라 이거죠. 만약 여러분이 은행에 예금을 했는데 내일까지 은행 예금이 자신의 것이라는 사실을 입증할 각종 서류를 10개쯤 준비해서 신고하라고 하면 어떻겠어요? 짜증나겠죠? "에이, 신고 안 해! 내 돈인데 왜 신고해야 돼? 신고 안 할 거니까 마음대로 해!" 이렇게 신고를 안 하면 주인 없는 돈이라고 하여 은행에서 차지한다는 거였어요. 바로 이와 같은 방식으로 우리 민족의 땅을 빼앗기 위한 계략이 토지조사사업인 것입니다. 당시 도지사 회의 중 나온 발언을 보면 토지조사사업의 실태를 알 수 있습니다.

> "어느 날까지 증명서류를 제출하지 않으면 토지의 소유권을 잃게 된다는 것이므로 그날까지 제출해야 함은 말할 것도 없다. 그러나 그 서류 수

속의 빠뜨림, 가령 도장을 잊었다든가 형식에 잘못이 있으면 그 서류는 접수할 수 없다…… 단 하루 늦어서 소유권을 잃고 이른바 재산의 보호를 받지 못하는 자도 있다."

기한부 신고주의로 미신고 토지가 다수 발생하여 토지를 잃는 경우가 많았음을 알 수 있죠. 이런 식으로 탈취한 토지는 동양척식주식회사나 일본인에게 헐값에 불하하여 많은 조선 농민들이 소작농으로 몰락하였고, 심지어는 화전민이나 떠돌이가 되고 아예 나라를 떠나기도 하였습니다. 동양척식주식회사는 우리 민족의 경제적 수탈에도 앞장섰습니다. 무거운 소작료로 농민들을 착취하고, 부동산 담보 대출로 농민들에게 고리대를 받으면서 토지를 몰수하기도 하였죠.

한편, 동양척식주식회사의 주도로 일본인 지주가 엄청 증가하였습니다. 일본인 지주는 우리나라에 이주하여 헐값에 사들인 토지를 조선인 소작농들에게 빌려주고 막대한 소작료를 챙기며 부유한 생활을 하였죠. 환율 차이로 인해서 조선의 물가가 매우 쌌기 때문에 더욱 귀족 같은 생활을 할 수 있었죠. 다음은 당시 동양척식주식회사에서 일본인을 대상으로 했던 광고입니다.

"조선은 기후와 풍토가 일본과 다름없고, 작물 종류와 재배방법도 거의 같다. 단보당 수확은 일본인은 보통 현미 2~3석이다. 토지 가격은 조선총독부의 인가를 받은 시기에 따라 다르지만, 대개 단보당 70~80엔에서 300엔이다. 일본에서 1단보를 살 수 있는 금액으로 조선에서는 7단보를 살 수 있다."

일본 토지의 7분의 1 가격으로 조선 토지를 살 수 있다니 완전 헐값이었던 것이죠. 이러한 토지조사사업의 결과 지주의 소유권은 철저히 보장하고 소작농의 경작권은 인정하지 않는 식민지 지주제가 확산되었습니다. 원래 소작농들은 도지권(경작권, 영구 임대 소작권. 도지는 지주에게 내는 소작료를 말합니다. 도지만 잘 내면 소작인들은 그 땅에서 계속 경작할 수 있는 권리가 있었고, 다른 소작인에게 경작권을 팔거나 자식에게 상속할 수도 있었죠), 입회권(농민들이 마을 주변의 토지를 공동으로 이용하는 권리) 등 전통적 권리를 갖고 있었죠. 그러나 식민지 지주제가 확산되면서 이러한 권리를 모두 잃고 기한부 계약제 소작농으로 전락하였습니다. 이제 지주에게 밉보이면 쫓겨나니까 지주의 말을 고분고분 잘 들을 수밖에 없었습니다.

여러분이 정년 보장받는 정규직 사원이었는데 1년마다 재계약하면서 잘릴까 봐 걱정하는 비정규직이 되었다고 생각해보세요. 사장 눈치를 봐야겠죠? 이처럼 식민지 지주제는 일제가 지주들을 옹호하면서 지주들을 친일파로 만들어 일제 식민 통치에 이용하려는 목적이었던 것입니다. 일제 강점기에 대지주들은 잘 먹고 잘 살았어요. 결국 토지조사사업의 결과 파악된 토지가 크게 증가하여 토지세 수입이 늘고 조선총독부의 재정이 강화되었죠. 또한 미신고 토지의 탈취로 조선총독부는 최대 지주가 되었습니다. 이렇게 지주의 토지 소유권이 강화되면서 소작료도 크게 올라 소작농들은 더욱 가난해졌습니다.

■ 회사도 마음대로
   못 세우게 하다

　　　　　　　　　　　이 시기에 또 다른 경제 수탈로 회사령(1910)이 있었습니다. 회사령은 회사 설립에 조선총독의 허가가 필요하도록 한 법입니다. 조선인 기업의 활동을 억압하기 위한 목적이었죠. 총독이 허가를 안 해주면 기업을 설립할 수 없으니까요. 또한 이미 설립한 회사더라도 일제의 마음에 안 들면 영업을 정지하거나, 폐쇄, 해산할 수도 있었습니다.

　　이 외에도 삼림령, 임야 조사령, 은행령, 광업령, 어업령 등의 법을 만들어 조선인들의 산업을 제한(산지, 임야를 약탈하고, 은행업, 광업, 어업을 허가제로 함)하고, 일본인들의 산업을 우대(일본인들을 중심으로 산업을 운영)하여 우리 민족의 산업을 침탈했습니다. 또한 일제는 담배, 인삼, 소금 등을 전매(국가가 독점하여 판매하는 것)하여 엄청난 이익을 얻었습니다. 원가에 비해 큰 이익을 얻을 수 있는 제품들이었기 때문이죠. 또 일제는 조선식산은행을 설립하여 우리 민족에 대한 경제적 착취에 이용하였는데, 이에 항의하여 1926년 의열단원 나석주가 폭탄을 던지기도 하였죠.

■ 이른바 문화통치의
   기만성

　　　　　　　　　　　일제는 3·1운동으로 폭발한 조선인들의 엄청난 민족성에 놀라 무조건 강압했던 무단통치 방식을 버렸습니다. 3·1운동 직후 새로 임명된 사이토 마코토 총독은 "조선인의 문화 창달과 민력 증진을 꾀하겠다."며 문관도 총독에 임명할 수 있게 하였고, 헌병경찰제를 폐지하고 보통경찰제를 실시하였죠. 무단통치 시기에 관리, 교사들에게 제복을 입히고, 칼을 차도록 하여 우리 민족을 위협했던 방식도 중단시켰습니다. 또한 언론·출판·집회·결사의 자유를 부분적으로 허용하여 조선인이 경영하는 한글 신문 발행을 허가하였습니다(1920년 총독부는 『동아일보』, 『조선일보』, 『시사신문』의 발행을 허가하였죠. 이 중 『시사신문』은 친일적인 기사 때문에 우리 민족의 구독 거부를 당할 정도였습니다. 결국 1921년 폐간되었죠). 또한 2차 조선교육령(1922)을 발표하여 일본인과 조선인의 동등한 교육을 내세우고, 교육의 기회를 약간 확대하였습니다. 일단 보통학교의 수를 늘리고 조선어를 필수과목으로 해주었죠. 보통학교를 6년제로 늘리고 조선의 역사와 지리도 가르쳤습니다. 이전보다 교육 기회가 확대되고, 우리말, 우리 역사, 지리도 배울 수 있었죠.

하지만 이것은 모두 사기였습니다. 사실은 우리 민족을 기만하기 위한 목적에서 문화통치를 내세웠던 것이죠. 그 기만성을 살펴봅시다. 먼저 문관 총독은 한 번도 임명되지 않았습니다. 말로만 바뀐 척하고 사실은 바뀐 것이 없었죠. 총도 쏴본 사람이 쏘는 것이죠. 문관은 군인이 아니기 때문에 강압적인 통치를 하기 어렵습니다. 결국 문관 총독이 한 번도 임명되지 않은 채 일제가 문화통치를 내세운 것은 사기일 뿐이었습니다. 또 헌병경찰을 없애는 대신에 보통경찰의 인원, 장비, 유지비용은 오히려 증가하였고, 사상문제를 담당하는 특별고등경찰을 만들어 조선인들에 대한 감시를 강화하고 독립운동가들을 색출하여 잔인하게 고문하였습니다. 일제 강점기를 다룬 드라마나 영화에 보면 독립운동가들을 색출하려고 쫓아다니면서 괴롭히는 인간들이 바로 특별고등경찰들이죠. 1925년에는 치안유지법을 만들어 사회주의, 반제국주의, 독립 사상을 탄압하는 도구로 이용하기도 하였습니다. 그리고 조선인이 경영하는 신문들의 기사를 검열하고, 마음에 안 들면 삭제하고, 심지어는 폐간까지 시키는 등 언론 탄압도 계속하였죠.

■ 민족을 분열시키다

일제는 조선인들에게 자치권과 참정권을 주어 지방자치제를 실시하겠다고 선전하였습니다. 지방에 도 평의회, 부, 면 협의회 등을 설치하여 일부 지역에서는 선거제를 도입하고 조선인을 참여시켰지만 일부 친일파, 부유층에게만 허용하는 등 선거권을 제한하였고 실권도 없었죠. 보통학교가 많이 설립되면서 교육 기회가 약간 확대되었지만 당시 실제 조선인 취학 아동은 전체의 18%에 불과했죠. 이 수치는 일본인 학생의 6분의 1에 불과하며 상급 학교일수록 조선인과 일본인 학생들의 교육 차별은 더욱 심화되었습니다. 경성제국대학 학생 정원의 3분의 1만이 조선인 학생일 뿐 대다수는 일본인 학생이었죠. 이게 무슨 동등한 교육입니까? 초급 학문 및 실업 교육만 약간 확대한 우민화 (바보로 만드는) 교육이었을 뿐입니다.

일제가 문화통치를 내세운 이유 중에는 우리 민족을 분열시켜 통치하려는 음모가 있었습니다. 일제는 친일 인사를 후원하고, 친일 단체를 조직하는 등 친일파를 양성하였죠. 다음은 당시 사이토 총독이 내린 친일파 양성 지침 중 일부입니다.

1. 핵심적 친일 인물을 골라 그 인물로 하여금 귀족, 양반, 유생, 부호, 교육가, 종교가에 침투하여 계급과 사정을 참작하여 각종 친일 단체를 조직하게 한다.(일제는 친일파를 사회 지도층에 침투시켜 친일 단체를 육성했던 것이죠.)

3. 친일적인 민간유지자에게 편의와 원조를 주고, 수재 교육의 이름 아래 많은 친일 지식인을 긴 안목으로 키운다.(일제는 친일파들을 양성하기 위해 장기 계획을 세워 수재 교육, 즉 머리 좋은 엘리트들에게 장학금 등 각종 지원을 하였던 것이죠.)

위의 내용을 보면 일제가 친일파 양성을 적극 추진하였음을 잘 보여줍니다. 잘 해주는 척하면서 뒤로는 말 잘 듣는 친일파들을 이용하여 우리의 뒤통수를 치는 것이었습니다.

■ 산미증식계획으로 쌀을 빼앗아가다

이 시기 가장 중요한 경제적 수탈은 식량 수탈이었습니다. 산미증식계획(1920~1934)은 말 그대로 쌀 생산(산미)을 증가(증식)시키는 계획입니다. 쌀 생산을 왜 증가시켰냐면 당시 일본은 1차 세계대전에 필요한 전쟁 물자를 생산하기 위해 급격한 공업화가 이루어졌기 때문입니다. 공장에서 일하느라 농사짓는 사람들이 줄어드니까 쌀이 부족해지잖아요? 그러다가 1918년 일본에서는 쌀 파동까지 일어났죠. 쌀값이 폭등한 이유가 쌀가게들과 부유층이 쌀을 매점하였기 때문이라는 소문이 퍼지면서 전국적으로 쌀가게들과 부유층들을 습격하는 일들이 벌어졌죠. 그래서 부족한 쌀을 우리나라에서 보충하려고 산미증식계획을 했던 것입니다. 다음은 「조선 산미증식계획 요강」 중 일부입니다.

장래 쌀의 공급은 계속 부족해질 것이므로 지금 미곡의 증수계획을 수립하여 일본제국의 식량문제를 해결하는 데 도움을 주는 것은 진실로 국책 상 급무라고 믿는다.

이 기록에 따르면 일본의 식량문제 해결을 위해 우리나라의 쌀 생산을 늘리겠다는 것이었죠. 그런데 쌀 생산을 늘려서 증가한 양만큼만 가져가면 괜찮을 텐데 그보다 훨씬 더 많은 쌀을 일본으로 가져갔습니다(수탈한 쌀을 가져갔던 대표적 항구는 군산이었습니다. 우리나라 최대의 곡창지대는 호남이었기 때문이죠). 다시 말하면 쌀 생산량은 늘었지만 산미증식계획 목표량은 달성하지 못했던 것입니다. 물론 수탈 목표량은 달성하였죠(생산증가량 〈 수탈량). 그러니 어떻게 되었겠어요? 우리가 먹을 쌀이 부족해지잖아요? 풀뿌리, 나무껍질까지 다 먹어버리고, 더 이상 먹을 게 없어서 백점토라는 흙에다가 좁쌀가루를 섞어 떡을 만들어 먹을 정도였죠. 그런데 조선인들이 굶어죽으면 쌀을 빼앗아갈 수가 없잖아요? 그래서 만주에서 잡곡을 사다가 가축 사료 주듯이 먹으라고 던져줬어요. 이렇게 조선인들이 대부분 가축 사료를 먹고 있을 때 총독부의 비호를 받은 대지주들은 엄청나게 이익을 보았고, 쌀 증산에 들어간 비용(종자개량비, 수리조합비, 비료값)은 소작농에게 떠넘겼습니다. 불쌍한 농민들은 화전민, 토막민이 되거나 먹고살아보려고 만주, 연해주, 일본 등으로 이주하였습니다.

■ 회사령 철폐로 일본 자본의 경제 수탈이 시작되다

일제는 문화통치를 내세우면서 회사령을 철폐했어요(1920). 신고만 하면 회사 설립이 가능해진 거예요.

허가가 불필요하니까 회사 세우는 게 쉬워진 거죠. 그래서 일본인들의 자본 투자를 촉진시키고 조선인들도 회사를 세우도록 합니다. 하지만 일본인 회사 자본은 70% 정도로 압도적이었고, 조선인 자본은 10%도 안 되었습니다. 어쨌든 이 시기에 공장이나 회사가 많이 만들어졌어요. 그러니까 일본 우익들이 지금도 가끔 망언을 늘어놓는 것처럼 경제 성장이 이루어진 거예요.

일본 침략자들이 우리를 잘살게 해주려고 그랬을까요? 당연히 아니죠. 당시 우리 노동자들에게는 월급도 조금만 주고 잠자고 밥 먹는 시간만 빼고선 계속 일을 시켰어요. 우리의 노동력을 헐값에 착취했던 것이죠. 또 일제는 1923년 일본 상품의 관세를 철폐하여 일본 상품의 판매가 더욱 쉽게 이루어지게 만들었고, 1927년 신은행령을 통하여 조선인 소유 은행들을 강제 합병하여 조선은행(이름만 조선이지 사실은 일제가 만든 은행이죠)에 예속시켜 산업 전반에 대한 지배를 강화하였습니다.

■ 일제의 침략을 지원하는
   병참기지가 되다

세계적으로 경제 대공황(1929)이 발생하자 일제는 경기 침체를 타개하기 위한 방책으로 대륙 침략(만주사변, 1931)을 시작하였습니다. 경기 침체란 망하는 회사도 많고, 실업자도 많은, 한마디로 생산과 소비가 잘 안 되는 상황을 말합니다. 세계 경제공황의 영향은 일본뿐만 아니라 우리나라에도 미쳤습니다. 일제 강점기의 극빈층은 토막민이었습니다. 토막민은 말 그대로 토막에 사는 사람들이었죠. 토막은 한마디로 볏짚으로 만든 텐트였는데 신석기 시대 움집만도 못했습니다. 주로 강가나 다리 밑에 있었는데, 이마저도 땅 주인이 쫓아내어 떠돌아다니기 일쑤였죠. 이러한 토막민들이 경제공황으로 더욱 늘어난 것입니다.

경기 침체를 극복하는 방법 중에 가장 못된 방법은 바로 전쟁을 일으키는 거죠. 전쟁은 곧 파괴하는 것입니다. 전쟁 하면 뭐가 제일 먼저 떠오르나요? 맞습니다. 무기죠. 무기의 목적은 파괴이고 무기의 파괴는 곧 소비입니다. 즉 무기의 생산은 소비를 목적으로 합니다. 그러니까 전쟁을 하기 위해서는 무기 등 군수물자를 생산해야 되고, 무기·군수 공장에서 일할 사람들이 많이 필요하니까 실업자가 줄어듭니다. 일자리가 생긴 사람들은 월급으로 소비를 하고, 무기·군수 공장 이외의 생산도 자극하죠. 이렇게 전쟁을 통해 경기 침체를 극복하려고 일으킨 것이 만주사변입니다. 이후 일본이 잇달아 중·일 전쟁(1937), 태평양 전쟁(1941, 일본이 미국 하와이 진주만 해군 기지를 기습하면서 시작되었죠. 할리우드 영화 「진주만」에 잘 묘사되어 있습니다. 2차 세계대전 중에서도 일본과 미국이 본격적으로 참여하게 된 이 전쟁을 태평양 전쟁이라고 하죠)을 일으키는 이유도 여기에 있었습니다.

일제는 이러한 전쟁을 수행하기 위해 필요한 무기와 군수품을 생산하는 병참기지가 필요했습니다. 스타크래프트를 할 때도 제일 먼저 해야 하는 것이 자원을 캐고, 발전소를 세우고, 무기와 군대를 만드는 병참기지를 건설하는 것이잖아요? 일제도 대륙 침략을 위해 대륙과 가까운 한반도 북부지방에 중화학공업(군수산업, 발전소)을 육성하였습니다. 또 공업 원료의 증산을 위해 남면북양 정책(세계 경제공황으로 원료가 부족해지자 남부는 면화를 재배하고, 북부는 양을 사육하도록 강제한 정책)을 실시했습니다. 우리나라를 대륙 침략의 병참기지로 만들었던 것이에요.

■ 우리 민족을 말살하기 위한
   황국신민화 정책

일제는 전쟁 수행과 병참기지화를 위하여 우리 민족의 적극적인 동조가 필요했습니다. 그런데 우리 민족이 일본인들을 도와줄 리가 없잖아요? 사실 우리에게 총을 주면 그 총으로 일본군을 쏴버릴 수도 있잖아요? 실제로 우리 독립군들의 선전 공작 중에는 "총으로 일본군을 쏴 죽이고 탈출하여 오라!"는 내용이 있었으니까요.

일제는 우리 민족을 일본인으로 동화시켜서 전쟁에 이용해 먹으려고 했어요. 일본인으로 동화시키려면 먼저 조선인의 민족성부터 없애야겠죠? 그래서 나온 것이 바로 민족말살 정책입니다. 내선일체(일본과 조선은

국민학교 조회에서 황국신민서사를 암송하는 장면

한 민족이다는 주장), 일선동조론(일본과 조선은 같은 조상이었다는 주장)을 내세우며 우리 민족을 일본인으로 동화시키려고 했던 것입니다. 다시 말해 완전한 일본인(황국신민-천황의 국가의 신하된 국민)을 만들기 위해서는 조선 민족을 말살해야 한다는 것이었죠. 한마디로 '황국신민화'입니다.

황국신민화를 위해 일제는 학교 수업 시작 전이나 모든 직장 모임 전에 황국신민서사를 반드시 암송하도록 강요했습니다. 한마디로 일본 왕을 위해 충성을 다하겠다고 계속 외우게 하여 세뇌시키는 거예요. 다음은 황국신민서사의 내용입니다.

우리는 황국신민이며
충성으로써 군국에 보답하자.
우리 황국신민은 서로 신애협력하여
단결을 굳게 하자. 우리 황국신민은
인고단련의 힘을 키워서
황도를 선양하자.

"우리는 황국신민이다. 충성으로써 군국에 보답한다. 우리 황국신민은 신애협력하여 단결을 굳게 한다. 우리 황국신민은 인고단련하여 힘을 길러 황도를 선양한다."

어린이용 황국신민서사도 있었죠.

"우리들은 대일본제국의 신민입니다. 우리들은 마음을 합하여 천황폐하께 충의를 다합니다. 우리들은 인고단련하여 훌륭하고 강한 국민이 되겠습니다."

그리고 신사참배를 강요했습니다. 신사는 일본의 국가 종교인 신도의 사원이니, 일본인의 종교를 강요한 것입니다. 전국 모든 읍·면에 신사를 만들고 강제로 참배시켰습니다. 또 학교나 직장의 조회나 행사 때 궁성요배를 시키기도 했습니다. 궁성은 일본 왕이 살고 있는 궁궐을 말하죠. 즉 일본 왕을 향해 요배, 즉 90도로 허리를 굽혀 인사하는 것입니다. 한마디로 일본 왕을 위해 충성을 다하라는 것입니다.

한편, 일제는 우리말 사용을 금지하고, 우리 역사 교육도 금지하였습니다. 민족을 구성하는 대표적인 특징이 역사, 말, 글입니다. 역사, 말, 글을 없애서 우리 민족을 없애겠다는 목적이었습니다. 일제는 식민통치를 시작하면서 '국어상용(당시 국어는 일본어를 말하죠. 즉 일본어를 항상 사용하라는 뜻이죠)'을 내세웠습니다. 하지만 실제로 강요하지는 않았죠. 그러나 중·일 전쟁 이후에는 학교, 관공서에서 조선어 사용이 금지되어 우리말을 쓰다가 들키면 처벌당하거나 불이익을 당해야 했습니다. 또한 제3차 조선교육령(1938)에 따라 조선어 과목을 선택 과목으로 만들어 사실상 폐지하

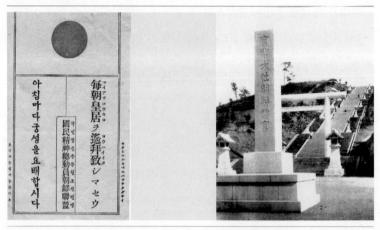

궁성요배를 장려하는 포스터(왼쪽)와 남산에 있었던 조선신궁(오른쪽)

였고, 모든 수업을 일본어로 진행하도록 만들었습니다. 1940년에는 한글 신문, 잡지 등을 모두 폐간시켰으며, 1941년 학교 교육과정에서 조선어 과목을 완전 폐지하였습니다. 그리고 1942년 조선어학회 사건을 일으켜 조선어 연구마저 못하도록 탄압하였죠. 또한 일제는 조선사상범 예방구 금령이라는 법을 만들어 독립운동가들을 언제든지 감옥에 가둘 수 있도록 만들었습니다.

1939년부터는 창씨개명을 강요했습니다. 나라마다 이름의 특징이 있 잖아요? 우리는 이름이 보통 3자인데 일본은 보통 4자죠. 이름만 봐도 그 사람이 어느 나라 사람인지 알 수 있으니까 이름도 하나의 민족성입 니다. 일제는 우리 이름을 없앰으로써 우리의 민족성을 없애려고 한 것입 니다. 또한 창씨개명을 하지 않은 경우에는 치사한 탄압을 가했는데, 학 교 입학을 거부하거나 아무 이유 없이 구타하고 상급 학교 진학을 막기 도 하였죠. 또 식량 배급 대상 등에서 제외하고, 강제 징용을 우선적으로 강요하기도 하였습니다. 이러한 탄압으로 많은 사람들이 어쩔 수 없이 창씨개명을 하게 되었던 것이죠.

또 소학교를 국민학교(황국신민학교의 준말)로 개칭하였습니다. 황국신민을 만드는 학교라는 뜻인데, 국민학교에서는 군사훈련과 비슷한 체력 강화 교육이 이루어졌습니다. 어릴 때부터 전쟁터에 나갈 준비를 시켰던 것이죠. 그런데 우리나라는 해방이 되고 나서도 계속 국민학교라는 명칭을 쓰다가 김영삼 대통령 때에 와서야 초등학교라고 바꿨습니다. 김영삼 대통령 때는 일제 잔재를 많이 없앴는데, 조선총독부 건물도 없애고, 우리 민족의 정기를 끊기 위해 전국 명산 곳곳에 일제가 박아놓은 쇠말뚝도 뽑아냈습니다.

■ 전시 동원 체제의 강화

중·일 전쟁 이후에는 국민정신총동원 운동을 전개하여 군인들에게 보낼 위문금품을 모집하고, 국방헌금 등의 명목으로 전쟁 비용을 충당하였습니다. 이에 일부 친일 실업가들은(박흥식 등) 비행기를 헌납하는 등 적극적으로 친일 행위를 했죠. 이러한 분위기를 이용하여 지주들은 소작료를 더 많이 걷고, 수리조합비, 비료 값 등을 소작농에게 떠넘겼습니다. 자본가들 역시 일본 경찰의 지원을 받으며 노동자들을 더욱 착취하였습니다. 1938년에는 국민정신총동원조선연맹을 만들도록 하여 10호를 한 단위로 한 애국반이란 조직을 만들고 정기적으로 반상회를 열었습니다. 이러한 조직들을 이용하여 이름 그대로 전쟁 동원을 위한 준비를 했던 것이죠.

■ 우리 민족을 전쟁터로 내몰고 수탈하다

일제는 침략전쟁을 본격화하면서 우리 민족에 대한 인적·물적 자원의 수탈을 본격화하였습니다. 먼저 인적 자원 수탈을 살펴보면, 지원병제(1938), 학도지원병제(1943), 징병제(1944) 등으로 우리의 청년들을 전쟁터로 내몰았습니다. 이때 끌려갔던 우리나라 사람들이 지금도 야스쿠니 신사에 일본군들과 합사되어 있습니다. 그들의 위패를 우리나라로 모셔오겠다는 요구는 계속 무시되고 있습니다. 죽어서도 우리의 젊은 영혼들은 징병으로부터 풀려나오지 못하고 야스쿠니에 갇혀 있는 것입니다.

일본의 수도 도쿄에 있는 야스쿠니 신사는 침략 전쟁에 나갔다가 죽은 일본군들의 영혼을 신으로 모시는 게 주목적인 신사입니다. 이 신사에는 '영새부(靈璽簿)'라는 사망자들의 이름을 적어놓은 일종의 명단을 모셔놓고 있는데, 이 명단에 올라간 일본군들을 신으로 숭배하는 것이죠. 야스쿠니는 일본 근대사에서 많은 사람들을 침략 전쟁에 끌어들이는 데 악용된 선전도구였습니다. 그래서 우리는 지금도 야스쿠니 참배를 강행하고 있는 일본 총리, 장관들을 비판하는 것입니다. 일본의 민간인들이 야스쿠니에 참배를 하든 말든 우리와는 상관이 없습니다. 그러나 일본의 정부 관리들이 야스쿠니에 참배한다는 것은 일본 정부가 침략 전쟁을 반성하지 않고 앞으로도 침략 전쟁을 일으킬 수 있다는 뜻으로 볼 수밖에 없습니다.

여러분, 어느 나라에 살인마들을 신으로 모시는 사원이 있고 그곳에 정부 관리가 참배를 한다고 생각해보세요. 그 나라 정부는 살인을 미화하는 것이겠죠? 침략 전쟁에 참여한 많은 일본군들이 우리나라, 중국,

동남아시아 각지에서 죄 없는 민간인들을 잔인하게 강간하고 학살했습니다. 침략 전쟁을 일으킨 전범들은 말할 것도 없고요. 그래서 이들에게 참배하는 일본 정부 관리들이 침략 전쟁을 미화하고 있다고 지탄받는 것입니다.

다음은 징용에 대해 살펴보겠습니다. 일제는 국민징용령(1939)을 실시하여 우리의 젊은이들을 일본, 사할린(연해주 앞바다에 있는 큰 섬으로 일본이 러·일 전쟁에서 승리한 대가로 사할린 섬 북위 50도선 이남을 할양받았어요), 중국, 동남아시아 등으로 강제로 끌고 가서 광산, 군수 공장, 건축 공사장 등 힘들고 위험한 노동조건에서 저임금으로 강제 노동을 시켰습니다. 게다가 만약 도망가다 잡히면 잔인한 고문으로 죽이기까지 하였고, 견디다 못해 자살한 사람도 많았습니다. 완전히 노예처럼 부려먹은 것이죠. 징용으로 젊은 농민들이 끌려가자 농촌 노동인력의 감소로 농업 생산력도 낮아졌습니다. 일제가 패망하기 직전에는 징용으로 끌려온 우리 노동자들이 미군에게 투항하여 일본에 대한 이적행위를 할 것이라는 이유로 대규모 학살을 자행하기도 하였습니다.

이 시기에는 여성들에 대한 수탈도 빈번했습니다. 여자정신근로령(1944)에 의해 일부는 강제 노동을 하였습니다. 그리고 1937년 중·일 전쟁 이후 수십만 명의 여성들이 전쟁터에 보내져 일본군의 위안부로 학대당하고 심지어는 학살당하였습니다. 가까스로 살아남은 생존자들 역시 정신적·육체적 피해의 후유증으로 지금까지도 고통받고 있습니다.

다음은 물적 자원의 수탈을 살펴봅시다. 일제는 국가 총동원령을 내린 상황에서 전쟁 물자를 수탈하기 위하여 중단되었던 산미증식계획을 재개하여 군량미 생산을 늘렸고, 식량과 생필품이 부족해지자 조금씩 나눠주기 위하여 배급 제도를 실시하였습니다. 일제는 식량 절약을 위해

만삭의 위안부가 포함된 사진 : 드라마 「여명의 눈동자」에서 여옥의 모습이라고 할 수 있죠.

'죽 먹기 운동', '한 숟가락 덜 먹기 운동' 등을 강요하였고, '쌀밥이 지능, 건강에 나쁘다', '나물, 나무뿌리가 건강에 좋다'는 등의 선전을 하였습니다. 그럼 여기에서 이러한 절식 운동에 앞장선 덕성여자실업학교 교장 송금선의 말을 들어봅시다.

> "대체로 우리 조선 사람은 너무 덮어놓고 과식을 한다고 생각합니다. 특히 쌀을 너무 먹어왔어요…… 하루 세 끼는 습관일 뿐, 절대적으로 필요한 것은 아닙니다…… 절대로 아이들에게는 어른들의 나쁜 습관을 배우게 해서는 안 됩니다."

쌀 부족의 원인을 쌀 많이 먹는 우리 민족성 탓으로 돌리고, 잡곡과 야채로 배를 채우도록 강요한 것이죠. 정말 어처구니없는 일이었습니다. 고무신 원료가 부족하자 고무신 제조를 금지하여 사람들은 짚신이나 게다(일본의 샌들 같은 신발)를 신게 되었죠. 학생들의 교복은 군복과 같은 국

공출한 놋그릇 등 쇠붙이를 쌓아놓은 장면 : 뒤에 글자는 '국어상용'이라는 한자로 일상생활에서 일본어를 사용하라는 표어입니다.

방색이 되었고, 일반인들도 국민복이라는 군복 비슷한 옷을 입게 하였죠. 여성들에게는 몸뻬(요즘에도 할머니들이 이런 바지를 많이 입으시죠?)라는 바지를 입도록 강요했습니다. 국민복, 몸뻬 등을 입지 않으면 식량 배급, 강제 징용 등에 불이익을 주기도 하였습니다. 또 공출 제도를 통하여 미곡과 쇠붙이(놋그릇, 수저, 제기, 불상, 절이나 교회의 종, 학교 철문, 동상, 농기구, 가마솥 등)를 강제 수탈했습니다. 공출된 미곡은 군량미로, 공출된 쇠붙이는 무기 생산에 쓰였죠. 가축증식계획으로 가축 생산을 늘려 전쟁 물자로 이용하였습니다. 또한 학생들을 근로보국대라는 조직에 가입하게 하여 전쟁 물자를 바치도록 강요하기도 하였습니다.

전시 체제하 자원 수탈 포스터

드라마 「여명의 눈동자」는 주인공 여옥이 일본군 위안부로 끌려가는 장면에서 시작됩니다. 일본군의 인솔 아래 기차를 타고 중국에 있는 일본군 주둔지로 끌려온 우리나라 여성들은 일본군 위안부로 생활하게 되었고, 여옥 역시 끔찍한 생활에 자살을 시도합니다. 그러나 학도지원병으로 끌려온 대치의 위로를 받으며 서로 사랑하는 사이가 되고, 대치의 아이를 갖지만 일본군의 이동으로 여옥과 대치는 헤어집니다. 여옥은 임신한 몸으로 필리핀 사이판까지 오게 되었는데, 미군의 상륙이 임박하자 일본군은 위안부들을 학살합니다. 가까스로 살아남은 여옥은 학도병으로 끌려온 하림을 만나 목숨을 구하죠.

일본군 '위안소'가 처음 설치된 것은 1932년 상하이 사변 전후였다고 합니다. 중국 및 동남아시아 지역에 조직적으로 설치되기 시작한 것은 1937년 '난징 대학살' 때의 대규모 강간 사건 이후였습니다. 당시 일본군은 난징 주변 지역을 돌아다니며 약 30만 명의 중국인들을 학살하고, 여성들을 강간하고 죽이기까지 했습니다. 이에 일본 정부는 강간 사건이 반복되지 않을 방법을 찾았는데 그것이 위안소의 설치였습니다. 이후 중국은 물론 남태평양의 섬들까지, 일본군이 파견된 거의 모든 아시아 지역에 위안소가 설치되었습니다. 일본 군대의 아시아 여성들에 대한 전쟁 중 집단 강간은 계속 자행되었고, 이를 숨기기 위한 또 다른 이름의 강간이 이른바 일본군 위안부였던 것입니다.

현재 피해를 당한 할머니들은 매주 수요일 일본 대사관 앞에서 집회를 하고 있습니다. 그러나 일본은 아직도 국가적 책임을 부인하고, 공식 사과와 손해 배상을 거부하고 있습니다. 현재 일본 정부의 일본군 위안부 문제에 대한 공식 입장은 민간관계에서의 금전적 보상은 가능하지만 정부의 공식 사과나 정부 차원의 금전적 배상은 불가능하다는 것입니다. 이에 대한 일본군 위안부 피해자 할머니들의 주장은 당연히 일본 정부의 공식 사과와 정부 차원의 금전적 배상이죠. 결국 양측의 입장 차이로 지금까지도 기약 없는 싸움을 하고 있는 중입니다. 이분들이 단지 금전적인 보상만을 원했다면 모든 투쟁은 이미 종료되었을지도 모릅니다. 피해자 할머니들에게 보상금 몇 푼 쥐어주겠다는 일본의 오만방자

한 태도는 사실 이분들에 대한 모욕이나 다름없습니다.

어떤 사람들은 당시 일본군 자료와 젊은 여성들의 인구수 등을 들며 수십만 명의 여성들이 위안부로 끌려갔다는 것에 의문을 제기합니다. 그러나 고려의 대몽 항쟁 시기에 몽골군에게 끌려간 우리나라 사람들이 20만 명이 넘었다는 기록이나, 임진왜란·병자호란 때 끌려간 우리나라 사람들이 각각 수십만 명으로 추정되고 있다는 점을 생각해야 합니다. 사실 납치는 정확한 통계를 낼 수가 없습니다. 결국 1930년대 후반부터 1945년까지의 기간이나 당시 일본군과 위안소 숫자 등을 생각하여 추정하는 것이 옳을 것입니다. 그리고 중요한 것은 일본군이 위안부를 끌고 다니며 전쟁을 했다는 것이지 그 숫자에 얽매여서는 안 됩니다. 설령 일본이 공식 사과와 피해 배상을 하더라도 우리는 결코 그들의 만행을 잊지 말아야 하겠습니다.

■ 친일파의 세 가지 유형

지금도 친일파의 후손들이 조상들의 무덤에 '중추원 참의'라는 일제 강점기 벼슬을 자랑스럽게 적어놓은 묘비가 있어요. 가끔 방송 등에 친일파 선조들을 옹호하고 오히려 항변하는 모습이 나오기도 하죠. 또 친일파 선조의 땅을 돌려달라고 국가를 상대로 소송하는 경우도 있습니다. 정말 어처구니없는 일이죠. 친일파 후손들은 이렇게 말하곤 합니다. "일제 강점기에는 모두가 친일파였다. 그런데 무슨 친일파 진상 규명이냐. 집에 가서 할아버지에게 어떻게 일본에 협력했는가 물어봐라."라고 말입니다. 물론 친일의 기준으로 보면 그럴 수도 있습니다. 그러나 민족 반역의 기준으로 보면 그렇지 않습니다.

최근의 연구 성과들에 의하면 우리 민족 중에서 잘 먹고 잘산 부유층은 일본인들과 다를 바 없는 생활을 하였습니다. 열강들의 식민통치가 성공한 민족들의 지배 상황을 조사한 결과, 외세에 협조하며 앞잡이 노릇을 한 세력들의 역할이 가장 중요했습니다. 그들이 적극적으로 협조한 이유는 물론 개인적 이익 때문이었습니다. 그들에게 조국은 바로 열강이었던 것입니다. 이러한 친일파들은 크게 세 가지 유형이 있습니다.

첫째 유형은 을사조약 등 일제의 국권 강탈 과정에서 나라를 팔아먹은 '매국노'들입니다. 이들은 일왕으로부터 임시은사금이라는 돈을 받기도 하고, 귀족 작위를 받았으며, 많은 토지를 소유하였습니다. 나라를 팔아먹은 대가로 잘 먹고 잘살았던 것이죠.

둘째 유형은 일제 식민통치 기간 중 고위 관료, 경찰, 군인, 판검사 등으로 활동한 일제의 '하수인'들입니다. 이들은 자신들의 출세를 위해 같은 민족을 고문하고 죽이거나 괴롭히면서 일제에 충성을 하였죠. 그런데 해방 후 이들 중 일제 치하의 '경력'을 이용해 고위 관료, 경찰, 군인, 판검사, 국회의원 등이 된 사람들이 많았다는 것은 기가 막힌 일이죠.

셋째 유형은 일제 말기 침략 전쟁에 적극 동조한 '협력자'들입니다. 이들은 일제 강점기에 오히려 '잘 먹고 잘산' 자본가, 지주, 교육자, 언론인, 종교인, 문인, 예술가 등입니다. 특히 이들 중에는 한때 일제에 맞서 싸운 독립운동가들도 있습니다. 최린, 이광수, 최남선 등이 대표적이죠. 한마디로 변절자들입니다. 민중들이 한없는 고통에 처해 있던 일제 말기의 민족말살통치 시기에도 민족반역자들은 수탈에 앞장서며 같은 민족을 다그치고 전쟁터로 내몰았던 것입니다.

응답하라 1919

■ 비밀결사로 투쟁하다

응답하라 1919! 1919년은 3·1운동이 일어난 해입니다. 3·1운동의 결과 일제는 강압적인 통치 방식을 유화적으로 바꾸었으며, 독립운동가들은 힘을 합쳐 상하이에 대한민국 임시정부를 만들게 됩니다. 이러한 변화가 일어난 것은 3·1운동이 우리 민족의 잠재력을 일깨워주었기 때문입니다. 1910년부터 일제의 식민지 지배를 당하면서 우리 민족은 가만히 있었던 것이 아니었습니다. 의병들의 무장투쟁도 계속되었고, 비밀결사를 통한 독립운동도 끈질기게 하였습니다.

1909년 일제가 호남 의병을 말살한 이후 국내 의병 세력은 거의 만주, 연해주 지역으로 이동하였습니다. 그러나 소수의 의병들은 국내에 남아 1915년까지 의병 투쟁을 벌였습니다. 특히 마지막 의병장 채응언이 이끌던 의병 부대는 서북 지방의 험한 산들을 근거지로 하여 일본 헌병경찰들을 기습하면서 투쟁을 계속하였습니다. 그러다가 1915년 체포된 채응언과 의병들은 모두 처형되었고, 국내 의병 투쟁도 막을 내렸습니다.

이 시기 일제의 통치 방식이 뭐라고 했죠? 무단통치! 우리 민족에 대한 철저한 탄압으로 국내의 독립운동가들은 공개적인 활동이 불가능하였죠. 그래서 국내의 민족운동은 비밀결사로 활동할 수밖에 없었습니다. 대표적인 비밀결사로 두 가지만 기억하세요. 독립의군부와 대한광복회. 1912년 비밀결사로 조직된 독립의군부는 임병찬이 고종의 밀명을 받아 각지의 유생들을 모아 복벽주의(나라를 되찾아 조선왕조를 되살리자는 주장)를 내세우며 활동했으며, 일본 총리대신과 조선총독부 등에 조선의 국권을 반환할 것을 요구하는 편지를 보내는 활동을 했습니다. 또 전국적인 의병 봉기를 계획했으나 임병찬 등 지도부가 검거되어 실패하였습니다.

1910년대 비밀결사 독립운동 단체의 대표
대한광복회의 활동

◎ 장 소 : △△ 박물관 이달의 독립운동가 상설 전시실
◎ 전시 구성

1. 대한광복회 내력
선생은 조선국권회복단의 일부 인사들과 풍기의 광복단이 연합하여 조직한 대한광복회에 가입하여 활동하였다. 대한광복회는 1910년대 가장 대표적인 비밀단체였다.

2. 장승원 처단 관련 보도 기사
선생이 1917년 11월 강순필, 유창순과 함께 경북 칠곡의 친일 부호 장승원을 처단한 사건의 보도 기사.

1915년 조직된 대한광복회는 경북 풍기에서 조직된 광복단과 경북 대구에서 조직된 조선국권회복단의 일부 인사들이 박상진, 김좌진을 중심으로 하여 군대식으로 조직한 비밀결사입니다. 이들은 근대 공화정치를 내세웠는데, 만주의 독립운동 단체와 연락을 꾀하며 만주에 무관학교를 설립하기 위한 군자금을 모집하였습니다. 비밀리에 부호들을 찾아가서 의연금을 걷거나 의연금 내기를 거부하는 부호들은 친일파로 처단하였습

니다. 또 상동 광산, 직산 광산, 경주의 우편차 등을 습격하여 군자금을 모았고, 친일 관리 등을 처단하였죠.

그러나 1918년 박상진 등 주요 인물이 체포되어 사형당함으로써 대한광복회는 해체되었습니다. 그러나 김좌진 등은 미리 만주로 이동하여 무장독립투쟁을 준비하였죠. 김좌진 장군이 1920년 청산리 대첩을 이끌게 된 출발점이 바로 대한광복회였다고 할 수 있죠. 이 밖에도 송죽회(여성 비밀결사), 조선국민회(대조선국민군단의 국내 지부), 자립단, 기성단, 선명단 등이 비밀결사로 활동하였습니다.

■ 민족자결주의의 영향을 받은 3·1운동

먼저 3·1운동의 배경을 살펴봅시다. 1917년 사회주의 혁명으로 정권을 잡은 레닌은 피지배 민족들의 해방운동을 지원하겠다고 선언하였습니다. 이러한 상황 속에 1차 세계대전이 끝난 후 파리강화회의(1918)에서 미국의 윌슨 대통령이 민족자결주의를 내세웠어요. 민족자결주의란 민족의 모든 일은 그 민족 스스로 결정해야 한다는 뜻이에요. 그러니까 우리처럼 식민지 지배를 당하던 민족들은 독립을 시켜주는 줄 알고 엄청 좋아했어요. 그러나 이 민족자결주의는 독일과 같은 패전국의 식민지에만 적용되는 것이었고, 미국이나 일본 같은 승전국의 식민지는 해당 사항이 없었죠. 그런데 이를 알 리 없는 해외의 독립운동가들과 유학생들은 해방의 희망을 갖게 되었습니다. 완전 착각이었죠. 떡 줄 놈은 생각도 않는데 김칫국부터 마신다는 속담이 딱 들어맞습니다.

어쨌든 사실을 몰랐던 우리는 이러한 국제적인 분위기를 이용해야 하잖아요? 그래서 우리 민족의 독립 의지를 국제사회에 알리기 위해 미주의 대한인국민회에서 이승만 등을 파리강화회의에 대표로 파견하려 했지만 실패하였고, 상하이의 신한청년당은 독립 청원서를 작성하여 김규식을 대표로 파리강화회의에 파견하는 데 성공하였습니다. 김규식은 파리로 떠나기 전 국내에서도 독립선언을 해야 한다고 당부하였습니다. 파리강화회의에 참여하기 위해서는 발언권이 있어야 하는데, 독립 의지가 없는 민족에게 발언권을 줄 이유가 없다는 것이었죠. 결국 신한청년당은 국내에 사람을 보내 독립선언이 필요함을 전달하였고, 1월 말부터 국내에서는 3·1운동이 준비되기 시작하였습니다.

만주 길림에서는 독립운동가 39명의 이름으로 대한독립선언이 발표되었습니다(1918). 일본에서는 조선유학생동우회를 중심으로 조선청년독립단을 조직하고 2·8독립선언을 도쿄 한복판 YMCA 강당에서 발표하였습니다(1919). 일본 경찰들은 강당에 들이닥쳐 우리 유학생들을 체포하였고, 2·8독립선언서를 쓴 이광수는 중국으로 망명하여 이후 상하이 대한민국 임시정부가 수립되면서 기관지였던 『독립신문』의 사장 겸 주필이 되었죠. 또한 2·8독립선언에 참여한 유학생들 중 3분의 2가 귀국하여 3·1운동에 참여하였습니다. 이러한 해외 동포들의 운동에 자극을 받은 국내 민족운동 세력들은 3·1운동을 준비하기 시작하였습니다.

3·1운동은 천도교(손병희, 최린)를 중심으로 기독교(이승훈), 불교(한용운) 등 종교 세력이 중심이 되었고, 여기에 학생들이 가세하여 추진되었습니다. 일제의 무단통치로 비밀결사 활동만이 가능한 시기였기에 전국적인 활동을 할 수 있었던 것은 사실상 종교 조직밖에 없었기 때문이죠. 천도교, 기독교, 학생들은 각각 독자적으로 시위를 준비하다가 2·8독립선언

을 계기로 천도교, 기독교가 연합하고, 한용운이 불교계를 대표하여 참여하게 되었습니다. 각 학교를 중심으로 시위를 준비하던 학생들 역시 종교계의 시위 계획에 동참하였습니다.

■ 3·1운동이 일어나다

당시 운명한 고종의 국장을 치를 인산일(3월 3일)에 참가하기 위해 많은 사람들이 서울에 올라오고 있었어요. 고종은 1919년 1월 21일 운명하였는데, 고종이 일세에 의해 독살되었다는 소문이 퍼

져나갔습니다. 고종 독살설은 우리 민족을 분노하게 만들었고, 전국적으로 통곡하는 소리가 끊이지 않을 정도였죠. 인산일이 다가오자 서울은 각지에서 올라온 사람들로 붐볐고, 이렇게 많은 사람들이 모이는 것을 이용하기 위하여 독립선언 발표 날짜를 3월 1일로 정했던 것입니다. 그런데 민족 대표들은 원래 약속 장소인 탑골공원에 생각보다 많은 군중들이 몰리자 시위가 폭력화될 것을 우려하여 탑골공원으로 가지 않고, 그 근처 인사동의 태화관이라는 음식점에서 독립선언서(민족 대표 33인이 서명하여 전국에 미리 배포되었죠. 대중화, 비폭력 등의 원칙에 입각한 독립선언이었습니다)를 발표하였습니다. 다음은 독립선언의 내용입니다.

> 오등(吾等)은 자(玆)에 아(我) 조선의 독립국임과 조선인의 자주민임을 선언하노라. 차(此)로써 세계만방에 고하여 인류 평등의 대의를 극명하며, 차(此)로써 자손만대에 고하여 민족자존의 정권을 영유하게 하노라…… 공약 3장, 금일 오인의 차거(此擧)는 정의, 인도, 생존, 존영을 위하는 민족적 요구이니, 오직 자유적 정신을 발휘할 것이오, 결코 배타적 감정으로 일주하지 말라. 최후의 일인까지, 최후의 일각까지 민족의 정당한 요구를 쾌히 발표하라. 일체의 행동은 가장 질서를 존중하여, 오인의 주장과 태도로 하여금 어디까지든지 광명정대하게 하라.

이렇게 민족 대표들이 독립선언서를 발표하고, 만세 삼창까지 끝난 시각이 오후 4시였다고 합니다. 이미 오후 2시에 독립선언을 발표하고 만세 시위를 시작한 학생들 중 일부가 태화관으로 몰려와 민족 대표들이 탑골공원에 오지 않은 것을 비난하였습니다. 그리고 얼마 후 경찰들이 와서 민족 대표들을 붙잡아갔습니다. 3·1운동을 이끌어야 할 민족 대표들이 감옥에 간 것입니다. 지도부 없이 3·1운동이 진행되게 되었던 것이죠. 사실 3·1운동 지도 세력은 큰 오판을 했는데, 심지어는 이완용, 박영효, 김윤식, 윤치호 등 매국노로 욕먹고 있었던 사람들에게도 3·1운동 참여를 권유하였다가 거절당했답니다.

한편 학생들과 시민들은 탑골공원에서 아무리 기다려도 민족 대표들이 오지 않자 오후 2시 정재용이라는 학생이 팔각정에 올라가 독립선언서를 발표하였고, 많은 학생들이 호응하여 독립선언서를 배포하며 만세시위를 시작하였습니다. 태극기를 손에 쥐고 '조선독립 만세'를 목 놓아 부르며 서울 곳곳에서 가두시위를 벌였습니다. 고종이 파리강화회의에 일제의 지배를 거부하는 선언을 전달하려다가 일제에 의해 독살되었다는 내용의 전단지가 뿌려지면서 우리 민족은 더욱 분노하였습니다. 수십만 명으로 불어난 시위 인파는 거리를 가득 메웠고, 당황한 일제는 처음에는 시위 진압을 못하다가 곧이어 총을 쏘고 무차별 구타를 하며 시위를 진압하기 시작했습니다. 그러나 우리 민족은 비폭력으로 맞서며 밤

[해설] 왜적에게 침략을 당한 지 10년 되던 해, 고종황제 폐하의 국장(國葬)으로 인하여 서울로 모여든 기회를 이용하여, 기미년 3월 1일 우리 배달민족의 울분은 드디어 터졌다.(이펙트로)
　S# 8. 탑골공원
탑골공원 팔각정에서 한 학생이 대한독립선언서를 낭독한다.
수많은 군중들의 흥분된 얼굴과, 일제히 대한독립 만세를 부르는 장쾌한 모습은 하늘을 찌를 듯하다.
　S# 9. 공원 정문 앞
군중들은 공원 정문으로 몰려나오며 만세를 부른다.
　S# 10. 큰 길거리(종로 거리)
미칠 듯이 만세를 부르며 몰려간다.

까지 계속 시위를 이어갔습니다. 또한 3·1운동은 전국적으로 계획되었기 때문에 지방의 평양, 의주, 원산 등 주요 도시에서도 3·1운동이 동시다발적으로 일어났습니다.

■ 비폭력 투쟁에서 무력 투쟁으로 발전하다

우리 민족의 만세시위가 계속되자 일제는 시위를 주도하고 있는 학생들이 모이지 못하게 휴교령을 내렸습니다. 그래서 3월 10일 무렵부터는 휴교령에 따라 자기 고향으로 내려간 학생들을 중심으로 전국 곳곳의 도시(군 단위)에서 시민(상인, 노동자)들의 만세시위 운동이 벌어졌는데, 상인들은 가게 문을 닫고 시위에 나갈 정도였습니다. 아직까지는 비폭력 시위가 유지되었죠.

만세시위 운동은 이제 전국적으로 농촌까지 확산되었고, 시위는 일본 경찰을 공격하고 식민통치 기구를 파괴하는 무력 저항으로 변하였습니다. 농민들이 집에 있는 낫 같은 농기구를 들고 시위에 나왔는데, 일본 침략자들이 시위를 강제 진압하니까 농민들이 무력시위로 대항했던 것이죠. 시위 날짜는 장날로 정해지는 경우가 많았습니다. 보통 5일장이 열리는데, 주변 지역의 많은 사람들이 모이는 날이었기 때문이죠. 이 단계는 3·1운동 중 가장 활발한 활동을 전개한 시기였는데, 4월 초까지 절정이었고 이후 5월 말까지 시위가 벌어지다가 일제의 가혹한 탄압으로 끝이 났습니다.

일제의 탄압 중 가장 잘 알려져 있는 것이 제암리 학살 사건입니다. 3·1운동이 점점 거세지던 4월 화성 제암리에서 만세시위가 발생하자 일본군들은 주민들을 예배당에 가두고, 모든 문을 폐쇄한 후 기관총으로 학살하며 불을 질러 증거를 없애려는 만행까지 저질렀습니다. 이 소식을 접한 캐나다인 선교사 스코필드는 카메라를 들고 학살 현장에 도착하였습니다. 스코필드의 노력으로 학살 현장을 찍은 사진과 함께 일제의 만행이 국제사회에 알려졌습니다. 당연히 3·1운동에 대해서도 알려지게 되었고 일본에 대한 국제적인 여론이 악화되었습니다. 스코필드의 한국 이름은 '석호필'이죠. 미국 드라마 「프리즌 브레이크」의 주인공 이름이 '스코필드'인데, 팬들이 애칭으로 '석호필'이라는 한국 이름을 붙여주었습니다. 이 '석호필'이란 이름이 바로 '원조 석호필'에서 유래한 것이죠. 스코필드는 제암리 학살 사건을 전 세계에 알리는 등 한국을 지극히 사랑하였기 때문에 이를 인정받아 외국인으로는 유일하게 국립현충원에 안장되었습니다.

그런데 제암리 학살 사건은 전체 피해 정도로 보면 새 발의 피였습니다. 3·1운동의 전체 사망자는 7,509명, 부상자는 1만 5,961명, 체포, 투옥된 사람은 4만 6,948명입니다. 3·1운동이 전국적으로 발생하고 시위 인원이 대규모로 늘어나자 일제는 일본에서 2개 사단 병력을 더 투입하여 시위 군중들에게 무차별 사격을 가하였습니다. 이에 대한 저항으로 시위 군중들은 면사무소, 헌병경찰 주재소 등을 파괴하고 일본인들을 살해하는 등 무력 저항을 하였던 것입니다. 당시 이화여고보 2학년 학생이었던 유관순은 휴교령이 내려지자 고향인 천안 병천면으로 내려와 4월 1일 아우내 장터 만세시위를 주도하다가 체포당하였습니다. 이 시위에서 유관순의 아버지와 어머니는 모두 일제 군경에게 살해당하였고, 유관순 역시 서대문 감옥에서 만세를 외치며 투쟁하다가 1920년 잔인한 고문 끝에 살해당하였습니다. 3·1운동은 나라 밖으로도 확산되어 간도, 만주, 상하

유관순 열사 동상(왼쪽)과 유관순 열사 생가(오른쪽)

이, 연해주, 시베리아, 일본, 미주 등 해외에서도 조국의 3·1운동을 지지
하는 만세시위가 발생하였습니다. 특히 미국 필라델피아에서는 미주 동
포들이 집결하여 한인자유대회를 열어 3·1운동을 지지하는 시가행진을
벌였습니다.

■ 3·1운동의 영향

끝으로 3·1운동의 영향을 살펴봅시다.
가장 먼저 일본의 식민지 통치 방식이 무단통치 → 문화통치로 변화했어
요. 일본 침략자들은 식민지 통치 10년 동안 조용히 지내던 조선인들이
갑자기 3·1운동으로 폭발한 것을 보고 엄청 충격을 받았죠. 그래서 통치
방식을 바꾼 것입니다. 때리면서 지배하면 오히려 반항심만 키우게 된다
이거죠. 이제는 잘 해주는 척하면서 사실은 우리 민족에게 사기 치는 기
만 통치, 즉 문화통치를 시작한 것입니다.

그리고 대한민국 임시정부 수립의 계기가 되었습니다. 3·1운동은 운동을 이끄는 지도부가 없는 비계획적, 자연발생적 운동이었죠. 하지만 그 폭발력은 엄청난 에너지였습니다. 우라늄에는 엄청난 핵에너지가 들어 있지만 자연 상태의 우라늄은 아무 폭발도 일으킬 수 없죠. 엄청난 폭발 에너지를 일으키기 위해서는 고도의 핵무기 기술이나 원자력 발전소 기술이 필요합니다. 이와 마찬가지로 3·1운동의 폭발 에너지는 우리 민족이 갖고 있는 저력을 확인시켜주었습니다. 이러한 저력을 효율적으로 이용할 수 있는 정부가 필요하다는 것을 독립운동가들은 깨달았습니다. 그래서 여러 정부가 만들어지고 다시 하나로 통합된 정부가 바로 대한민국 임시정부였습니다.

3·1운동이 전 세계에 알려지면서 국제사회에 우리 민족의 독립의지를 알릴 수 있었습니다. 또한 민중들은 3·1운동을 통해 민족적, 계급적 각성을 하여 1920년대 이후 민족해방 운동의 발전이 이루어지기도 하였습니다. 또한 3·1운동은 세계 약소민족 국가들의 반제국주의 운동을 자극하였습니다. 실제로 중국의 5·4운동(당시 격문 중에 "조선인들도 독립운동을 하면서 부르짖었다. 독립을 하지 못하면 죽음이 있을 뿐이다."라는 내용이 있죠)이나 인도의 비폭력, 불복종 운동 등에 영향을 주었습니다. 다음은 인도의 독립운동가 네루의 『세계사 편력』 중 일부입니다.

3·1운동은 조선 민족이 단결하여 자유와 독립을 찾으려고, 수없이 죽어가고 일본 경찰에 잡혀가서 모진 고문을 당하면서도 굴하지 않았던 숭고한 독립운동이었다.

다음은 노벨문학상을 받은 인도의 시인 타고르가 우리나라를 찬양

하는 시 「동방의 등불」입니다. 이 당시 우리나라는 반제국주의 운동의
등불이었습니다.

> 일찍이 아세아의 황금 시기에
> 빛나는 등촉의 하나인 조선
> 그 등불 한번 다시 켜지는 날에
> 너는 동방의 밝은 빛이 되리라

■ 대한민국 임시정부가 세워지다

                   3·1운동의 폭발적인 에너지를 보면서
우리 독립운동가들은 임시정부의 필요성을 절실히 느꼈습니다. 그래서
만들어진 것이 대한국민의회(연해주에서 전로한족중앙회를 중심으로 개편하여 손
병희를 대통령으로 함), 대한민국 임시정부(상하이에서 신한청년당을 중심으로 만들
어져 이승만을 국무총리로 함), 한성정부(서울에서 13도 대표가 모여 국민대회를 열어
이승만을 집정관 총재로 함)입니다. 머리가 하나인 것처럼 정부는 하나여야 하
는데, 세 개나 생겼으니 하나로 통합을 해야겠죠? 그래서 세 정부의 대표
들이 모여 통합을 결정했습니다. 한성정부의 정통성을 계승하고 대한국
민의회를 흡수하여 상하이에 정부를 수립하였습니다.
    대한민국 임시정부는 처음 만들어질 때부터 싸우기 시작했는데, 상

하이에 정부를 두느냐 상하이 이외에 정부를 두느냐를 두고 논쟁을 벌였습니다. 정부의 위치 문제는 독립운동 방법론과 연결되어 있었기 때문이죠. 먼저 상하이 정부를 주장한 쪽은 외교독립론자들이었습니다. 1842년 난징 조약에 따라 상하이에는 열강들의 주권이 행사되는 거주 지역인 조계가 만들어졌죠. 상하이는 여러 열강들의 조계가 모여 있어서 외교에 적합한 곳이었습니다. 임시정부는 프랑스 조계에 있었어요. 프랑스 조계 당국이 우리의 독립운동에 긍정적이었거든요. 다음은 안창호의 「상하이 통합안」 중 일부입니다.

1. 상하이와 러시아령에서 설립한 정부들을 일체 해소하고 오직 국내에서 13도 대표가 창설한 한성정부를 계승할 것이니 13도 대표가 민족 전체의 대표임을 인정함이다.

2. 정부의 위치는 아직 상하이에 둘 것이니 각지의 연락이 비교적 편리하기 때문이다.

상하이에 정부를 두는 것에 반대하는 쪽은 무장투쟁론자들이었어요. 상하이 이외라는 것은 만주나 연해주 지역을 의미하죠. 당시 많은 동포가 살고 있으며 무장투쟁을 준비하던 독립운동 기지가 많이 있고, 국내 진입이 쉬운 만주나 연해주 지역에 정부를 두자는 주장이었죠. 한마디로 무장투쟁을 하자는 것입니다. 다음은 문창범의 「상하이 통합 반대안」 중 일부입니다.

만주와 연해주처럼 국내와 접해 있는 지역에서도 국내와의 연락을 충분히 할 수 없으며 또 마음대로 활동할 수 없는데, 상하이와 같이 원격지

이며 타국의 영토 안에 있으면서 어떤 일을 할 수 있으리라고는 생각되지 않는다.

어쨌든 결론은 상하이에 정부를 두자는 것으로 결정되었습니다. 대한민국 임시정부는 최초의 3권 분립(임시의정원-입법부, 법원-사법부, 국무원-행정부)에 입각한 대통령 중심제의 민주공화제 정부였죠. 그런데 이승만은 자신이 대통령이 되어야 한다고 주장했어요. 신채호 등 무장투쟁론을 주장하는 사람들은 이승만이 미국 윌슨 대통령에게 「위임통치 청원서」를 보낸 사실을 들어 반대했습니다. 국제연맹 아래의 위임통치란 말은 사실상 독립을 포기한다는 뜻이었으니까요. 독립을 포기한 사람이 어떻게 대통령이 될 수 있느냐는 것이었죠. 어쨌든 외교론 세력이 더 강한 임시정부의 분위기에서 결국엔 이승만이 대통령이 되었습니다. 지금도 대통령 밑에 국무총리가 있죠? 국무총리는 이동휘(사회주의자들이었던 한인사회당을 이끌었죠)가 되었습니다. 이와 같이 대한민국 임시정부는 민족주의자들과 사회주의자들이 힘을 합쳤고, 외교독립론자들, 실력양성론자들, 무장투쟁론자들이 힘을 합쳐서 그야말로 민족을 대표하는 유일한 정부로써 큰 역할을 하였습니다.

■ 대한민국 임시정부의 활동

임시정부가 만들어지고 여러 활동들을 했습니다. 먼저 국내와 임시정부의 연락을 위해 연통제(국내의 도, 군, 면에 독판, 군감, 면감 등의 책임자를 두고 서울에 총판을 두어 임시정부의 명령을 전달하고 군자금 모집, 정보 보고에 이용하였던 비밀 연락 조직망입니다)와 교통국(정보 수집,

대한민국 임시정부 유적지 외부(왼쪽)와 내부(오른쪽) : 상하이 소재

분석, 연락을 담당한 통신기관)이 만들어졌죠. 이러한 연락 조직을 통해 애국공채(독립운동 자금을 걷으면서 준 일종의 채권입니다. 상하이 임시정부와 미주 구미위원부가 각각 발행 권한을 갖고 있었죠. 상하이 임시정부는 한문으로 발행하였고, 구미위원부는 임시정부에 보낼 돈을 모금하면서 미주 동포들에게 영문으로 발행하였죠)를 발행하고 의연금(독립운동 지원금)을 모집했어요. 만주의 이륭양행(교통국이 이곳에 설치되어 활동하였죠. 아일랜드인 조지 쇼가 경영한 무역회사였는데, 임시정부 활동에 도움을 주었죠), 부산의 백산상회 등을 통해 의연금을 모으기도 했고요. 그러나 연통제는 일제에 의해 발각되어 1921년에 사실상 와해되었습니다.

이 외에도 『독립신문』(임시정부 기관지, 이광수가 사장 겸 주필이었죠. 국한문 혼용으로 발행) 발행, 사료편찬소(일제의 침략에 대한 우리 민족의 저항 자료들을 모아 『한·일 관계 사료집』을 간행하여 국제연맹에 제출) 설치, 외교 활동(파리위원부에 김규식을 외교 총장으로 임명하고, 구미위원부에 이승만을 임명하였으며, 제2인터내셔널 회의에 조소앙을 참가시켜 「한국민족 독립결정서」를 통과시켰죠), 군사 활동(광복군사령부, 광복군 총영, 서로군정서, 북로군정서, 육군 주만 참의부 등을 통하여 무장투쟁을 하였죠. 또 중국 정규 군사학교에 우리 젊은이들을 입학시켜 훈련을 시키고, 미국에 한인 비행사 양성소를 설치하기도 하였죠) 등을 하였습니다.

   연통제를 이용하여 했던 활동 중에는 '의친왕 탈출 시도 사건(1919)'이 있습니다. 의친왕은 고종의 다섯째 아들 이강입니다. 임시정부에서는 연통제를 통하여 의친왕의 탈출을 추진하였죠. 그러나 의친왕이 압록강을 건너자마자 중국 안동(현재 단동)에서 일본 경찰에게 체포되어 이 계획은 실패로 돌아갔습니다. 만약 이 사건이 성공하여 의친왕이 임시정부에 참여하게 되었다면 어떻게 되었을까요?

   드라마 「궁」은 해방 이후 왕조가 다시 들어서서 우리나라가 입헌군주제 국가가 되어 황실이 존재한다는 가상현실을 배경으로 했습니다. 이 드라마에서는 해방 이후 우리나라가 입헌군주제 국가가 된 상황을 자막으로 설명하였습니다. 일제 강점기에 독립운동을 이끌었던 황족이 우리 민족의 전폭적인 지지로 황제에 즉위하게 된 것으로 가상 역사를 설명하였죠. 「궁」은 의친왕이 탈출에 성공하여 임시정부에 참여하였다면 실제 역사가 되었을지도 모르는 이야기입니다. 역사에 가정은 없기 때문에 가상 역사일 뿐이긴 하지만요.

■ 국민대표회의 이후
   침체에 빠지다

                              이렇게 임시정부에서는 나름대로 활동을 했지만 실제로 외교적인 성과가 이루어지지는 않았습니다. 이러한 가운데 1921년 연통제, 교통국 조직이 일제에 발각되어 무너졌고, 의연금 모집이 중단되었습니다. 게다가 국무총리 이동휘는 이승만의 국제연맹 위임통치 청원에 대해 공격하며 대통령제 폐지를 주장하였습니다. 대다수의 국무위원들이 대통령제 유지를 결정하자 이동휘는 임시정부를 탈퇴하였죠.

하지만 임시정부 개조를 요구하는 주장이 계속 나오기 시작하였고, 이를 지지하는 안창호 역시 임시정부를 떠났습니다. 이렇게 침체에 빠진 임시정부의 진로를 두고 신채호 등 중국 관내 세력과 만주, 연해주의 무장 세력들의 요구로 끝장 토론이 열렸습니다. 그게 바로 1923년에 열린 국민대표회의인데, 여기서도 두 파로 갈려 싸웠어요. 개조파와 창조파. 먼저 개조파는 임시정부를 유지하며 일부만 개편하자는 주장이었죠. 실력양성론, 무장투쟁론 일부가 주장하였습니다. 다음으로 창조파는 임시정부를 해체하고 새로운 정부를 수립하자는 것이죠. 상하이를 떠나 연해주를 중심으로 새 정부를 세우고 무장투쟁하자는 주장이었습니다.

이렇게 대립하다 갈등은 점점 커지고 결국 결론도 없이 흐지부지 끝나고 말았습니다. 이후 대부분의 임시정부 인사들이 떠났습니다. 이러한 노선 갈등으로 결국 임시정부는 분열하였던 것입니다. 1925년에는 불법적 외교 활동, 임시정부 침체의 책임 등을 들어 이승만 대통령을 탄핵하고 박은식을 제2대 대통령으로 추대하였습니다. 1925년 개헌을 통해 국무령 중심 집단지도체제로 바꾸기도 했지만 침체를 극복하지는 못했습니다. 이러한 임시정부의 위기로부터 탈출하기 위해서 김구는 한인애국단을 조직했습니다(1931). 한인애국단은 뒤에 의열 투쟁에 대해 배울 때 더 자세하게 살펴보겠습니다.

3.
응답하라 1927

■ 민족주의 운동과
사회주의 운동의 분열

응답하라 1927! 1927년은 신간회가 결성된 해입니다. 신간회는 민족주의 운동과 사회주의 운동이 힘을 합쳐 조직된 민족유일당이었습니다. 3·1운동 이후 사회주의가 들어오면서 우리 독립운동가들은 민족주의 운동과 사회주의 운동으로 분열하였습니다. 1920년대 두 세력은 나름대로 독립운동을 전개했지만 별 다른 성과를 얻지 못하였죠. 그래서 다시 두 세력이 하나로 뭉쳐 독립운동을 하기 위해 만든 조직이 신간회였던 것입니다. 그렇다면 민족주의 운동과 사회주의 운동은 어떻게 분열하게 되었는지부터 살펴보도록 합시다.

일제가 문화통치를 내세우면서 집회, 결사의 자유가 일부 허용되자 국내 민족운동도 숨통이 트여 일제 강점기 중 가장 활발한 활동을 전개하게 됩니다. 특히 3·1운동 직후 사회주의가 우리나라에 들어오면서 민족운동의 흐름은 크게 둘로 나누어졌습니다. 좌와 우, 즉 사회주의(계급해방 주장)와 민족주의(민족해방 주장)로 나누어졌습니다.

민족주의 계열의 민족운동에 대해 먼저 살펴봅시다. 민족주의 계열의 흐름은 국권 피탈 직전의 애국계몽운동의 흐름을 계승한 실력양성운동입니다. 일제가 문화통치라는 부드러운 통치 방식으로 전환하자 즉각적인 독립이 어렵다고 생각한 일부 지식인들이 사회진화론의 시각으로 전개하기 시작했습니다. 애국계몽운동처럼 교육과 산업을 강조하여 공부하고 돈 벌어서 실력을 키우자는 거죠. 산업 측면에서 물산장려운동, 교육 측면에서 민립대학설립운동, 한글보급운동 등을 벌였습니다. 실력양성운동의 배경이 되는 사상이 사회진화론입니다. 강한 사람(국가)이 발전하고 약한 사람(국가)은 도태된다는 적자생존의 논리죠. 이는 강한 사람(국가)이 약한 사람(국가)을 지배하는 제국주의 침략을 긍정하는 논리입니다. 이러한 타협적 측면을 갖고 있던 실력양성운동은 사회주의, 무장투쟁에 부정적이었고, 일제는 이를 분열통치에 이용하였습니다.

사회주의 계열의 민족운동에 대해 살펴봅시다. 사회주의 사상은 3·1 운동 이후 1920년대에 들어왔습니다. 사회주의 세력은 1925년 조선공산당을 결성하고, 조선노동총동맹, 조선농민총동맹 등을 중심으로 노동운동, 농민운동을 이끌어나갔습니다. 이에 일제는 치안유지법(1925)을 제정하여 사회주의를 탄압하였지만 사회주의의 영향을 받아 청년운동, 여성운동, 소년운동, 노동운동, 농민운동, 형평운동 등 사회 경제적 운동은 더욱 활성화되었습니다. 이와 같이 독립운동 진영은 점차 사회주의계와 민족주의계가 대립하며 분열하게 되었습니다.

■ 우리가 만들어 우리가 쓰자

먼저 물산장려운동을 살펴봅시다. 일제가 1920년 회사령을 철폐하자 일본 자본의 침투가 크게 늘어나고

조선인 기업(경성방직주식회사, 평양메리야스공업, 평양고무신공업 등이 대표적이죠)
도 많이 설립되었습니다. 특히 부산의 백산상회는 국내의 독립운동 자금
을 모아 임시정부에 전달하던 대표적 민족 기업이었습니다. 그러나 이 사
실을 알아낸 일제의 수사와 탄압으로 결국 1927년 해산되었죠.

민족주의 계열에서는 이러한 일본의 경제적 침투에 맞서 민족 기업을
육성하자는 취지에서 조만식을 중심으로 평양에서 물산장려운동을 시
작하였습니다(1920). 이러한 흐름이 전국으로 확산되면서 서울에서는 조
선물산장려회를 조직하였습니다(1923). 이 운동에서 내세운 대표적 구호
는 '내 살림 내 것으로', '조선 사람 조선 것으로', '우리는 우리 것으로만
살자.' 한마디로 말하면 토산품애용운동이죠. 다음은 「조선물산장려회
취지서」중 일부입니다.

> 우리는 이와 같은 견지에서 우리 조선 사람의 물산을 장려하기 위하여
> 조선 사람은 조선 사람이 지은 것을 사 쓰고, 조선 사람은 단결하여 그
> 쓰는 물건을 스스로 제작하여 공급하기를 목적하노라.

한마디로 가재는 게 편, 초록은 동색. 이때는 나라가 없으니 토산품
애용운동입니다. 요즘의 국산품애용운동처럼 우리 산업을 보호하기 위
한 목적이죠. 우리 스스로가 만든 토산품을 많이 쓰자는 운동입니다. 이
와 함께 근검(아껴서) 저축하고, 금주(술을 끊음), 단연(담배를 끊음) 운동도 이
루어집니다. 또한 자작회, 자작자급회, 조선상품소비조합, 토산장려회, 토
산애용부인회 등도 결성되어 물산장려운동이 확산되었습니다. 하지만 민
족 기업의 수가 절대 부족(전체 자본의 10%도 되지 않았으니까요)하였기 때문
에 수요만 늘어나고 공급은 그대로였습니다. 그러자 사회주의 계열에서는

조선물산장려회 포스터(왼쪽)와 물산장려운동 속에 나온 신문 광고(오른쪽)

토산품을 사려는 사람들은 많아졌는데 토산품을 만드는 민족 기업의 숫자는 그대로여서 물가만 올라 조선인 사업가와 상인들의 배만 불리게 되었다고 비판했죠. 또 박영효, 유성준 등 친일 세력까지 이 운동에 참여하자 이에 반발한 일부 민족주의자들(이상재, 안재홍 등)이 이탈하면서 흐지부지 끝이 났습니다.

■ 민립대학설립운동

민립대학설립운동은 한마디로 대학을 백성(民)들이 세우자(立)는 운동입니다. 당시의 지배층은 일본 침략자들이고 백성들은 우리 민족이었으니 우리 민족이 대학을 세우자는 거였죠. 대학을 세우기 위해서는 돈이 필요하니까 모금 운동('한민족 1천만이 1원씩'이라는 구호를 내세웠죠)을 추진할 단체가 필요했습니다. 그래서 조선교육회를 중심으로 이상재, 이승훈 등이 민립대학설립기성회를 조직하였습니다(1923). 우리 민족이 만든 대학에서 우리 민족이 공부하면 우리 민족이 똑똑해지겠죠? 당연히 일제는 모금 운동을 감시하고 방해하는 등 탄압을 가하고, 때마침 발생한 가뭄, 수해 등으로 모금 운동이 저조하여 결국 실패하고 말았습니다.

사회주의 계열에서는 이러한 민립대학설립운동에 비판적이었는데, 민립대학이 생겨도 가난한 농민, 노동자들은 들어갈 수 없기 때문이었죠. 이런 와중에 일제는 경성제국대학을 설립(1924)하여 선수를 쳤습니다. 한마디로 대학을 만들어줄 테니까 가만히 있으라는 거였죠. 일제의 속셈은 조선에 살고 있는 일본인들에게 대학 교육을 시키고(전체 정원의 3분의 2는 일본인 학생) 조선인들에겐 생색만 내면서 실제로는 친일파, 지주 등 일부 상류층에게만 대학 교육을 시키겠다는 의도였습니다.

■ 한글보급운동

한글보급운동은 농촌계몽운동과 함께 이루어졌습니다. 1930년대 초에는 언론기관을 중심으로 한글보급운동이 벌어졌습니다. 『조선일보』의 문자보급운동(1929), 『동아일보』의 브나로드 운동(1931)이 이루어졌습니다. 『조선일보』는 '아는 것이 힘, 배워야 산다'는 구호를 내세우며 『한글 원본』이라는 한글 교재를 제작하여 전국에 보급하고, 농촌에서 문자보급운동을 전개하였죠. 『동아일보』는 '배우자, 가르치자, 다 함께 브나로드'라는 구호를 내세웠죠. 브나로드는 러시아 말로 브(~속으로) 나로드(민중), 즉 민중 속으로 지식인들이 들어가 민중을 계몽하자는 운동이었습니다. 그런데 민중은 어디에 있죠? 민중의 대부분은 농민이었으니까 농촌으로 내려가 농민들을 계몽하자는 것이죠. 계몽하기 위해서는 먼저 글을 알아야겠죠? 그래서 농민들에게 글을 가르

치는 한글보급운동이 이루어진 것입니다. 브나로드 운동에 참여한 도시의 학생들은 농촌에 내려가 야학을 개설하여 한글을 가르치고, 음악, 연극 공연 등 문화 운동을 벌였습니다. 또 미신 타파, 구습 제거, 근검절약 등 계몽 활동을 하였습니다. 이러한 한글보급운동이 민족의식을 고취하자 일제는 1935년 모두 중단시켜버렸습니다. 이 밖에도 조선어학회에서는 조선어 강습회를 열어 한글보급운동을 하였습니다.

■ 일제와 타협한 자치 운동

이러한 실력양성운동의 결과 민족주의 세력의 일부(이광수, 최린, 김성수. 최린은 천도교 대표로 3·1운동 민족 대표였고, 이광수는 일본 유학 중 2·8독립선언을 작성하고, 상하이 임시정부에 참여하여 『독립신문』의 사장 겸 주필이 되었던 사람이죠. 임시정부를 떠나 귀국한 이광수는 최린의 도움을 받아 천도교 활동을 하게 되었죠. 그래서 귀국 직후 그의 글들은 천도교계 잡지였던 『개벽』에 실렸습니다)는 민족성 개조론(1922년 이광수는 『개벽』에 실은 「민족개조론」이라는 글을 통해서 이런 주장을 했죠), 자치운동(1923년 『동아일보』에 들어간 이광수는 『동아일보』에 「민족적 경륜」이라는 글을 썼습니다. 『동아일보』를 창간한 김성수도 자치운동에 나섰죠. 최린 역시 조선독립은 불가능하므로 조선의회 설치를 요구하자는 주장을 하면서 자치운동에 참여하였죠)을 내세우며 일제의 침략과 지배를 인정하였습니다. 그리고 이들은 일제에게 길들여진 충성스러운 개가 되어 점차 일제에게 적극적으로 협조하는 친일파로 변절하였습니다. 다음은 「민족개조론」 중 일부입니다.

우리 민족의 성질은 열악합니다. 그러므로 이러한 민족의 장래는 오직 쇠퇴로 점점 떨어져가다가 마침내 멸망에 빠질 길이 있을 뿐입니다.

우리의 민족성이 나쁘니까 일본의 지배를 받으며 좋은 민족성으로 개조해야 한다는 미친 주장이죠. 다음은 「민족적 경륜」 중 일부입니다.

조선 내에서 허용되는 범위에서 일대 정치적 결사를 조직하여야 한다는 것이 우리의 주장이다.

이광수는 이 글에서 항일 무장투쟁을 비난하면서 일제의 지배를 인정하고 일제에게 자치권을 얻자는 주장을 하며 일제에게 자치를 구걸하였죠. 이렇게 일제의 침략을 인정하고 타협하여 조선인들의 자치권, 참정권을 구걸하는 타협주의는 결국 아무런 성과를 내지 못한 채 1930년대 초 흐지부지 끝났죠. 이후 타협주의자들은 비타협주의자들과 결별하고 완전 친일파로 변절하여 민족말살통치에 앞장서게 된답니다.

■ 민족의 단결만이 살 길이다

우리는 민족의 단결을 공고히 해야 합니다. 그러나 타협주의자들과 같이 할 수는 없습니다.

맞습니다. 우리는 기회주의를 단호히 배격해야 합니다.

비타협적 민족주의 계열 **+** 사회주의 계열 → 신간회

         1924년 중국의 국민당과 공산당이 일제에 대항하기 위해 힘을 합친 제1차 국·공 합작이 이루어졌습니다. 이러한 중국인들의 모습은 우리 민족에게도 큰 영향을 주어 안창호 등 중국에서 활동하던 독립운동가들이 모여 한국독립유일당 북경촉성회가 만들어졌죠(1926). 또한 국내에서는 6·10만세운동의 실패 이후 독립운동의 분열에 대한 반성 속에 민족유일당 운동이 일어났습니다. 그 결과 나타난 대표적 단체가 신간회(1927)와 자매단체인 근우회(1927)입니다. 조선민흥회(1926, 조선물산장려회의 비타협적 민족주의 세력과 서울청년회의 사회주의 세력이 결합. "조선민흥회는 조선 민족의 공동 권익을 쟁취하고, 조선민의 단일 전선을 결성할 목적으

로 창설되었다.") 결성, 정우회 선언(1926, 6·10만세운동 이후 사회주의 세력이 결성한 정우회는 비타협적 민족주의 세력과 제휴 필요성을 강조하는 선언을 발표하였죠. "민족주의적 세력에 대하여는 그 부르주아 민주주의적 성질을 분명히 인식함과 동시에 과정상의 동맹자적 성질도 충분하게 승인하여, 그것이 타락되지 않는 한 적극적으로 제휴하여") 등으로 이어져 결국 신간회가 결성되었습니다. 이어 자매단체인 근우회(여성민족유일당. "조선 자매 전체의 역량을 공고히 단결하여 운동을 전반적으로 전개하지 아니하면 아니 된다." 「근우회 취지문」)가 결성되었고, 만주의 동포들도 3부 통합운동(1928, 만주)을 통하여 혁신의회와 국민부를 결성하였습니다.

■ 신간회의 활동

이렇게 신간회는 한마디로 비타협적 민족주의계와 사회주의계의 좌우 합작 단체였습니다. 신간회의 강령을 살펴보면 다음과 같습니다.

'우리는 정치적·경제적 각성을 촉진함.'(정치적·경제적 각성은 계급의식을 갖기 위해서 필요한 것이죠. 즉 사회주의자들의 의견이 반영되었음을 알 수 있죠.)
'우리는 단결을 공고히 함.'(민족유일당 운동에 의해 결성되었음을 알 수 있죠.)
'우리는 기회주의를 일체 부인함.'(기회주의란 타협주의를 말합니다. 민족성 개조론-조선인의 민족성이 열등하므로 일본의 지배를 받는 것이니까 독립보다는 먼저 민족성을 개조하여야 한다는 주장-과 자치운동-즉시 독립은 사실상 불가능하므로 참정권과 자치를 요구하자는 주장-으로 결국엔 친일파로 변절하였죠. 즉 타협주의를 독립운동에서 제외시킨다는 것을 강조한 것입니다.)

신간회는 전국 순회강연, 노동야학, 교양강좌 등 민중 계몽 활동, 노동·농민운동, 만주 독립군 지원, 수재민 구호 활동, 광주학생항일운동 등을 후원(3·1운동과 같은 전국적인 항일 운동으로 확산시킬 계획을 세웠지만 허헌, 홍명희 등이 검거되면서 실패하였죠)하였습니다. 신간회는 143개 지회를 둔 일제하 최대 규모 반일 단체로서 약 2만 명의 회원에 전국에 지회를 설립하고, 만주·일본에도 지회를 설립한 합법 단체였습니다.

■ 신간회의 해소

그러나 신간회 본부의 모든 집회를 금지하는 등 일제의 탄압이 강화되었고, 비타협적 민족주의자들 중 일부가 타협주의자들과의 제휴론을 주장하면서 사회주의자들이 불만을 갖기 시작하였죠. 또한 코민테른(사회주의 세력의 국제조직으로 각국의 사회주의자들에게 지침을 내리는 등 영향력을 행사하였죠. 당시 코민테른은 소련의 스탈린이 절대적 영향력을 행사하고 있었는데, 소련 중심 사회주의 국제조직이라고 보면 됩니다)의 좌우 합작 해소 지침이 내려지자 사회주의 계열은 각 지회별 해소 투쟁을 통해 결국 신간회를 해소하였습니다.

■ 청년·학생운동

청년운동은 조선청년총연맹(1924)을 중심으로 이루어졌습니다. 역시 사회주의계와 민족주의계가 대립하다가 신간회 창립을 계기로 청년운동도 좌우 합작이 이루어져 조선청년총동맹이 재정비되어(1927) 정치·경제적 민족운동을 전개해갔습니다. 3·1운동 이후

1920년대 초부터 학생들은 식민지 교육에 대한 반발로서 동맹휴학(한마디로 집단 결석을 하는 거죠) 등 투쟁을 시작하였습니다. 주로 학내 문제 해결을 요구하거나, 조선인에 대해 차별하고 '조선인은 썩은 민족'이라고 모욕한 일본인 교사들을 배척하기 위해 투쟁하는 경우가 대부분이었죠.

이렇게 학생들의 항일의식이 높아져가는 가운데 6·10만세운동(1926)이 일어났습니다. 1926년 4월 25일 마지막 황제 순종이 숨을 거두자 전국적인 추모 열풍이 일어나 곳곳에서 백성들이 머리를 풀고 왕궁을 향해 땅바닥에 엎드려 곡을 하였습니다. 창덕궁 앞은 통곡하는 백성으로 인산인해를 이루었죠. 순종의 인산일이 6월 10일로 정해졌습니다. 인산일에는 마지막 임금이 죽었으니까 당연히 많은 사람들이 모이겠죠? 언제와 상황이 비슷한가요? 맞습니다. 3·1운동이 고종의 인산일 직전에 발생한 것과 같습니다.

독립운동가들과 학생들은 순종의 인산일 역시 제2의 3·1운동으로 발전시키려고 하였죠. 학생들, 천도교와 사회주의계가 힘을 합쳐 만세시위를 준비했습니다. 그러나 일제 역시 3·1운동이 되풀이되는 것을 막기 위해 감시를 철저히 하고 있었습니다. 결국 이러한 시위 계획은 발각되어 체포, 투옥되는 등 실패하였고, 조선학생과학연구회 등 학생 단체들만이 계속 시위를 준비하여 6월 10일 격문을 배포하고 만세시위를 전개하였습니다. 전국적으로 1,000여 명의 학생들이 투옥될 정도로 투쟁하였지만 이 운동은 더 이상 확산되지는 못하였습니다. 이러한 결과에 대해 각 진영은 민족운동의 분열을 반성하게 되었습니다. 민족주의계와 사회주의계가 하나로 합치는 계기가 되었던 것이죠. 결국 6·10만세운동은 좌우 합작, 민족유일당운동의 계기가 되었습니다.

6·10만세운동의 실패 이후에도 학생들은 독서회나 비밀결사 등을 조

직하여 학생운동을 계속하였고, 동맹휴학을 하며 일제에 대한 저항을 계속해나갔습니다. 특히 1920년대 후반 학생들은 식민지 교육 철폐, 조선인 본위의 교육을 요구하고, 조선인 교사가 조선어로 조선적인 내용을 가르칠 것을 주장하였습니다. 이러한 가운데 학생운동의 절정인 광주학생항일운동이 일어났습니다(1929). 원인은 일본인 학생의 우리나라 여학생에 대한 희롱 때문이었죠.

1929년 10월 30일 전남 광주에서 나주로 달리던 통학 열차 안에서 일본 남학생들이 조선 여학생 박기옥의 댕기머리를 잡아당기는 등 희롱을 하자 박기옥의 사촌동생이었던 박준채라는 조선 남학생이 항의하였습니다. 이어서 일본 남학생이 '센진' 하자마자 우리 학생이 일본 학생의 얼굴을 날려버렸죠. '센진'이라는 말은 '조센진'의 줄임말로 조선인을 비하하는 뜻으로 일본인들이 주로 썼던 말입니다. 이렇게 패싸움이 시작되어 경찰에 끌려갔는데, 조선 남학생들에게만 책임을 물었습니다. 11월 1일에 이 소식이 광주 지역 모든 학교에 퍼져 조선 학생들과 일본 학생들의 대규모 집단 패싸움이 벌어졌죠. 역시 일본 경찰들은 일본 학생들은 풀어주고 우리나라 학생들만 잡아갔어요. 여러분들이라면 열 안 받겠어요?

드디어 11월 3일 광주 지역 학생들 전체가 동맹휴학을 하고 거리로 뛰쳐나가 '조선 독립 만세'를 외치며 시위를 벌였고, 왜곡 보도를 한 일본어 신문인 『광주일보』에 몰려가 윤전기(신문 인쇄 기계)에 모래를 뿌리며 항의하였습니다. 이 소식이 전국에 알려지자 전국 곳곳의 학생들은 동맹 휴학과 시위를 전개하고, 시민들과 신간회가 가세하여 전국적인 대규모 민족운동으로 발전하였습니다. 만주, 일본에서도 지지 시위가 발생하였습니다. 이러한 전 민족적인 투쟁 열기를 더욱 확산시키기 위해 신간회에서는 대규모 민중대회를 개최하려고 했습니다. 그러나 이를 준비하던 신간회 간부들이 대대적으로 체포되어 실패로 돌아갔는데, 이를 민중대회 사건이라고 합니다.

이렇게 광주학생항일운동은 3·1운동 이후 최대의 민족운동이며, 검거자 석방, 언론·결사의 자유 보장, 식민지 교육 철폐, 조선인 본위 교육, 제국주의 타도를 주장한 학생운동의 꽃이었습니다. 그래서 지금도 학생의 날은 광주학생항일운동이 일어난 것을 기념하여 11월 3일이랍니다.

■ 노동·농민운동의 전개 과정

사회주의계의 대표적 활동이 노동·농민운동입니다. 보통 노동쟁의와 소작쟁의라고도 부르죠. 두 운동은 한 묶음으로 기억하는 것이 좋습니다. 두 운동의 공통점은 사회주의의 영향을 받았고, 생존권 투쟁이면서 항일 투쟁이라는 것입니다. 시기별로도 특징이 다른데 하나씩 살펴봅시다.

1920년대는 두 운동 모두 생존권 투쟁 시기입니다. 1920년 최초의 노동운동 조직인 조선노동공제회가 조직되었는데, 하부에 농민 조직을 만들어 농민운동을 지원하였습니다. 1924년에는 농민단체, 노동단체가 결합한 조선노농총동맹이 결성되었습니다. 농민운동에서는 소작료 인하,

소작권의 이전 반대, 지세 부담 전가 반대(지세는 지주가 내야 하는데, 지주가 소작인에게 지세를 전가하는 것에 반대하는 것이죠), 동척(동양척식주식회사) 이민(일본인 이민) 반대 등 생존권을 얻기 위한 투쟁을 하였죠. 농민들은 소작인 조합, 농민조합(자작농의 가입이 늘어나면서 소작인조합이 농민조합으로 개편) 등을 결성하여 더욱 힘찬 투쟁을 해나갔습니다. 노동운동 역시 임금 인상, 노동시간 단축 등 생존권을 개선하기 위한 투쟁을 하였습니다. 1927년 조선노농총동맹은 분리되어 조선농민총동맹(전국적인 농민 조직)과 조선노동총동맹(전국적인 노동자 조직)을 각각 조직하였습니다.

1920년대는 가장 활발하게 노동·농민운동을 벌였던 시기입니다. 가장 대표적 농민운동은 암태도 소작쟁의(1923)입니다. 전남 신안 암태도에서는 소작농들이 70%의 소작료를 내야 했습니다. 이에 농민들은 소작회를 조직하고, 지주에게 소작료를 40%로 인하할 것을 요구하였습니다. 지주는 깡패들을 끌어들여 농민들을 폭행하는 등 탄압하였습니다. 이에 농민들은 단식투쟁 등으로 맞서 약 1년 동안 투쟁하여 승리하였죠. 이 외에도 전국 각지의 동양척식주식회사의 농장과 일본인 지주의 농장 등에서도 소작쟁의(황해도 재령 소작쟁의, 평북 용천 불이흥업농장 소작쟁의 등)가 활발하게 일어났습니다. 당시 일제가 추진하고 있던 산미증식계획은 이러한 농민들의 투쟁으로 큰 타격을 받았습니다.

가장 대표적 노동운동은 원산 노동자 총파업(1929)입니다. 일본인 감독이 조선인 노동자들에게 툭하면 모욕을 주고, 폭행까지 한 사건이 발단이었습니다. 원산항 부두 노동자들을 중심으로 조직된 원산노동연합회의 주도하에 약 4개월 동안 원산 지역의 노동자들이 단결하여 투쟁하였지만 실패로 끝이 났습니다. 일제는 노동자를 다시 모집하고, 어용 노조를 동원해 노동자들끼리 싸우도록 이간질하고, 일본군까지 동원하여 탄압을 가하였죠. 파업이 장기화되면서 노동자와 그 가족들의 생계가 어려워지자 각지에서는 격려 편지와 성금 등을 보내 지원하였죠. 또한 파업기간 중 외국의 노동단체들까지 격려와 지지를 보내오는 등 국제적 연대가 이루어졌습니다. 그러자 일제는 원산노동연합회가 공산당과 연결되어 있다는 혐의로 대대적인 탄압을 가하였고, 결국 파업은 실패로 끝났습니다. 그러나 원산 총파업은 반일 운동의 성격을 보이기 시작한 총파업으로 이후의 노동·농민운동이 생존권 투쟁에서 항일 투쟁으로 전환되는 결정적 계기가 되었습니다. 이 외에도 부산 부두 노동자 총파업(1921), 목포 제유공장 파업(1926), 영흥 흑연광산 파업(1927) 등이 벌어졌습니다.

1930년대에는 경제공황으로 농민들의 생활이 더욱 어려워졌습니다. 일제는 농촌진흥운동(1932~1940)을 통해 농민들의 불만을 무마하려고 했죠. 농민들의 불만이 폭발하는 소작쟁의를 억제하기 위해 그동안 인정하지 않았던 소작권을 3년 기한으로 보장하는 등 유화책으로 대응했던 것입니다. 그러나 농민, 노동자들은 이에 맞서 생존권 투쟁을 넘어 항일 투쟁을 해나갔습니다. 농민운동에서는 식민지 지주제 철폐, 제국주의 타도를 내세우며 항일 투쟁을 하였고, 노동운동에서는 노동력 수탈 반대, 제국주의 타도를 내세우며 항일 투쟁을 해나갔습니다.

일제는 민족말살통치를 하면서 탄압을 더욱 강화하였죠. 결국 합법적 투쟁이 어려워지자 농민들은 비합법 혁명적 농민조합을 중심으로, 노동자들은 비합법 혁명적 노동조합을 중심으로 투쟁하였습니다. 1930년대 후반 이후 1945년까지는 일제의 탄압이 더욱 가혹해졌기 때문에 노동·농민운동이 큰 힘을 발휘하지 못했습니다.

■ 일제 강점기의 여성운동

여성운동은 민족주의 계열의 조선 여자교육회, 조선여자기독교청년회 등이 활동하였는데, 사회주의가 확산 되면서 조선여성동우회 등이 만들어졌습니다. 민족주의 여성운동은 여성들을 교육하여 여성에 대한 차별을 없애나가는 것을 목적으로 하였고, 사회주의 여성운동은 계급투쟁을 강조하며 여성도 남성들로부터의 차별에 대항하여 여성해방을 이룩해야 한다고 주장하였죠. 그러나 1927년 신간회 결성과 함께 여성계에서도 좌우 합작(민족주의 계열 여성과 사회주의 계열 여성의 좌우 합작이죠)으로 근우회를 결성하였습니다.

근우회는 '조선 여자의 공고한 단결을 도모함', '조선 여자의 지위 향상을 도모함' 등의 강령을 내세우며, 여성에 대한 차별 철폐와 여성들의 단결을 주장하였습니다. 또한 전국 각지와 간도, 일본 등에도 지회를 설치하고, 기관지 『근우』를 발간하였으며, 강연회, 부인강좌, 야학 등을 통해 여성해방운동을 전개하였습니다. 특히 여성들의 단결과 지위 향상에 노력하고, 노동운동, 농민운동에도 참여하였습니다.

이와 같이 일제 강점기에도 여성운동이 활발하게 일어난 이유는 일제가 여성들을 법적으로도 차별하였기 때문입니다. 여성들이 재산의 소유권, 처분권 등을 가질 수 없도록 하였고, 재산 상속, 친권 행사도 차별받았죠. 또한 남편의 동의가 없으면 여성은 직업을 가질 수 없었으며, 임금 차별도 심하여 보통 남성의 절반 임금을 받고 일할 수밖에 없었습니다. 이러한 일제 강점기의 법률은 해방 후에도 영향을 주어 1980년대까지 딸들은 아들들에 비해 재산 상속에 불이익을 받는 것이 당연하였답니다. 1991년부터 아들, 딸 모두에게 똑같이 재산을 상속하도록 바뀌었죠.

■ 일제 강점기의 소년운동

'어린이'라는 말은 지금은 일반적으로 사용되고 있습니다. 그러나 이 말은 방정환이 처음 쓰기 시작한 당시의 신조어였죠. 소년운동은 방정환이 이끌었던 천도교 소년회(방정환은 천도교 교주 손병희의 사위였죠. 천도교는 인내천 사상에 따라 어린이도 차별하지 말 것을 주장해왔습니다. 특히 2대 교주 최시형은 "어린아이를 때리지 마라. 한울님을 때리는 것이니라."라고 말하며 어린이를 존중할 것을 강조하였죠. 이러한 동학과 그 사상을 이어받은 천도교의 어린이 존중사상을 방정환이 실천하였던 것이죠)가 1922년 등장하면서 시작되었습니다. 1922년 세계 최초로 어린이날을 제정하고, 1923년 『어린이』라는 잡지를 창간하였으며, 1927년에는 조선소년연합회라는 전국적 조직이 결성되어 소년운동을 전개하였습니다.

■ 형평운동의 전개

사회주의가 들어오면서 평등의식이 더욱 확산되었습니다. 사회주의의 영향을 받아 백정 출신들이 일으킨 것이 바로 형평운동(1923)입니다. 물론 갑오개혁 때 신분제가 없어지면서 백정에 대한 법적인 차별은 없어졌지만 실제 생활에서 백정들에 대한 차별은 계속되었지요. 일제 지배 하에서도 백정들에 대한 불평등은 사라지지 않았어요(호적에는 '屠漢', 즉 '도살하는 놈'이라는 뜻의 신분 표시를 하였습니다. 이름 위에 붉은 점을 찍어 백정을 표시하기도 했죠. 또 입학 원서, 취업 이력서에는 신분을 기록하게 되어 있었기 때문에 백정들은 자식을 학교에 보내거나 다른 직업을 가질 수가 없었죠. 백정의 자식들이 학교에 입학하려면 다른 학부모들이 들고일어나 반대를 하였고, 설사 입학하더라도 왕따 등 괴롭힘을 당하여 자퇴하는 경우가 대부분이었죠).

더 이상 참을 수 없었던 백정들은 자신들에 대한 차별을 철폐하고 평등한 대우를 요구하는 신분차별 철폐운동, 즉 형평운동 (백정들이 고기 무게를 재던 저울이 형(衡)입니다. 자신들에게 저울처럼 평등한 대우를 해달라는 뜻이었죠)을 시작하였습니다. 진주에서 조선형평사라는 조직을 만들면서 출발했습니다. 이후 형평운동은 신분해방운동을 넘어 민족해방운동으로 발전해나갔습니다. 그러나

형평운동 포스터

1930년대 중반 이후 일제의 탄압이 강화되면서 형평운동은 순수한 경제적 이익 향상 운동으로 변화하였습니다.

★ **영화**와 **드라마**로 **역사** 읽기 – **드라마** 「토지」

드라마 「토지」는 박경리의 동명소설 원작을 각색한 작품입니다. 동학농민운동 등 구한말부터 일제 강점기를 배경으로 여러 인물들의 다양한 삶을 시기마다 다룬 드라마입니다. 특히 1923년 형평운동을 묘사하거나 1929년 광주학생항일운동을 다루기도 하였습니다.

먼저 형평운동은 백정들의 차별받는 실태를 보여주었습니다. 백정 출신 어머니를 두었다는 이유로 학교에서 아이들에게 백정이라고 왕따당하고, 결국엔 학교에서 퇴학당하는 일이 벌어지죠. 이러한 차별에 저항하기 위해 진주에서는 조선형평사가 조직되어 형평운동을 시작하는 모습이 나왔습니다.

또 광주학생항일운동이 일어나자 전국의 학생들이 일제에 항의하기 위해 시위를 계획하고 진행하는 장면이 묘사되었습니다. 일본인 학생들의 여학생 희

롱과 이에 따른 한국인 학생들과 일본인 학생들 사이의 집단 패싸움을 진주에서도 일어난 것처럼 묘사하여 광주학생항일운동이 일어나게 된 이유를 설명하기도 하였습니다.

■ 우리의 말과 글을 지킨 조선어학회

국어 연구에서는 이윤재, 최현배 등이 주시경의 국문연구소를 계승하여 조선어연구회를 창립하였습니다 (1921). 다음은 당시 국어학자와의 가상 인터뷰입니다.

▷ 기자 : 조선어연구회에서는 어떤 활동을 하였나요?

▶ 국어학자 : 잡지 『한글』을 간행하였고, 가갸날(한글날)을 제정하였으며, 강연회·강습회를 통하여 한글을 보급했습니다.

▷ 기자 : 1931년에는 조선어연구회를 확대 개편하여 조선어학회가 만들어졌습니다. 조선어학회는 어떤 활동을 하였나요?

▶ 국어학자 : 한글 교재를 편찬하고, 한글 맞춤법 통일안과 표준어를 제정하였으며, 외래어 표기법 통일안을 작성하였습니다. 또 『우리말 큰 사전』 편찬을 시도하였으나 조선어학회 사건(1942, 치안유지법 위반으로 이윤재, 이극로, 최현배, 한징 등 회원들을 투옥하는 등 탄압하였죠. 특히 이윤재와 한징은 고문을 당하다 사망하였습니다)으로 해산당하여 결국엔 해방 후에 편찬되었습니다.

다음은 조선어학회 사건 당시 고등계 형사들의 심문 내용 중 일부입니다.

"대일본 황국신민으로서 조선말은 무엇 때문에 연구하며, 조선 글은 무엇 때문에 연구하느냐? 철자법을 통일해서 무엇을 하며 표준어를 사정하여 무엇에 쓰자는 것이냐? 한글 잡지는 무슨 목적으로 만들어내며 조선말 사전은 무슨 필요로 만들자는 것이냐?"

■ 일제의 역사 날조였던 식민사관

일제는 조선인의 민족성이 열등하다고 보고 식민 지배를 받는 것을 당연한 것으로 합리화하기 위한 목적에서 우리 역사를 왜곡하였습니다. 이러한 사관을 식민사관이라고 하죠. 그럼 식민사관이란 무엇인가 하나씩 살펴보겠습니다.

먼저 타율성론은 우리 역사가 외세에 의해 침략·간섭당하는 역사라는 주장입니다. 만선사관(조선의 역사는 만주 지역의 상황 변화에 따라 영향을 받는 타율적인 역사라는 주장), 반도적 성격론(한반도는 대륙에 붙어 있는 반도로서 타율적인 역사가 될 수밖에 없다는 주장), 한반도 흉기론(대륙에 붙어 있는 한반도는 일본을 향해 튀어나온 칼과 같은 흉기이므로 일본의 방어를 위해서는 흉기인 조선을 지배해야 한다는 주장), 사대주의론(조선인은 사대주의적인 민족성을 갖고 있기 때문에 외세에 아부하는 타율적인 역사라는 주장) 등이 이에 해당합니다. 그러나 우리 역사를 살펴보면 일제 강점기를 제외하고는 외세의 지배를 받은 적이 없고, 세계 최강의 수나라와 당나라를 격퇴하고, 몽골의 침략에도 당당히 맞선 자주적인 역사를 갖고 있습니다. 오히려 반도이기 때문에 고구려와 백제는 대륙 쪽과 바다 쪽 모두 세력을 확대하였습니다.

다음은 정체성론입니다. 정체성론은 개항 당시 조선이 10세기 말 고대 일본의 수준에 정체되어 있던 발전이 없는 역사로서 일본에 의해 비로소 근대화가 이루어졌다는 주장입니다. 우리 역사에는 서양 중세, 일본 막부 시대와 같은 주종제, 장원제 등이 나타나는 봉건제가 없다는 것이죠. 중세사회로 발전하지 못하고 고대사회에 머물러 있다는 주장입니다. 그러나 우리 민족은 조선 후기에 근대사회를 향해 나아가고 있었습니다. 일제의 침략과 지배가 없었다면 우리 스스로의 힘으로 근대사회를 이룩할 수 있었습니다. 오히려 서양 중세, 일본 막부에만 특이하게 존재했던 주종제 등을 전 세계 역사에 적용한다는 것이 말이 안 됩니다. 성리학 등의 정신문화, 아름다운 도자기 문화, 금속활자 기술로 발달한 인쇄 문화 등이 고도로 발달하였던 우리 문화가 일본 막부 시대의 문화보다 더욱 뛰어났다는 것이 그 증거입니다.

다음은 당파성론입니다. 우리 역사는 당파 싸움을 일삼으며 항상 분열하고 갈등하는 역사라는 주장입니다. 그 증거로 제기하는 것이 붕당 싸움인데, 이것은 오히려 근대 민주주의 발전 과정에서 나타난 정당제와 비슷합니다. 우리의 붕당은 정파적 성격과 함께 학파적 성격을 띠고 있기 때문에 더욱 논리적인 정쟁을 할 수 있었습니다. 일제는 우리 민족의 당파성을 주장하기에 앞서 일본이 개항 직전까지 천 년 동안 막부 시대가 계속되면서 제대로 된 중앙집권국가가 성립된 적이 없었음을 먼저 설명해야 할 것입니다. 항상 분열되어 있던 것은 오히려 일본이었으니까요.

다음은 일선동조론입니다. 일본과 조선은 같은 조상에서 출발한 한 민족이라는 주장입니다. 그러니까 일본이 조선을 지배하는 것은 당연하다는 거죠. 우리 민족이 건너가 일본의 국왕 가문이나 고대 일본의 지배층을 형성했다는 것은 잘 알려진 사실이죠. 일선동조론이 옳다고 한다면 오히려 우리가 일본을 지배하는 것이 맞습니다. 고대의 뿌리가 같거나 비슷하다고 하여 이미 다른 민족이 된 두 민족을 다시 하나로 만든다는 것은 말도 안 되죠.

끝으로 임나일본부설입니다. 4세기 일본 야마토 정권이 한반도 남부 지방에 임나일본부를 설치하여 지배했다는 주장입니다. 즉 원래 조선을 지배했던 일본이 조선을 다시 지배하는 것은 당연하다는 주장이죠. 그러나 일본이라는 나라 이름도 없던 당시에 한반도 남부를 지배하였다는 것은 얼토당토않은 주장입니다.

ㆍ이러한 식민사관에 입각하여 조선총독부는 1922년 조선사편찬위원회(1925년 조선사편수회로 개편, 1928년 최남선은 조선사편수회 위원이 되었죠. 최남선은 일제 말기 학병 지원을 권유하러 다니고, 중추원 참의, 만주건국대 교수 등을 맡아 친일파로 변절하였죠)를 조직하여 우리의 민족정신을 말살하고 일제의 식민 통치를 합리화하기 시작하였습니다. 이렇게 우리 역사를 왜곡한 결과물이 바로 『조선사』입니다. 청구학회 역시 식민사관으로 우리 역사를 왜곡한 조선총독부의 어용 학회입니다.

■ 식민사관에 맞서 싸운
　우리의 역사학자들

　　　　　　　　우리 역사학자들도 식민사관에 맞서 연구를 하였는데 크게 민족주의 사학, 사회경제 사학, 실증주의 사학으로 나눠 볼 수 있습니다. 다음은 우리 역사학자들의 가상 토론입니다.

▷ 사회자 : 민족주의 사학에서는 독립운동의 한 방법으로 한국사를 연구하였습니다. 먼저 박은식 선생님은 『한국통사』를 저술하셨는데, 어떠한 내용인가요?

▶ 박은식 : 『한국통사』는 흥선대원군 시기부터 국치일까지 일제의 한국 침략 과정을 기록하였습니다. 저는 또 『한국독립운동지혈사』를 저술하여 갑신정변부터 1920년까지 우리 민족의 독립운동 과정을 기록하였습니다. 또한 저는 민족 혼(魂)이 중요하다고 생각합니다. 우리 민족의 역사 등 민족 혼을 지키면 나라를 되찾을 수 있을 것입니다.

▶ 신채호 : 저는 먼저 구한말 『대한매일신보』에 『독사신론』을 연재하여 민족주의 역사관의 방향을 제시한 바 있습니다. 일제의 강점 이후 고대사 연구에 주력하였는데, 식민사관의 타율성론, 정체성론을 비판하는 데 앞장섰습니다. 또 『조선상고사』를 저술하여 단군부터 백제 멸망까지 민족주의적인 입장에서 서술하고, 역사를 아(我)와 비아(非我)의 투쟁이라고 정의하였습니다. 또한 『조선사연구초』를 저술하여 묘청의 서경천도 운동을 조선역사상 일천년래 제일대사건으로 높이 평가하고, 우리 민족 고유의 낭가사상 등 자주성을 강조하였습니다.

▶ 정인보 : 1930년대 이후로는 저를 비롯해 안재홍, 문일평 등이 민족주의 사학을 계승하였습니다. 특히 저는 『조선사연구』를 저술하여 조선의 얼을 강조하였고, 문일평은 조선 심(心)을 강조하였죠. 이러한 입장을 계승하여 1930년대 중반 일어난 문화 운동이 바로 조선학 운동입니다. '문화가 살면 민족은 죽지 않는다.'는 주장을 하며 일제의 민족말살 정책에 저항하였습니다. 그러나 민족주의 사학은 민족을 강조하다 보니 실증적인 역사 자료의 뒷받침이 부족한 것이 단점이었죠.

▷ 사회자 : 사회경제 사학은 유물사관(사적 유물론)에 입각하여 한국사

를 체계화하였습니다. 백남운 선생님이 설명해주시죠.

▶ 백남운 : 저는 『조선사회경제사』를 저술하여 한국사를 세계사적 보편성의 시각에서 체계화하여 정체성론을 주장하는 식민사관을 비판하였습니다. 삼국 이전은 원시공산제사회, 삼국시대는 노예제사회, 신라 통일 이후 조선시대까지는 동양적 봉건사회, 개항 이후는 이식 자본주의사회로 파악하여 우리 역사에 봉건제가 없다고 주장하는 정체성론을 비판하였죠. 또 사회경제 사학에서는 민족주의 사학을 정신사관이라 하여 비판하였죠. 유물론에 의하면 정신은 실체가 없는 것이었으니까요. 사회경제 사학은 서양 역사와 다른 우리 역사를 서양 역사의 틀에 끼워 맞추려고 했다는 비판을 받기도 합니다. 저 이외에도 이청원, 이북만 등이 대표적인 학자들이죠.

▶ 이병도, 손진태 : 우리들은 실증 사학입니다. 진단학회를 중심으로 한국사를 연구하고 『진단학보』를 발간하였습니다. 랑케 사학의 기반 위에서 철저한 고증을 통한 객관적 역사 연구를 통하여 친일 역사연구 단체인 청구학회와 대항하였습니다. 그러나 당시 일제의 지배를 받고 있는 민족사의 현실을 제대로 인식하지 못했다는 비판을 받기도 합니다.

■ 일제에 맞서 싸운 종교인들

이제 종교 활동을 살펴봅시다. 각 종교 신도들의 가상 대화를 들어 보겠습니다.

▶ 대종교 신도 : 나철과 오기호가 만든 대종교는 매국노 처단에 앞장섰으며, 만주의 무장투쟁(중광단, 북로군정서)을 주도하였습니다. 이후 만주

에서 계속 투쟁하던 대종교는 1942년 임오교변(조선어학회 사건이 일어나면서 회원이었던 이극로가 당시 대종교 교주 윤세복에게 보낸 편지를 조선독립선언서로 조작하여 대종교 간부들을 체포하여 고문하고 그 후유증으로 사망하게 한 사건)으로 일제의 탄압을 받았습니다.

▶ 천도교 신도 : 천도교는 3·1운동을 주도하였고, 1922년 제2의 독립선언을 계획하였으나 실행에 옮기지는 못했습니다. 청년운동, 여성운동, 어린이운동을 전개하고, 『개벽』, 『신여성』 등의 잡지를 발간하며 민중을 계몽하였습니다.

▶ 불교 신도 : 불교는 사찰령(1911, 총독이 사찰 주지 임명권, 재산권을 이용해 불교계를 장악하려 제정), 포교 규칙(1915, 포교의 자유를 억압하여 불교를 탄압하려는 목적) 제정 등으로 탄압을 당했습니다. 한용운은 민족대표로서 3·1운동에 참여하였고, 청년 승려들은 조선불교유신회를 조직하여 일제에 저항하였습니다.

▶ 개신교 신도 : 개신교는 3·1운동에 참여하고, 사립학교를 세워 교육활동을 했습니다. 일제 말기 남장로 선교회 등 200여 교회는 신사참배를 거부하였고, 2,000여 명이 투옥되었습니다. 특히 주기철 목사 등 많은 개신교 지도자들이 신사참배 거부로 구속되어 고문을 당하다 사망한 경우가 많았습니다.

▶ 천주교 신도 : 천주교는 고아원·양로원을 운영하고, 만주에 사는 천주교 신자들이 의민단을 결성하여 무장투쟁을 하였습니다.

▶ 원불교 신도 : 박중빈이 창시한 원불교는 개간사업, 저축, 새생활운동(허례 폐지, 미신 타파, 금주·단연 등)을 전개하였습니다.

■ 일제 강점기의 언론 활동

1936년 8월 10일 손기정의 우승 소식이 전해지자 우리 민족은 기쁨과 흥분의 열광 상태에 빠졌습니다. 그러나 현실은 일본의 국가대표 손기정의 우승이었고, 그 슬픔은 이미 손기정과 남승룡이 겪었던 것입니다. 이에 『동아일보』의 체육부 이길용 등 몇몇 기자들은 총독부의 검열을 받아야 하는 1판을 찍고 난 후 검열을 받지 않은 2판부터는 일장기를 흐리게 만들어 사실상 지웠습니다. 이를 알아챈 일제는 관련된 기자들을 체포하고 『동아일보』는 무기한 정간을 당했습니다. 결국 『동아일보』는 관련 기자들을 해고하고 사과문을 발표한 후 복간되었습니다. 『동아일보』의 일장기 삭제 사건이 터지면서 여운형이 사장이었던 『조선중앙일보』 역시 일장기 삭제 사실이 드러나면서 무기한 정간을 당하였다가 재정 악화로 폐간되었습니다.

■ 일제 강점기의 교육 활동

또한 일제는 한국인들에 대해 우민화 교육을 실시했습니다. 일제는 제1차 조선교육령(1911)을 제정하였는데, 우민화 교육(일제에 대한 저항의식을 없애고, 조선인의 열등성을 강조하여 식민 통치에 순응하는 바보로 만들기 위한 교육), 초급의 실업교육(단순기능만을 습득한 하급 노동자 양성 교육. 처음에 일본의 자본가들은 조선인들이 문맹이 많고, 일본어를 할 줄 모르기 때문에 공장과 회사의 설립을 기피하였죠. 이에 일제는 일본어를 가르쳐 말이 통하게 하고 하급 기술 습득이 가능한 수준에 도달하게 하는 보통학교 교육에 치중하였죠)과 '천황에 충성하는 선량한 국민을 육성'하는 것이 목적이었습니다. 또 보통학교를 4년제로 하여 일본인들이 다니는 소학교가 6년제인 것에 비해 우리 민족을 차별하였습니다.

이 시기는 앞에서 배운 것처럼 무단통치 시기였죠. 교사들이 제복 입고 칼을 차고 학생들을 위협하였습니다. 조선어 수업은 줄어들고, 조선의 역사와 지리도 가르치지 않았습니다. 또한 민주주의, 문화 예술, 과학 교육은 거의 이루어지지 않았습니다. 대신에 일본어와 수신(일본 국민으로서 할 일 등을 가르치는 과목)을 강조하였습니다. 이러한 교육정책에 맞서 사립학교는 근대적 지식을 교육하며 민족의식을 고취하는 등 민족운동의 거점 역할을 하였습니다. 하지만 일제의 탄압으로 사립학교는 줄어들고 개량 서당이 늘어났죠. 개량 서당에서는 원래 서당에서 가르쳐온 전통적인 유교적 덕목에 우리말과 근대적 과목들을 항일적 성격의 교재를 이용하여 가르치며 민족교육을 하였습니다. 일제는 1918년 서당 규칙을 제정하여 개량 서당마저 탄압하였습니다.

1920년대에는 야학 운동이 활발하게 일어났는데 야학을 통해 우리말 교육을 하고, 민족의식, 항일의식을 고취하였습니다. 심훈이 쓴 소설 『상록수』에서 주인공 채영신(실제 주인공은 최용신이라는 여성 농촌계몽 운동가였죠)은 농촌의 아이들을 가르치는 야학을 운영하였고, 일제는 이를 탄압했습니다. 야학 운동이 항일 운동의 성격을 강하게 띠고 있음을 보여주었던 소설이죠.

4.
응답하라
무장독립투쟁(1920)

■ 국외 독립운동 기지를
건설하다

　　　　　　　　　　응답하라 1920! 1920년은 간도에서 봉오동 전투, 청산리 대첩, 간도참변이 연달아 일어난 해입니다. 1910년 일제 강점기가 시작된 이후 우리 민족의 무장투쟁은 사실상 중단되었습니다. 그리고 10년 동안 만주, 간도, 연해주에서는 독립운동 기지가 건설되었죠. 이를 바탕으로 양성된 독립군들이 1920년 대대적인 국내진공작전을 벌이게 되었고, 보복하러 온 일본군에 맞서 큰 승리를 거둘 수 있었던 것이죠.

　　1910년을 전후로 간도, 만주, 연해주 등에 이주한 사람들이 많이 있었습니다. 그런데 소도 비빌 언덕이 있어야 한다고 허허벌판에서는 아무것도 할 수 없었죠. 여러분이 스타크래프트를 할 때도 제일 먼저 해야 하는 것이 전쟁을 준비하기 위한 기지 건설이잖아요? 독립 전쟁을 준비하기 위한 독립군을 양성하고 총과 폭탄을 준비하기 위해서는 독립운동 기지 건설을 가장 먼저 해야 했지요. 이 기지 건설에 앞장섰던 단체가 바로 신민회였어요. 신민회 회원과의 가상 인터뷰를 통해 국외 독립운동 기지에 대해 살펴보겠습니다.

▷ 기자 : 신민회는 어느 지역을 중심으로 독립운동 기지를 건설하였나요?

▶ 신민회원 : 이회영 등을 중심으로 남만주 삼원보에 자치 기관인 경학사를 만들고 신흥학교(독립군 간부 양성소인 신흥무관학교로 발전. 3,000명 이상의 졸업생이 배출되어 무장독립투쟁의 핵심이 됨)를 세워 민족교육, 군사교육을 하였죠. 경학사는 이후 부민단, 한족회로 이어졌으며, 서로군정서를 조직하여 무장독립투쟁에 나섰습니다.

▷ 기자 : 간도에서도 독립운동이 활발하였다고 들었습니다.

▶ 신민회원 : 우리 동포들은 간도에 있는 용정, 명동, 왕청, 연길 등지에 한인촌을 건설하고 서전서숙(이상설이 설립), 명동학교(김약연이 설립)를 세워 민족교육, 군사교육을 하였습니다. 또 간민회(간도 지역 한인들의 단결), 중광단(대종교도들이 조직하여 북로군정서의 모체가 된 단체) 등이 결성되어 독립운동을 하였습니다.

▷ 기자 : 러시아와 만주의 국경 도시인 밀산에도 독립운동 기지가 있었죠?

▶ 신민회원 : 맞습니다. 이곳에 있는 한흥동에 이상설 등이 중심이 되어 독립운동 기지를 건설하였습니다.

▷ 기자 : 중국의 다른 지역에도 독립운동 기지가 있었나요?

▶ 신민회원 : 1918년 상하이에서 조직된 신한청년당은 김규식을 파리강화회의에 대표로 파견하였죠.

▷ 기자 : 연해주에서도 독립운동 기지가 건설되었나요?

▶ 신민회원 : 연해주로 이동한 의병 부대들은 13도 의군(1910)을 조직

하고, 신한촌을 건설하였습니다. 이를 바탕으로 권업회(1911), 대한광복군

정부(1914, 이상설 정통령, 이동휘 부통령), 대한국민의회(1919, 전로 한족회 중앙총

회가 개편되어 조직) 등이 조직되어 독립운동을 하였습니다.

▷ 기자 : 미주 지역 이민은 언제 시작되었나요?

▶ 신민회원 : 최초의 미주 지역 이민은 하와이 사탕수수 농장 이민이

었습니다. 1903~1905년 사이에 7,000여 명이 이주하였죠. 하와이, 멕시

코, 쿠바 등으로 이주한 동포들은 사탕수수 농장, 애니깽(용설란의 일종인

선인장과 식물로 밧줄, 카펫의 원료로 쓰이는 식물) 농장 , 철도 건설 현장 등에서

일했죠.

▷ 기자 : 우리 동포들에 대한 대우는 어떠했나요?

▶ 신민회원 : 매우 적은 임금에 노예와 다름없는 생활을 하면서도 현

지 사회에 적응하며 한인사회를 형성하였습니다. 하와이로 이민을 간 사

람들은 주로 미혼 남성들이었습니다. 이들은 조국에 자신의 사진을 보내

고 신붓감의 사진을 받아보고서 결혼을 하였죠. 이렇게 가정을 이룬 이

민 1세대들은 자녀를 낳고 키우며 미주 한인사회를 형성하고 조국의 독

립을 위해 노력했던 것입니다.

▷ 기자 : 조국과 멀리 떨어져 있어서 독립운동에 참여하기가 어려웠

을 텐데요.

▶ 신민회원 : 미주 동포들은 일제가 조국을 침략하는 것을 지켜보며

자신들의 비참한 현실을 생각하였습니다. 그리고 동포들끼리 뭉쳐야 한

다는 결론을 내리게 되었죠.

▷ 기자 : 미주 지역 동포들의 독립운동에 대해서도 알고 싶습니다.

▶ 신민회원 : 1908년 전명운, 장인환이 스티븐스를 처단한 사건이 일

어났습니다. 미주 동포들은 이들을 돕기 위해 뭉치기 시작하였고, 그 결

과 대한인국민회(1910, 안창호, 박용만, 이승만 중심), 대조선국민군단(1914, 박용만 중심)을 결성하여 독립운동 자금을 지원하고 독립군을 양성하였습니다. 또 멕시코의 동포들은 숭무학교를 만들어 독립군을 양성하였습니다.

■ 봉오동 전투와 청산리 대첩

1920년대에 국내에서도 무장투쟁을 한 단체들이 있었는데, 천마산대(평북 의주 천마산을 거점으로 활동), 구월산대(황해 구월산을 거점으로 활동), 보합단(평북 의주 동암산을 거점으로 활동) 등이 대표적입니다. 이들은 주로 1920년대 초에 험준한 산악 지형을 거점으로 이용하면서 일제 식민 통치기관을 습격하고, 친일파들을 처단하는 등 활발한 활동을 하였습니다.

3·1운동으로 자신감을 얻은 만주, 간도, 연해주의 동포들은 독립군을 조직하여 독립 전쟁을 준비하였고, 큰 승리를 거두었습니다. 서간도에서는 신흥무관학교를 중심으로 서로군정서가 조직되었고, 박장호, 조맹선 등 의병장 출신들을 중심으로 대한독립단이 조직되었습니다. 또 임시정부 직속의 광복군 사령부가 광복군 총영으로 개편되었습니다. 북간도에서는 기독교인 중심의 대한국민회 직속의 국민회군, 대종교 신도 중심의 북로군정서(중광단→북로군정서로 개편되었죠), 천주교 신도 중심의 의민단, 홍범도의 대한독립군 등이 만들어졌습니다.

이렇게 독립군을 조직하기 위해서는 무기 구입이 필수였습니다. 무기 구입은 돈만 있으면 매우 쉬운 편이었습니다. 당시 시베리아 연해주 지역에선 내전이 벌어져 군대에서 유출된 무기들이 암거래되고 있었으니, 문제는 군자금이었죠. 독립군들은 국내외의 동포들에게 자발적인 의연금을 모금하거나 국내외의 부자들을 위협하여 강제 모금하여 돈을 마련하였습니다. 독립군들은 어렵게 마련한 군자금으로 무기를 구입하고 군사훈련을 하며 독립 전쟁을 준비하고 실행하였습니다.

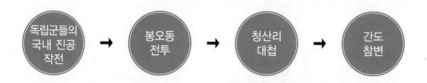

먼저 봉오동전투(1920)입니다. 독립군들이 압록강과 두만강을 건너 평안도와 함경도에 진입하여 일본군을 기습하고 도망치는 일들이 자주 일어났습니다. 이 소식을 들은 국내의 많은 젊은이들이 독립군이 되기 위해 간도와 연해주로 넘어갔죠. 이에 일본군이 독립군 소탕을 위해 간도의 봉오동까지 추격해왔습니다. 홍범도의 대한독립군을 중심으로 최진동의 군무도독부군, 안무의 국민회군 등이 연합하여 일본군에게 승리하였습니다. 일본군은 157명이 죽고 300여 명이 부상당한 반면, 우리 독립군은 전사 4명, 부상 2명이었습니다.

당연히 일본은 열 받았죠. 더 많은 일본군을 이끌고 독립군 소탕작전에 나섰습니다. 그런데 그냥 압록강을 건너면 중국 사람들이 가만히 있을 리 없잖아요? 그래서 일본 침략자들이 조작한 사건이 바로 훈춘 사건입니다. 중국의 떼강도들인 마적들에게 돈을 주고 훈춘의 민가, 일본 영사관을 습격하도록 사주했죠. 자신들의 영사관이 공격받았으니까 일본 군대를 보내겠다는 거였죠. 이렇게 훈춘 사건을 조작하여 일본군이 동원되자 김좌진의 북로군정서, 홍범도의 대한독립군 중심의 독립군 연합 부대는 산골짜기인 청산리로 도망갔어요. 숲이 울창한 청산리에 들어가 6

일 동안 백운평, 천수평, 어랑촌, 완루구 전투 등 10여 차례 매복 기습 작전으로 추격하는 일본군을 공격했던 것입니다. 일본군은 1,200여 명 (2,000여 명, 3,300여 명으로 기록되어 있는 자료도 있음)이 죽거나 다치고 우리는 60여 명이 전사했습니다. 일본군에게 큰 승리를 거둔 대첩이었습니다. 그래서 이를 청산리 대첩(1920)이라고 합니다.

북로군정서 : 청산리 대첩의 주인공들이죠.

■ 간도 참변과 자유시 참변

　　　　　　　　　　　　　봉오동, 청산리전투에서 패배한 일본군은 독립군 소탕을 포기하고 독립군 근거지를 뿌리뽑는다며 간도 지역의 한인촌 곳곳에서 민간인들을 마구 학살하고 약탈, 강간을 자행하며 여기저기에 불을 질렀습니다. 이를 간도 참변 또는 경신년(1920)에 일어났다 하여 경신 참변이라고 합니다. 영화에서 보면 상대방의 가족을 납치하여 인질로 잡고서 협박하는 치사한 조폭들이 나오죠? 독립군과의 싸움에서 계속 지니까 그 화풀이로 독립군의 힘없는 가족들이 있는 간도 지역을 쑥대밭으로 만들며 살인, 방화, 약탈을 했던 것이죠. 못되고 야비한 일제 침략자들입니다!

청산리전투 승리 후 독립군들은 큰 패배에 독이 오른 일본군을 피해서 밀산으로 이동하여 대한독립군단을 결성하였습니다. 당시 시베리아에서는 내전이 벌어지고 있었어요. 공산주의 혁명을 지지하는 적군과 공산주의에 반대하는 백군이 서로 싸우고 있었죠. 일본 역시 공산주의에 반대하여 백군을 돕는다는 명분으로 일본군을 시베리아로 보낸 상황이었습니다. 이에 우리 독립군들은 일본군이 백군을 돕는 것에 맞서 적군을 도와 일본군과 싸울 계획으로 자유시로 이동하였습니다. 그러나 자유시에 들어간 독립군들은 적군에게 지휘권을 넘기도록 요구받았습니다. 이에 독립군은 공산주의를 받아들인 독립군들과 이에 반대하는 독립군들 사이에 갈등이 벌어졌습니다. 결국 적군은 지휘권 양도를 거부하는 독립군을 공격하여 무장해제를 시켜버렸습니다. 공산주의자 독립군들 역시 적군을 도와 같은 민족인 우리 독립군을 공격하였죠. 정말 한심한 일이었죠. 그 와중에서 수백 명 이상의 많은 독립군들이 사살당하고, 1,000여 명 이상이 포로가 되어 무장해제를 당하였습니다. 이를 자유시 참변 (1921)이라고 합니다.

■ 3부의 성립

간도 참변, 자유시 참변 등으로 침체에 빠졌던 독립군들은 다시 뭉치기 시작하여 참의부(대한민국 임시정부 직할, 압록강 연안), 신민부(북만주, 시베리아에서 돌아온 독립군들을 중심으로 조직), 정의부(남만주, 국민대표회의 결렬 이후 임시정부와 분리하여 김동삼을 중심으로 조직)로 정비되었습니다. 1920년대 전반 3부는 각각 민정기관(자치행정을 맡은 입헌 정치조직), 군정기관(독립군 훈련, 작전을 맡은 군사조직)을 설치하고, 독립군도 만들어 일본 군과 전투를 벌이기도 하였습니다.

■ 미쓰야 협정과 3부 통합 운동

당시 독립군들을 더욱 힘들게 했던 것이 미쓰야 협정(1925)입니다. 한마디로 만주 군벌과 일제가 결탁한 거예요. 만주 군벌들이 독립군을 체포하여 일제 측에 넘기면 현상금을 받는 것이 핵심 내용입니다. 내용 중 일부를 봅시다.

> 1. 한국인이 무기를 가지고 다니거나 한국으로 침입하는 것을 엄금하며 위반자는 검거하여 일본 경찰에 인도한다.
> 3. 일본이 지명하는 독립운동가를 체포하여 일본 경찰에 인도한다.

이와 같이 만주 군벌들은 독립군들을 체포하여 일제에게 팔아서 돈을 벌었죠. 그러니까 일제의 용병이 된 거나 마찬가지였죠. 당연히 이 협정의 영향으로 만주에서 우리 독립군들은 더 큰 어려움을 겪게 되었던 것입니다. 한편으로 1926년 한국독립유일당 북경촉성회가 민족유일당 운동을 시작하고, 1927년 국내에서 신간회가 만들어지자 1920년대 후반 만주에서도 3부 통합운동(통합회의 개최, 1928)이 일어나 국민부(남만주, 조선혁명당-조선혁명군 결성)와 혁신의회(북만주, 한국독립당-한국독립군 결성)로 통합되었습니다.

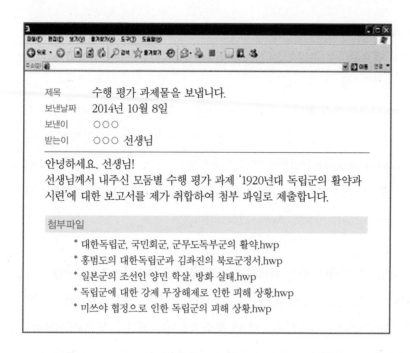

제목   수행 평가 과제물을 보냅니다.
보낸날짜 2014년 10월 8일
보낸이 ○○○
받는이 ○○○ 선생님

안녕하세요. 선생님!
선생님께서 내주신 모둠별 수행 평가 과제 '1920년대 독립군의 활약과 시련'에 대한 보고서를 제가 취합하여 첨부 파일로 제출합니다.

첨부파일

* 대한독립군, 국민회군, 군무도독부군의 활약.hwp
* 홍범도의 대한독립군과 김좌진의 북로군정서.hwp
* 일본군의 조선인 양민 학살, 방화 실태.hwp
* 독립군에 대한 강제 무장해제로 인한 피해 상황.hwp
* 미쓰야 협정으로 인한 독립군의 피해 상황.hwp

■ 일제를 두렵게 만든 의열단

일제 강점기 대표적인 의열 활동을 했던 단체였던 의열단은 김원봉을 중심으로 만주 지린 성에서 조직된 단체입니다. 김원봉은 일제 강점기를 통틀어서 가장 비싼 현상금이 걸렸던 독립운동가입니다. 일제가 가장 두려워했던 독립운동가라고 할 수 있지요. 의열단 조직은 무정부주의 사상에 기초하였는데, 신채호의 「조선혁명선언」(의열단의 운동지침)의 배경 사상이 바로 무정부주의이며, 신채호는 당시 무정부주의자였습니다. 「조선혁명선언」의 핵심 주장은 민중의 직접 혁명으로 일제로부터 해방될 수 있다는 것인데, 이러한 혁명을 일으키기 위해서는 일제의 식민지 기관 파괴, 요인 암살 활동 등 폭력적인 무력 투쟁이 필요하다고 주장했습니다. 다음은 「조선혁명선언」 중 일부입니다.

> 민중은 우리 혁명의 대본영이다. 폭력은 우리 혁명의 유일 무기이다. 우리는 민중 속으로 가서 민중과 손을 맞잡아 끊임없는 폭력, 암살, 파괴, 폭동으로써 강도 일본의 통치를 타도하고, 우리 생활에 불합리한 일체 제도를 개조하여 인류로써 인류를 압박치 못하며, 사회로써 사회를 박탈하지 못하는 이상적 조선을 건설할지니라.

이러한 무력 투쟁을 위해서는 먼저 폭탄이 필요하겠죠? 의열단은 상하이에 12개소의 폭탄 제조소를 설치하였습니다. 그럼 대표적인 의거를 살펴보겠습니다. 박재혁은 1920년 부산경찰서에 폭탄을 투척하였습니다. 박재혁은 중국인으로 위장하여 부산경찰서에 들어가 고서적 보따리 속에 감춰둔 폭탄을 터뜨렸죠. 이 의거로 부산경찰서장 하시모토가 죽었고, 경찰서 역시 파괴되었습니다. 박재혁은 체포되었고 옥중에서 단식으로 일제에 맞서다가 순국하였습니다. 김익상은 1921년 조선총독부에 폭탄을 투척하였습니다. 그러나 탈출에 성공하였고, 1922년에는 오성륜과 함께 상하이 황푸탄에서 일본 육군 대장에게 폭탄을 투척하였지만 실패하였습니다. 김상옥은 1923년 종로경찰서에 폭탄을 투척하였습니다. 탈출한 김상옥은 열흘 후 일본 경찰들과 시가전을 벌이며 몇 명을 사살하고, 마지막엔 자결하였습니다.

김지섭은 1924년 일본 왕궁에 폭탄을 투척하였지만 모두 불발이 되어 실패하였습니다. 하지만 조선인이 일왕을 죽이기 위해 왕궁에 폭탄을 던졌다는 것은 일본인들에게 대단한 충격을 주었죠. 1926년에는 나석주가 식산은행, 동양척식주식회사에 폭탄을 투척하였습니다. 먼저 식산은행에 폭탄을 던졌으나 불발되었고, 바로 근처의 동양척식주식회사로 옮겨 폭탄을 던졌으나 이 역시 불발되었습니다. 그러나 일본 경찰 등을 3명 사살하고, 4명에게 중상을 입힌 후 추격하던 경찰들과 총격전을 벌이다 결국 자결하였습니다. 이후 의열단은 개인의 폭력 투쟁에 의존하는 전략을 수정하여 황포군관학교에서 군사훈련을 받고, 조선혁명간부학교를 설립했습니다. 이를 바탕으로 의열단은 조직적인 독립군에 의한 무장투쟁을 준비하였습니다.

개별적인 의열 활동도 발생하였는데, 대표적인 것이 강우규의 의거입니다. 1919년 당시 64세의 노인이었던 강우규는 사이토 총독에게 폭탄을 투척하여 사이토 암살에는 실패하였지만 2명 사망, 35명 부상이라는 의거를 완수하였습니다. 강우규는 현장에서 탈출하였다가 체포되어 사형에 처해졌습니다. 1928년에는 조명하가 타이완을 방문한 일왕의 장인이면서 육군대장이었던 구니노미야 구니요시에게 칼을 던져 상처를 입혔고, 구니노미야는 상처가 악화되어 결국 사망하였습니다. 의거 직후 조명하는 체포되었고, 사형에 처해졌습니다.

★ **영화**와 **드라마로 역사** 읽기 – **영화** 「아나키스트」**와 드라마** 「각시탈」

의열단의 활동을 다룬 「아나키스트」라는 영화가 있죠. 아나키스트는 무정부주의자, 아나키즘은 무정부주의입니다. 잘생기고 멋있는 남자 배우들이 모델처럼 양복을 입고, 특히 의열 활동을 나가기 직전에 사진을 찍는 장면이 많이 나왔죠. 실제로 의열단원들은 언제 죽을지 몰랐기 때문에 항상 깔끔한 복장을 유지하였고, 사진을 찍을 때마다 죽기 전 마지막 사진이라고 생각했답니다. 그래서 이 영화에는 폭탄 투척, 총격전 등의 액션 장면이 많이 나왔습니다.

드라마 「각시탈」의 주인공 이강토는 각시탈을 쓰고 의열 활동을 벌이기 때문에 '각시탈'이란 별명으로 불립니다. 겉으로 드러난 이강토의 직업은 일본 경찰이죠. 이 드라마에서 각시탈은 친일파들을 처단하거나 일본 경찰, 일본군들을 공격하여 독립운동가들을 탈출시키는 의열 활동을 주로 합니다. 시대 배경은 1937년 중·일 전쟁을 전후로 한 일제 말기인 것으로 보입니다. 그래서 이 드라마에서는 공장이나 간호사로 일한다고 속여 젊은 여성들을 위안부로 끌고 가는 것을 각시탈이 막아내는 장면, 일제가 우리 민족에게 창씨개명을 하도록 강요하는 장면, 일제 침략전쟁에 쓸 국방헌금을 각시탈이 강탈하여 독립운동 자금으로 이용하는 장면, 전쟁터로 끌려가는 학병들을 각시탈이 구하는 장면 등이 나왔습니다.

■ 중국과 힘을 합쳐 일제와 싸우다

일제는 만주사변을 일으키기 직전에 우리 민족과 중국인들을 이간질하기 위하여 만보산 사건을 일으켰습니다. 1931년 만주 만보산 지역에서 중국 사람들이 우리나라 사람들이 만든 수로를 박살내자 일본 경찰들이 중국인들에게 총을 쏘아 위협하는 일이 발생하였죠. 그런데 일제는 이 사건으로 많은 조선인들이 피해를

당한 것처럼 조작하여 보도하였습니다. 이러한 왜곡 보도를 접한 우리나라 사람들은 흥분하여 화교들에게 보복을 가하는 폭동을 전국 곳곳에서 일으켰습니다. 화교들에 대한 집단 구타로 전국적으로 약 100여 명이 사망할 정도였으니까요. 이 소식이 알려지면서 중국에서도 조선인들에 대한 보복 폭행이 발생하였죠. 그래서 일본군이 만주의 조선인들을 보호한다는 핑계를 대고 일으킨 사건이 만주사변입니다.

일제의 만주 침략으로 중국과 일본이 싸우게 되자 우리 독립군들은 중국군과 연합하여 일본군과 맞서 싸웠습니다(1932~33). 막상 전쟁이 일어나 조선인들이 중국 편을 드니까 중국인들도 마음이 달라졌어요. 물론 윤봉길이 일으킨 상하이 홍커우 공원 의거로 조선인에 대한 이미지가 좋아진 것도 있죠. 그럼 한·중 연합작전을 정리해보죠. 다음은 관련된 내용이 담긴 『백범일지』의 일부입니다.

일본이 한국과 중국 두 민족을 이간질하기 위해 '만보산 사건'을 일으키자, 한·중 양 지역에서 한국인과 중국인의 충돌이 일어났다. 이후 중국 내에서 한국인에 대한 여론이 급속히 악화되었다. 이 악감정은 도쿄에서 일왕에게 폭탄을 던진 사건 이후에도 좀처럼 사그라지지 않았다. 그러나 4·29사건(윤봉길의 홍커우 공원 의거)이 일어나자 한국인에 대한 중국인의 감정은 놀랄 만큼 좋아졌다.

지청천의 한국독립군은 중국 호로군과 연합하여 쌍성보 전투, 경박호 전투, 사도하자 전투, 대전자령 전투, 동경성 전투 등에서 일본군을 물리쳤고, 양세봉의 조선혁명군은 중국 의용군과 연합하여 영릉가 전투, 흥경성 전투, 신개령 전투, 통화현 전투 등에서 일본군을 물리쳤습니다. 그

러나 만주국을 세운 일제의 지배는 계속되었고, 우리 독립군과 중국군의
연합 작전은 점점 약화되었습니다.

■ 만주에서 이루어진
  항일 유격 투쟁

이 시기 만주에서는 추수 투쟁,
춘황 투쟁이 벌어졌습니다. 추수, 춘궁기 때 지주들에게서 쌀을 빼앗아
가난한 농민들에게 나누어주었던 것이죠. 우리나라 사회주의자들은 중
국 공산당의 지원을 받으며 동북인민혁명군을 개편하여 동북항일연군
을 조직(1936)하였습니다. 동북항일연군의 간부들이 결성한 조국광복회
(1936)는 사회주의계와 민족주의계가 결합되어 국내와의 연결망을 갖고
있었습니다. 이러한 조직을 이용하여 여러 차례 국내 진공 작전도 수행하
였습니다.

영화 「좋은 놈, 나쁜 놈, 이상한 놈」의 배경 시대가 바로 만주국이 세
워진 이후입니다. 이 영화의 주인공들은 한마디로 범죄자들인데, 실제로
만주의 조선인들 중에는 밀수, 도박, 아편 밀매 등을 하며 먹고사는 사
람들이 있었다고 합니다. 영화에서도 묘사된 것처럼 비적들의 주된 공격
대상이 바로 조선인들이었죠.

■ 한인애국단의 의열 투쟁과
임시정부의 이동

대한민국 임시정부의 이동 경로

한인애국단은 침체에 빠진 임시정부를 구하기 위해 김구가 만든 조직인데, 역시 의열 활동으로 임시정부에 활력소가 되었습니다. 한인애국단은 이봉창, 윤봉길을 기억하세요. 먼저 이봉창은 일본인으로 위장하여 도쿄에 잠입하여 일본 국왕이 탄 마차에 폭탄을 던졌지만 마차가 지나간 직후 폭발하여 실패했습니다. 이때 일본 침략자들의 왕이 콱 죽었어야 했는데…… 정말 아쉽죠? 이러한 아쉬움을 당시 중국 신문들도 감추지 않았지요. "불행히도 성공하지 못하였다."라고 보도했어요. 그래서 상하이에 주둔하고 있던 일본 해군이 이를 구실로 상하이 지역을 침공한 상하이 사변을 일으켰는데, 안타깝게도 일본이 승리했습니다. 그러니까 일본 침략자들이 얼마나 기고만장해졌겠어요? 그래서 지들끼리 자축을 했죠.

윤봉길 의사의 흉상(왼쪽, 상하이 임시정부 유적지 소재)과 윤봉길 의사 폭탄 투척 현장 (오른쪽, 홍커우 공원 소재)

윤봉길은 일왕 생일 기념행사 및 승전 자축행사가 열린 상하이 홍커우 공원(현재 루쉰 공원) 기념식장에 몰래 들어가 단상에 있던 일본군 장성 등에게 폭탄(도시락 폭탄으로 많이 알려져 있는데, 사실은 물통 폭탄을 던져 의거를 하였고, 도시락 폭탄은 자살용이었는데 체포됨으로써 사용하지는 못했어요)을 투척하여 시라카와 요시노리 대장 등 일본군 장성, 고관들 수십 명이 죽거나 다쳤습니다. 상하이 사변에서 일본에게 패배를 당하여 기분이 나빠져 있었던 중국인들에게는 기쁜 소식이었습니다. 중국의 지도자 장제스는 "중국 100만 대군이 하지 못한 일을 조선 청년 한 명이 해냈다."며 감동을 표현하였습니다. 이후 큰 감명을 받은 중국인들이 우리의 독립운동에 우호적으로 바뀌고, 중국 국민당 장제스 정부가 임시정부를 지원하는 계기가 되었습니다. 이에 김구는 장제스를 만나 우리 독립군의 군사훈련을 요구하였고, 장제스는 적극 지원을 약속하였습니다. 이후 중국 군관 학교에 한국인 특별반을 설치하여 독립군 훈련을 받게 해주었고, 1940년 한국 광복군을 창설하는 데도 많은 도움을 주었습니다.

1932년 윤봉길의 홍커우 공원 의거 이후 일제의 탄압을 피해 이동을 시작한 임시정부는 장제스 국민당 정부를 따라 중국 각지를 이동하기 시작하였습니다. 이처럼 대한민국 임시정부가 위기에 빠지자 중국 관내에서 활동하던 독립운동 세력들 사이에서는 민족운동 역량을 하나로 모으자는 '민족유일당 운동'이 벌어졌습니다. 그 결과 나타난 정당이 바로 민족혁명당입니다. 한국독립당, 의열단 등 민족주의 계열과 사회주의 계열이 총망라되어 뭉친 중국 관내 최대 규모 통일 전선 정당이었습니다 (1935). 그러나 김구는 처음부터 불참하였고, 의열단, 즉 사회주의 계열이 당권을 잡으면서 조소앙, 지청천 등 민족주의 계열들이 탈당하여 좌우 합작이 깨져버렸죠. 이후 조선민족혁명당으로 조직이 이어졌습니다.

■ 조선의용대의 무장투쟁

1937년 중·일 전쟁이 일어나자 조선민족혁명당을 중심으로 조선민족전선연맹이 만들어지고, 중국 국민당 정부의 도움을 받아 1938년 조선의용대를 결성하였습니다. 우리는 군대의 의미를 갖는 '조선의용군'이라고 지으려 했지만 중국 쪽에서는 군대의 의미가 약한 '조선의용대'로 할 것을 강요하였죠. 이후 조선의용대는 중국 국민당 정부군과 연합하여 주로 심리전, 포로 심문, 첩보 활동에 참여하였습니다. 조선의용대에는 한국어, 중국어, 일본어를 모두 할 줄 아는 독립군들이 많았기 때문이었죠. 심리전은 주로 방송이나 전단지 등으로 적에게 선전 공작하는 것을 말하는데, 실제로 조선인 출신 학병 등이 방송을 듣거나 전단지를 보고 탈출해 오는 경우도 많았답니다.

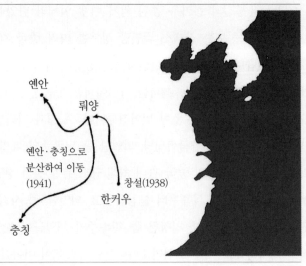

조선 의용대의 이동과 분열

　　1942년 조선의용대는 둘로 갈라져 김원봉을 중심으로 한 일부는 한 국광복군에 흡수되었고, 일부는 중국 화북 지방으로 이동하여 사회주 의 계열인 조선독립동맹 산하의 조선의용군으로 전환되었습니다. 이후 조선의용군은 중국공산당 팔로군과 연합하여 호가장 전투 등에서 일본 군과 싸웠습니다. 1945년 일제 패망 뒤 중국에서는 국공 내전(국민당과 공 산당 간의 내전)이 발생하였습니다. 조선의용군은 공산당 편으로 참전하였 다가 1949년 공산당이 승리한 후 북한으로 들어가 북한군에 편입되었 습니다.

■ 우리나라 사람들의 국외 이주와
국외 동포들의 수난

외세의 침략이 거세지면서
우리나라 사람들의 해외 이주가 늘어났습니다. 가장 먼저 이주하기 시작
한 지역은 간도(점차 만주로 범위가 확대)와 연해주였습니다. 간도는 19세기
중반부터 이주하기 시작하였고, 연해주는 1860년대부터 이주(러시아의 귀
화 정책)하기 시작하였습니다. 간도와 연해주는 1905년 이후 본격적으로
독립운동 기지로 이용되기 시작하였습니다. 1903년 하와이 사탕수수 농
장 이민을 시작으로 미주(아메리카 대륙) 지역 이민이 시작되었고, 멕시코(애
니깽 농장) 등으로 이주하는 경우도 있었습니다. 이렇게 이주한 미주 한인
들은 노예와 같은 생활을 하면서도 꾸준한 노력으로 자리를 잡아 한인
사회를 형성하고, 독립운동 자금을 모금하고 독립운동에 참가하는 등 많
은 활약을 하였습니다. 다음은 각 지역의 해외 동포들과의 가상 인터뷰
입니다. 먼저 일본 이주 동포와의 인터뷰입니다.

▷ 기자 : 일본에는 언제 이주하기 시작하였나요?

▶ 동포 : 19세기 말부터 일본에서 공부하기 위해 유학생들이 거주하
기 시작하였습니다. 국권 상실 이후 일제의 경제적 수탈이 심해지자 먹
고살기 위해 일본으로 건너가 노동자가 되는 경우가 많아졌죠. 민족차별
등 수모를 당하면서 일본인 자본가들에게 임금 착취를 당하였습니다.

▷ 기자 : 관동대지진 직후에 우리 동포들에 대한 학살이 벌어졌다고
들었습니다.

▶ 동포 : 그렇습니다. 1923년 일본의 수도 도쿄를 비롯한 관동 지역에
진도 7.9의 대지진이 일어났죠. 지진 직후 일제는 많은 인명·재산 피해로

흥분한 일본인들에게 "조센징들이 우물에 독약을 풀고 다니므니다. 조센징들이 폭동을 일으켜 일본인들을 죽이고 있으므니다."는 등의 유언비어를 유포(일본 내무성 경보국에서는 "조선인들이 폭탄을 소지하고 석유로 방화하려 하고 있다."고 전국에 통보하였죠)하여 일본인들을 자극하였습니다. 이에 흥분한 일본인들이 몰려다니면서 조선인 6,000여 명을 학살하였습니다. 당시 일본인과 조선인을 구별하기 위해 일본인들만이 할 수 있는 발음인 '10원 50전(쥬엔 고쥬센)'이나 '15원 55전(쥬고엔 고쥬고센)'이라는 말을 시켜서 발음을 못하면 마구 죽였다고 합니다. 그래서 발음이 나쁜 일본인이 조선인으로 몰려 죽기도 하였죠. 지진이라는 천재지변까지도 조선인 탓으로 돌리며 학살한 일본인들은 도대체 어떤 사고방식을 갖고 있는 것인지 정말 기가 막힙니다.

다음은 연해주 이주 동포와의 인터뷰입니다.

▷ 기자 : 연해주에는 언제부터 이주하기 시작하였나요?

▶ 동포 : 19세기 후반부터 연해주에 이주하기 시작한 조선인들은 1905년 이후 인구가 급증하여 한인촌을 형성하였습니다. 이를 신한촌이라고 합니다.

▷ 기자 : 연해주를 국외 의병운동의 중심지라고 하는 이유는 뭐죠?

▶ 동포 : 1910년 연해주 의병의 통합체인 13도 의군이 결성되었기 때문이죠.

▷ 기자 : 항일 민족운동을 계속하던 연해주 동포들에게 큰 시련이 일어났다고 들었습니다.

▶ 동포 : 1937년 중·일 전쟁이 발생하자 일본이 소련으로 쳐들어올 것을 걱정한 소련의 스탈린은 연해주 한인 동포들이 일본의 첩자가 될

것을 예방한다는 명분으로 다수의 동포들을 중앙아시아(현재 우즈베키스탄, 카자흐스탄 등)로 강제 이주시켰습니다. 일본 침략의 불씨가 될지도 모르는 우리 동포들을 일본으로부터 멀리 떠나게 강요했던 것입니다. 너무나도 갑자기 이주가 이루어져 연해주의 재산을 모두 잃고, 몇 가지 옷과 식량만을 챙겨 화물열차를 타고 40일 동안 비참한 생활을 하였습니다. 가축우리만도 못한 비위생적인 상황에서 추위, 질병, 기아 등으로 사망자도 1만 명 이상 발생하였죠. 가까스로 도착한 중앙아시아의 열악한 환경 속에서 토지를 개척하고 정착하느라 많은 고생을 하였고, 이 과정에서 사망자 역시 많았습니다. 이처럼 현재 중앙아시아 지역에 거주하고 있는 우리 동포들을 카레이스키(고려인)라고 부릅니다.

다음은 미주 이주 동포와의 인터뷰입니다.

▷ 기자 : 2차 세계대전 이후 미주 동포들은 어떻게 독립운동을 하였나요?

▶ 동포 : 1941년 재미한족연합위원회를 결성하여 의연금을 모아 대한민국 임시정부에 보내어 큰 도움을 주었습니다. 또한 한인국방경위대(맹호군)를 조직하여 무장독립투쟁을 준비하였습니다. 맹호군이 실제 독립전쟁에 참전한 것은 아니지만 이후 한국광복군에 편입되어 우리 민족의 독립의지를 미국인들이 알 수 있게 하였습니다.

▷ 기자 : 재미한족연합위원회의 활동을 좀 더 알려주세요.

▶ 동포 : 재미한족연합위원회는 임시정부와 계속 연락하며 워싱턴에 다시 외교위원회를 설치하였습니다. 그러나 미국의 외면으로 큰 성과를 거두지는 못했습니다.

▷ 기자 : 미주 동포들의 다른 독립운동은 없었나요?

▶ 동포 : 미국이 일본과 본격적으로 전쟁을 하고 있었기 때문에 미군에는 우리 동포 청년들 수백 명이 자원입대하여 참전하였습니다. 미군을 도와 독립전쟁에 참전하였던 것이라고 할 수 있죠.

5.
응답하라
일제 강점기 사회, 경제, 문화의 변화

■ 농촌진흥운동

　　　　　　　　세계 대공황으로 농민층이 점차 몰락해가자 일제는 농민들의 반발을 무마하고 농촌 통제를 강화하기 위하여 농촌진흥운동을 벌이기도 하였지만 미봉책일 뿐이었습니다. 일제는 '자력갱생'을 내세우며 자력(스스로의 힘)으로 어려운 상황을 극복하고, 새로운 삶을 만들어가야 한다(갱생)고 주장하였습니다. 다시 말해 당시 먹고살기 어려운 것은 한국인의 게으른 민족성 때문이므로 성실한 일본인을 본받아 민족성을 개조하면 '갱생'할 수 있다는 말입니다. 한마디로 모든 책임을 우리 민족에게 돌리는 일제의 야비한 술책이었습니다.

■ 농민들의 몰락

　　　　　　　　일제가 실시한 토지조사사업과 산미증식계획은 농민들을 몰락시켰습니다. 식민지 지주제로 기한부 계약제 소작농으로 전락한 많은 농민들은 너무 비싸진 소작료 때문에 고통받았죠. 쌀 증산을 위해 들어간 수리조합비, 비료 값, 종자개량비 등까지 농민들에게 부담시켰기 때문에 더 많은 농민들이 몰락할 수밖에 없었죠. 그래서 많은 자작농들이 토지를 잃고 소작농으로 전락하였고, 소작농들은 지주에게 경작권을 빼앗기고 쫓겨나 화전민, 토막민으로 몰락하거나 만주, 연해주, 일본 등 국외로 떠나기도 하였습니다.

■ 식민지 공업화

1차 세계대전을 계기로 일본의 공업화가 급속도로 이루어지면서 일제는 식민지 조선을 공업화하여 우리 민족에 대한 노동 착취를 시작하였습니다. 이를 위해 일제는 1920년 회사령을 철폐하여 일본 자본의 투자를 쉽게 만들었죠. 이후 일본 재벌 등 일본 기업이 급속도로 증가하였습니다. 특히 1931년 만주사변 이후 전쟁에 필요한 군수 물자를 생산하기 위한 군수 산업, 중화학 공업이 한반도 북부를 중심으로 발달하였습니다. 그러나 일제는 한국인 노동자들에게 저임금을 주며 하루 15~16시간의 장시간 노동을 강요하는 등 착취를 일삼았습니다. 또한 고급 기술은 일본인들끼리만 공유하고, 한국인 노동자들에게는 단순 작업만 강요하여 기술 발전을 방해했습니다.

■ 일제의 노동 착취

다음은 일제 강점기에 우리 노동자들이 어떠한 노동 착취를 당했는지를 잘 알 수 있는 당시 『조선중앙일보』의 기사입니다.

> 어두컴컴한 공장에서 감독의 무서운 감시와 100도 가까운 열도 속에
> 서 뜨거운 공기를 마시며 골육이 쑤시고 뼈가 으스러지도록 노동하는 근
> 로자는 대개 15~6전으로, 6~7년 지나야 40~50전을 받게 된다. 기숙사
> 는 한방에 10명씩 처넣고 노동시간은 길고 수위가 교대로 감시하여 자
> 유를 제한하고 있다.

이처럼 일제 시기 우리 노동자들의 노동조건은 너무나도 열악했습니다. 일본인들의 몇 분의 일밖에 안 되는 임금을 받으며 노동시간은 하루 15~16시간에 이르는 경우가 허다했습니다. 특히 교육을 받아야 할 많은 아동들이 공장으로 내몰려 장시간 노동, 노동재해, 질병, 저임금 등에 시달려야 했습니다.

■ 식민지 근대화론의 허구성

지금도 일본의 극우 세력들이 주장하는 역사 왜곡 중의 하나가 식민지 근대화론입니다. 즉 일본이 식민지 지배를 하면서 우리 민족의 근대화가 이루어졌다는 주장입니다. 이러한 주장은 우리나라 사람들 중에서도 일부지만 하고 있습니다. 이러한 주장의 근거는 일제 강점기에 철도, 공장, 전등, 전화, 우편 등 근대 시설들이 서울을 비롯한 대도시들을 중심으로 만들어지면서 근대적 도시화가 이루어졌다는 사실에 바탕을 두고 있습니다.

물론 일제 강점기에 근대 시설이 엄청나게 만들어진 것은 분명한 사

실입니다. 하지만 근대 시설을 실제 이용한 사람들은 일본인과 일부 상류층 한국인들뿐이었습니다. 철도 요금, 전기 요금, 전화 요금 등이 비쌌기 때문에 대다수의 한국인들은 이용할 수 없었고, 공장에서 일하는 노동자들 역시 저임금, 장시간 노동으로 착취당할 뿐이었습니다. 특히 철도는 일제가 침략을 목적으로 만든 대표적인 근대 시설이었습니다. 호남평야에서 생산된 쌀을 운반하여 일본으로 가져가기 위해 만든 것이 호남선(1914)이며, 북부지방의 지하자원 수탈을 위해 만든 것이 경원선(1914)입니다.

드라마 「스캔들」에는 원수의 아들을 유괴하여 자신의 아들인 것처럼 키우는 내용이 나옵니다. 원수에게 복수하기 위해 원수의 아들을 유괴한 것이죠. 그런데 만약 유괴범이 "내가 너를 먹여주고 입혀주고 하면서 키웠으니까 나한테 고마워해라!"고 한다면 말이 될까요? 유괴라는 범죄가 용서될 수 있을까요? 식민지 근대화론이 이와 똑같은 주장이라고 할 수 있습니다. 우리나라를 식민지로 유괴한 일본이 "우리 덕분에 철도도 깔고, 공장도 건설하여 근대화시켜줬으니까 고마운 줄 알아라!"라고 우기는 거죠. 범죄자가 자신의 범죄를 뉘우치지 않고 오히려 합리화시키는 것입니다.

■ 도시 빈민의 삶

도시화가 진행되면서 농촌에서 도시로 이동하는 사람들이 점점 많아졌습니다. 이들은 대개 토지조사사업과 산미증식계획에 따라 농촌에서 경작할 땅을 잃고 도시로 이동한 사람들이었기 때문에 가난하였습니다. 이들은 대개 도시 외곽에 다리 밑, 강가, 야산 등에 거적(짚으로 만든 일종의 바람막이였죠)으로 움막을 짓고 살았기 때문에 토막민이라고 불렸습니다. 이러한 토막민들이 집단적으로 거주하던 토막촌은 거지 등 빈민들이 사는 곳으로 우리 민족의 비참한 현실을 보여주는 곳이었죠.

■ 일제가 만든 법률의 문제점

일제는 1912년 조선민사령을 만들어 호주제를 시작하였습니다. 이에 따라 남성만이 호주(한 가족의 대표)가 될 수 있었고, 여성에 대한 차별을 법제화하여 여성의 지위를 약화시켰습니다. 또한 일제는 호적에 직업을 기재하는 방법으로 백정에 대한 차별을 하였습니다. 이 때문에 백정의 자녀들은 학교에 들어가는 것을 거부당하거나 심지어 퇴학당하기도 하였으며, 취업을 거부당하기도 하였습니다. 이에 1923년 형평운동이 시작되었고, 점차 백정에 대한 차별이 해소되어갔습니다.

또한 일제는 삼림령을 만들어 함부로 산에서 땔감을 가져오지 못하도록 하였습니다. 우리 민족은 땔감으로 온돌을 데워 난방을 해왔기 때문에 일제가 만든 삼림령은 우리 민족에게 큰 생활의 불편을 가져왔습니다. 또한 일제는 양력 사용을 강요하였습니다. 1895년 을미개혁 이후 우리나라는 양력을 사용하기 시작하였지만 일상생활에서 사람들은 대개 음력을 사용하였습니다. 그래서 지금도 생일을 음력으로 기념하기도 하고, 설날, 추석과 같은 명절이나 돌아가신 분들에 대한 제사 등은 반드시 음력을 따르고 있죠. 일제는 음력 사용이 날짜를 혼란스럽게 한다고 하며 방해하였지만 우리의 전통적인 날짜 감각은 사라지지 않았습니다.

또한 일제는 우리 민족이 즐겨 입던 흰옷을 입지 못하도록 강요하기도 하였습니다. 특히 일제 말기에는 여성에게는 몸뻬, 남성에게는 국민복 등을 입도록 강요하면서 흰옷을 입은 사람들에게는 먹물을 뿌려 더럽히고, 배급 등에서 차별하기도 하였습니다. 심지어 일제는 우리 민족에게 좌측통행을 강요하기도 하였습니다. 일본에서는 사람이 걸을 때 좌측통행을 하였고, 우리나라에서는 우측통행을 하였습니다. 그런데 1920년대부터 일본과 똑같이 좌측통행할 것을 우리 민족에게도 강요한 것입니다. 이후 우리 민족은 해방 후에도 계속 좌측통행을 해왔는데, 1960년대부터는 공식적으로 좌측통행을 하도록 정하였습니다. 그러나 2010년에 와서야 우측통행으로 바뀌었지만 아직도 좌측통행을 하는 사람들이 많은 것이 현실입니다.

■ 일제 강점기의 문학 활동

다음은 문학 활동에 대해 살펴보겠습니다. 일제 강점기 각 시기별로 많은 변화가 이루어졌는데요. 작가들의 가상 대화를 통해 살펴보죠.

▷ 사회자 : 1910년대는 최남선, 이광수 두 사람의 시대입니다. 그래서 2인 문단 시대라고도 하죠. 먼저 최남선 선생님께서 말씀해주시죠.

▶ 최남선 : 저는 제가 계발한 신체시를 계속 발표하고, 『소년』, 『청춘』 등의 잡지를 발행하였습니다.

▶ 이광수 : 저는 최초의 근대 소설인 『무정』을 발표하였습니다. 우리들은 신체시, 소설을 통해 대중을 계몽하려고 하였기 때문에 우리들의 문학을 계몽 문학이라고도 합니다.

▶ 사회자 : 1920년대에 들어가면서 『창조』, 『폐허』, 『백조』 등의 동인지가 발간되어 작품 활동이 활발해졌습니다. 염상섭의 『만세전』, 현진건의 『빈처』 등이 발표되어 식민지 지배를 당하는 상황에서 개인의 비참한 현실을 다룬 사실주의가 나타났으며, 식민지 현실에 좌절하여 허무주의, 퇴폐적 낭만주의가 나타나기도 하였습니다.

▶ 김소월 : 저는 「진달래꽃」 등 민요조의 서정시를 발표하였습니다. 여러분들이 잘 아는 가수 '마야'가 부른 「진달래꽃」이 바로 제가 지은 시입니다. 나 보기가 역겨워 가실 때에는 / 말없이 고이 보내 드리우리다 / 영변에 약산 / 진달래꽃 / 아름 따다 가실 길에 뿌리우리다.

▶ 한용운 : 저는 「님의 침묵」 등 항일적 성격의 작품을 썼습니다. 님은 갔습니다. 아아 사랑하는 나의 님은 갔습니다.

▶ 이상화, 심훈 : 우리가 쓴 「빼앗긴 들에도 봄은 오는가」(이상화, 그러나 지금은 들을 빼앗겨 봄조차 빼앗기겠네), 「그날이 오면」(심훈, 그날이 오면 그날이 오면은 / 삼각산이 일어나 더덩실 춤이라도 추고 / 한강 물이 뒤집혀 용솟음칠 그날이, / 이 목숨이 끊어지기 전에 와주기만 하량이면)은 식민지 현실과 독립의 염원을 표현한 대표적 작품들입니다.

▶ 신경향파 : 1920년대 후반부터는 사회주의 사상의 영향을 받아 신경향파 문학이 나타났습니다. 사회주의 계열의 작가들이 모여 카프(KAPF)를 결성하였죠. 이러한 흐름이 더욱 강화되어 계급성을 지나치게 강조하는 프로 문학이 나타나기도 하였습니다.

▶ 국민문학운동 : 민족주의 계열에서는 민족의식과 향토애를 담은 국민문학운동을 전개하기도 하였습니다.

▶ 최남선, 이광수, 주요한, 조병화, 서정주, 모윤숙 : 1930년대 이후 일제에 저항하는 문학 활동은 어려웠습니다. 그래서 이 시기를 문단의 암흑기라

고 합니다. 우리들은 군국주의를 찬양하는 등 친일문학에 앞장섰습니다. 그때는 일본이 망할지 몰랐죠. 알았으면 이렇게 친일에 앞장섰겠습니까? 또 순수문학을 내세우는 『문장』이 발행되면서 문학의 현실 도피 경향이 뚜렷해지기도 하였습니다.

▶ 이육사 : 저와 윤동주, 이상화, 한용운 등은 일제에 대한 강렬한 저항의식을 보이는 작품을 써서 일제의 탄압을 당하였습니다. 제 원래 이름은 이원록입니다. '이육사'라는 이름은 제가 1927년 조선은행 대구지점 폭파 사건으로 구속되어 형무소에 있을 때 수인번호 264에서 따온 이름이죠. 저의 대표적인 시 「광야」는 이렇게 끝을 맺죠. 이 광야에서 목 놓아 부르게 하리라.

▶ 윤동주 : 저는 '재교토 조선인 학생 민족주의 그룹 사건'으로 체포되어 일본 후쿠오카 형무소에서 생체 실험을 당하다가 사망하였습니다. 저는 일본이 패전하는 기회를 이용해 조선 출신 군인들이 일본군을 공격해야 한다고 생각하였죠. 제 유고 시집인 『하늘과 바람과 별과 시』의 서문과 같은 시가 바로 「서시」(죽는 날까지 하늘을 우러러 / 한 점 부끄럼이 없기를) 입니다.

■ 일제 강점기의 예술 활동

다음은 일제 강점기 음악, 미술, 연극, 영화 활동 등에 대해 살펴보겠습니다. 예술가들의 가상 대화를 들어보죠.

▷ 사회자 : 음악에서는 일제 강탈 이후에 나라가 망한 슬픔을 노래하

는 창가(「망국가」, 「학도가」 등)가 유행하였습니다. 1920년대에는 어떤 음악이 나왔나요?

▶ 홍난파 : 저의 「봉선화」, 현제명의 「고향 생각」, 윤극영의 「반달」 등 민족적인 정서를 담은 노래들이 발표되었습니다.

▶ 안익태 : 저는 학창 시절 반일 운동으로 무기정학을 당했으며, 1930년대에는 애국가와 그리고 이를 주제로 한 「코리아 환상곡」을 작곡하였습니다. 1942년에는 저의 「코리아 환상곡」 연주를 문제 삼은 일본의 항의로 이탈리아에서 쫓겨났죠. 저는 세계 각지에서 「코리아 환상곡」을 연주하였는데, 항상 「애국가」 합창을 우리말로 부르도록 노력했습니다.

▷ 사회자 : 그러나 일제 말기에 홍난파, 현제명은 변절하여 친일 음악을 발표하였습니다. 화가들은 어떤 그림들을 그렸나요?

▶ 이중섭 : 일제 강점기 대표적인 화가로는 저를 비롯해 안중식, 고희동, 김관호 등이 있습니다. 안중식, 이상범, 허백련은 전통 회화, 고희동, 김관호, 나혜석, 저는 서양화에서 유명하죠. 또 저는 소 그림을 주로 그렸습니다.

▶ 사회자 : 연극에서는 3·1운동 이전에는 신파극이 유행하였는데 사랑과 이별을 주제로 당시의 풍속과 비화 등을 다룬 통속적이고 상업성을 띤 연극이었습니다. 그러나 식민지의 슬픔을 표현하기도 하였죠. 이후 토월회(1920년대)가 신극 운동에 앞장섰습니다. 주로 남녀평등, 봉건적 유교사상 비판, 일제에 대한 저항을 주제로 한 연극을 공연하였습니다. 극예술연구회(1930년대) 역시 유치진의 「토막」 등 비참한 식민지 현실을 주제로 한 연극을 공연하였습니다. 일제 말기에는 일제를 찬양하는 연극이 공연되고, 일본어를 쓰지 않는 공연은 허가되지 않았습니다.

▶ 나운규 : 영화는 경성고등연예관, 우미관, 단성사 등 영화관에서 상

「아리랑」의 각본, 감독, 주연을
맡았던 나운규

영되었는데, 처음에는 무성영화였기 때문에 변사들이 큰 활약을 하였죠. 저의 「아리랑」(1926) 역시 무성영화였기 때문에 변사가 대사를 읽어 주어야 했습니다. 「아리랑」은 우리 민족 영화의 대표적 작품으로 향토적인 정서, 망국의 통분과 슬픔을 표현하였습니다. 1926년에는 6·10 만세운동이 있었고, 「아리랑」이 상영 중이었던 12월에는 나석주의 의거가 발생하였죠. 이러한 역사의 흐름과 영화의 민족성이 결합하여 당시 우리 민족의 폭발적인 호응을 얻었던 것이죠. 그렇다면 일제는 왜 「아리랑」이 상영되도록 그냥 두었을까요? 당시 변사들은 일제의 검열을 피하기 위해 일본 경찰이 검열을 나오면 반일적인 내용을 순화하여 읽고, 일본 경찰이 없을 때는 반일적인 내용을 그대로 읽었기 때문입니다.

▷ 사회자 : 이렇게 검열을 피하는 방법은 현대에서도 이용되었는데, 군사정권 시기에 연극 대사 중 반독재적인 대사들은 경찰이 있을 때는 다른 대사로 바꾸고, 경찰이 없을 때는 그대로 대사를 하였다고 합니다. 검열에 저항하는 예술가들의 아이디어는 시공을 초월한 것이라는 생각이 듭니다. 그러나 일제 말기 조선문인협회, 조선음악가협회, 조선미술가협회, 조선연극협회 등이 조직되어 많은 예술가들은 일제의 침략 전쟁과 식민 통치를 찬양하였다는 사실을 기억해야 합니다. 또한 해방 이후 친일파 처벌이 제대로 이루어지지 않으면서 지금까지도 일본, 서양 문화를 높이 평가하고 우리 문화에 대해서는 경멸하는 의식이 남아 있기도 합니다.

■ 일제 강점기의 과학, 체육 활동

일제는 우리 민족을 하급 기술 인력으로 쓰기 위해 과학 교육을 제대로 하지 않았습니다. 그래서 경성제국대학에는 아예 이과를 설치하지도 않았죠. 이러한 상황에서도 안창남은 비행기 조종사가 되어 1922년 고국 방문 비행을 하여 우리 민족의 자긍심을 고취하였습니다. 안창남은 우리 민족의 스타로 떠올라 어린이들은 「안창남 노래」를 부르고 다니곤 하였습니다. 다음은 「안창남 노래」입니다.

> 떴다 비행기 보아라 안창남
> 장하다 안창남 조선의 건아
> 청년들아 본받자 저 높은 기상
> 장하다 안창남 조선의 건아

이후 과학 강연회가 전국적으로 개최된 것도 이러한 영향에 따른 것이었죠. 안창남은 이후 중국으로 건너가 비행학교 교관이 되어 독립운동에 참여하였고, 1930년 비행기 고장으로 추락하여 사망하였습니다. 당시 우리 민족의 스타가 또 한 명 있었으니 그가 바로 엄복동입니다. "쳐다보니 안창남, 굽어보니 엄복동"이었죠. 엄복동은 1920년 경성시민운동대회 자전거 경주 우승으로 스타로 떠올랐는데, 각종 자전거 경주대회에서 연속 우승하면서 우리 민족의 영웅이 되었습니다. 특히 일본인 심판들이 엄복동의 우승을 막기 위해 경주를 중단하는 등 탄압을 가하자 엄복동이 이에 항의하다 구타를 당하는 등 엄복동은 스포츠 민족주의의 원조였습니다. 이후 엄복동은 치안유지법 위반으로 구속되는 등 일제의 탄압을 받았습니다.

또 1924년 창립된 발명학회에서는 『과학 조선』을 창간(1933)하고, '과학의 날'을 제정(1934)하였고, 과학지식보급회(1934)에서는 '과학의 생활화', '생활의 과학화'를 주장하며 '과학의 날' 행사를 열기도 하였습니다.

★ 영화와 드라마로 역사 읽기 – 영화 「마이웨이」

영화 「마이웨이」의 주인공은 마라톤 선수였습니다. 주인공이 1940년 개최될 것으로 예정된 도쿄 올림픽 마라톤 대표 선발전에 나갈 수 있도록 도움을 준 사람으로 손기정이 나오죠. 그러나 선발전에서 우승한 주인공은 억울하게도 마라톤 대표에서 탈락합니다. 그리고 오히려 일본 군대에 끌려가 시베리아의 전쟁터에서 죽을 위기에 처하죠. 당시 일제의 침략 전쟁에 우리 젊은이들이 전쟁터로 끌려가 엄청나게 고생하고, 죽거나 다친 경우가 많았음을 잘 보여주는 영화입니다.

이 영화에서는 1936년을 묘사하면서 손기정이 베를린 올림픽 마라톤 우승 후 우리나라에 돌아와 카퍼레이드하는 장면이 나왔습니다. 실제로 손기정은 마라톤에서 전 세계적인 스타였습니다. 백범 김구는 해방 후 귀국하여 손기정을 만났을 때 이렇게 말씀하셨다고 합니다. "손기정 때문에 세 번 울었다. 한 번은 올림픽 우승 소식에 감격해 울고, 또 한 번은 손기정이 일제에 의해 필리핀 전선에 끌려가 전사했다는 소식을 듣고 불쌍해서 울고, 그리고 귀국해 건강한 손기정을 만나 살아 있는 것을 확인하고는 반가워서 울었다."고 말입니다. 금메달을 딴 손기정과 동메달을 딴 남승룡 모두 가슴에 단 일장기 때문에 부끄러워 고개를 숙인 채 시상대에 오른 사진에서 지금도 슬픔을 느낄 수 있습니다.

1936년 베를린 올림픽 마라톤 시상식의 손기정과 남승룡의 사진

위의 사진은 마라톤 우승자인 손기정 선수와 3위를 한 남승룡 선수가 고개를 숙이고 있는 장면입니다. 손기정 선수는 마라톤 우승자에게 주어진 묘목으로 자연스럽게 가슴의 일장기를 가릴 수 있어서 다행이었다고 합니다. 동메달을 딴 남승룡 선수는 묘목을 받지 못했고, 가슴의 일장기를 가릴 수 없었기에 부끄러운 마음에 고개를 숙이고 있었고, 묘목으로 일장기를 가릴 수 있었던 손기정 선수가 정말 부러웠었다고 합니다.

★ **영화**와 **드라마**로 **역사** 읽기 – **영화** 「모던 보이」

1920, 30년대 대중문화의 아이콘은 '모던 걸'과 '모던 보이'였습니다. 영화 「모던 보이」의 배경이 되는 시대이기도 합니다. 이 영화의 남자 주인공은 말 그대로 '모던 보이'입니다. 최신 양복에 중절모를 쓰고 멋진 구두와 비싼 시계를 차고 다니죠. 친일파 부자의 아들이기 때문에 돈을 물 쓰듯 쓰며 고급 바에서 라이브 음악을 들으며 비싼 양주를 마시죠. 이러한 '모던 보이'가 '모던 걸'을 만나 사랑에 빠집니다. '모던 걸' 역시 서양 여자처럼 멋진 하이힐을 신고 아름다운 드레스를 입고 서양 노래를 부릅니다. 이와 같은 1920, 30년대 자본주의적 소비문화는 서울을 중심으로 퍼져나갔습니다. 서울에는 백화점이 여러 개 세워져 비싼 물건들이 팔렸으며, 서양식 고급 주택인 '문화 주택'이 건설되었습니다.

서울 거리 곳곳에 생긴 다방과 카페에는 최신 서양식 옷을 입은 남자와 여자들, 즉 '모던 보이'와 '모던 걸'이 최신 헤어스타일을 하고 유행에 앞장섰습니다. 또한 라디오와 레코드(축음기. 현재 CD플레이어나 MP3처럼 음악을 들을 수 있는 기계 죠)가 보급되면서 성우와 가수들이 큰 인기를 끌기도 하였습니다. 특히 유행가가 큰 인기를 끌어 5만 장씩 판매되는 음반도 나올 정도였습니다.

6.
응답하라 1940

■ 임시정부의 충칭 정착

응답하라 1940! 1940년은 임시정부가 충칭에 정착한 해입니다. 1932년부터 시작된 임시정부의 이동은 1940년 충칭에 정착하면서 끝났습니다. 또한 김구 중심의 한국국민당, 조소앙 중심의 한국독립당, 지청천 중심의 조선혁명당이 뭉쳐 한국독립당을 결성하였죠(1940). 한국광복군이 만들어진 것도 이때입니다(1940). 일제 패망에 대비하여 우리 스스로의 힘으로 나라를 되찾기 위한 준비가 시작된 중요한 해입니다.

이후 충칭 임시정부는 한국독립당을 중심으로 운영되었습니다. 또한 김구 주석 중심의 단일지도체제로 헌법을 바꾸었으며, 조소앙의 삼균주의에 기초한 건국 강령을 발표하였습니다(1941). 1942년에는 김규식, 김원봉 등 민족혁명당 세력이 임시정부에 합류하여 좌우 합작이 이루어졌습니다.

■ 한국광복군의 활동

한국광복군 총사령부의 성립

　　　　　　　　한국광복군은 1940년 임시정부의
정규군으로 충칭에서 창설되었습니다. 총사령관은 지청천, 참모장은 이범
석이었는데, 1942년 민족혁명당 세력과 함께 조선의용대의 일부가 흡수
되어 군사력이 강화되었습니다. 한국광복군은 처음에 중국 국민당 정부
와 '한국광복군 행동 준승 9개항'을 맺어 중국 군사위원회의 지휘를 받
았습니다. 그러나 1944년 준승이 폐기되면서 독자성을 확보하였습니다.
대일·대독 선전포고(1941) 이후 연합군의 일원으로 한국광복군 공작대를
파견하여 미얀마·인도 전선 등에서 영국군을 도와 주로 심리전(포로 심문,
암호 번역, 선전 전단 작성, 대적 회유 방송)에 참여하였습니다(1943). 다음은 대일
선전포고 중 일부입니다.

　1. 한국 전체 인민은 이미 반침략 전선에 참가하였으니, 한 개의 전투단
위로서 추축국에 대하여 전쟁을 선포한다.
　3. 한국과 중국 및 서태평양에서 외구를 완전히 몰아내기 위하여 최후

의 승리를 거둘 때까지 피로써 싸운다.

또한 임시정부에서는 충칭의 방송국을 통하여 국내의 동포들에게 세계대전이 일본의 패배로 끝나가고 있으며 해외에서 독립 투쟁이 벌어지고 있다는 소식을 전하였습니다. 미국의 한인 청년들에게 자원입대를 장려하여 수백 명의 재미동포들이 참전하였습니다. 또한 미국 전략정보처(OSS)와 합작하여 국내 진공 계획(광복군 중 국내 정진군을 편성·훈련시켜 잠수함으로 국내에 침투, 조선인들의 무력 봉기를 유도해 조선을 해방시키려는 계획)을 추진하였으나 일본의 항복으로 실현되지는 못하였습니다. 다음은 한국광복군의 국내 진공 계획을 담고 있는 『백범일지』의 내용입니다.

따라서 광복군의 작전은 꼭 성공해야 한다. 그리하여 우리도 전승국의 하나가 되어 국제적 지위를 얻어야 하는 것이다.

■ 해방 직전의 건국 준비 활동

구 분	대한민국 임시정부	조선독립동맹	조선건국동맹
중심 인물	김구	김두봉	여운형
계 열	좌우 합작	사회주의	좌우 합작
공통 목표	민주공화국 수립		

　　　　　　　　　1941년 임시정부에서는 건국 강령('새로운
민주주의 확립과 사회 계급의 타파, 경제적 균등주의의 실현'을 주창)을 발표하였는데,
조소앙의 삼균주의에 바탕을 두어 작성되었습니다. 다음은 삼균주의를
담고 있는 『조소앙 문집』의 일부 내용입니다.

　　개인과 개인을 균등하게 하는 길은 무엇인가. 그것은 정치의 균등화요,
　　경제의 균등화요, 교육의 균등화이다. 보통선거제를 실시하여 정권에의
　　참여를 고르게 하고, 국유제를 실시하여 경제 조건을 고르게 하며, 국비
　　에 의한 의무교육제를 실시하여 교육 기회를 고르게 함으로써, 국내에서
　　의 개인과 개인 사이의 균등 생활을 실현하는 것이다.

　　삼균주의는 개인과 개인 사이의 균등, 민족과 민족 사이의 균등, 국
가와 국가 사이의 균등이 이루어지기를 바라는 주장입니다. 특히 개인
과 개인 사이의 균등은 정치, 경제, 교육의 균등을 통해 달성할 수 있다
고 여겼어요. 정치의 균등은 국민 모두에게 참정권을 부여하는 보통선거
로, 경제의 균등은 주요 산업·토지의 국유화로, 교육의 균등은 무상 의
무교육으로 이루어질 수 있다는 주장이죠. 일제로부터 우리나라를 되찾
아 새롭게 세울 나라를 민주공화국으로 건설하자는 것이었습니다. 1942
년에는 한국독립당에 조선민족혁명당이 합류하여 좌우 합작이 이루어졌

습니다. 좌우 합작으로 민족 독립운동의 힘을 합쳐 해방을 준비하기 위한 것이었죠.

일제 패망 직전 중국 화북 지방은 중국 공산당 세력들이 장악하고 있었습니다. 그래서 사회주의 계열의 우리 독립운동가들이 많이 활동하였는데, 김두봉을 중심으로 결성한 것이 조선독립동맹입니다. 그 아래에 만들어진 독립군인 조선의용군은 중국 공산당 팔로군과 힘을 합쳐 항일 투쟁을 전개하였습니다. 조선독립동맹 역시 민주공화국 수립을 목표로 활동하였습니다. 다음은 이를 알 수 있는 「조선독립동맹 강령」의 내용입니다.

> 본 동맹은 조선에 대한 일본 제국주의의 지배를 전복하고, 독립 자유의 조선 민주공화국을 수립할 목적으로 다음 임무를 실현하기 위해 싸운다.

태평양 전쟁에서 미국이 승기를 잡으면서 일제가 결국 패배할 것이라는 예측이 점차 많아졌습니다. 미군이 일본군을 물리치며 일본 본토를 향해 나아가고 있음을 알게 된 우리 민족 지도자들은 국외에서 활동하고 있는 무장 독립군들이 국내에 진입하면 민중봉기를 일으켜 일제 경찰과 군인들을 공격하여 우리 스스로 독립을 쟁취해야 한다는 무장봉기론이 일어났습니다. 실제로 무장봉기를 준비하기 위한 수백 개의 비밀결사가 조직되기도 하였습니다.

이러한 분위기 속에서 1944년 국내에서도 여운형을 중심으로 민족주의계 독립운동가들과 사회주의계 독립운동가들이 좌우 합작으로 조선건국동맹을 비밀결사로 결성하였습니다. 특히 무장봉기를 계획하기 위한 군사위원회를 두기도 하였으며, 임시정부와 조선독립동맹과 연계할 준비를 하였습니다. 또한 조선건국동맹 역시 일본의 패전과 민족의 독립에 대비하여 민주공화국 수립을 목표로 활동하였습니다. 다음은 이를 알 수 있는 「조선건국동맹 강령」의 내용입니다.

> 3. 건설부 면에 있어서 일체의 시정을 민주주의적 원칙에 의거하고, 특히 노농 대중의 해방에 치중할 것.

이와 같이 일제의 패망에 대비하여 해방을 준비하고 있던 세 독립운동 단체의 공통점은 모두 민주공화국 수립을 목표로 했다는 것입니다. 꼭 기억하세요.

■ 한국의 독립을 약속한 연합국

원래 2차 세계대전이 끝나기 전 연합국들은 우리나라의 독립을 약속하였습니다. 1943년 미국의 루스벨트, 영국의 처칠, 중국의 장제스가 이집트 카이로에서 만나 회담을 하였는데, 카이로 선언 제3항에서 "한국인의 노예 상태에 유의하여 적절한 과정을 거쳐 한국을 해방하여 독립시킬 것을 결정한다."라고 하였죠. 이는 김구의 요구에 따라 장제스가 주도하여 카이로 선언에 넣도록 주장했던 것이었죠.

그러나 연합국들의 독립 약속에는 한 가지 큰 문제가 있었습니다. 카이로 선언에는 "적절한 과정을 거쳐 한국을 해방하여 독립시킬 것"이라는 문구가 들어 있었죠. 이 말은 다시 말해 '즉시 독립을 시키지 않겠다.'

는 뜻이었습니다. 실제로 당시 미국과 소련은 우리나라에 대한 신탁통치를 계획하고 있었다고 합니다.

또한 1945년 2월 얄타 회담에서는 미국의 루스벨트, 영국의 처칠, 소련의 스탈린이 비밀 협정을 맺었습니다. 그 내용은 "독일과 전쟁이 끝나면 3개월 이내에 소련이 대일전에 참전한다."는 것이었죠. 또한 독일에 대해서는 미국, 영국, 프랑스, 소련의 4개국이 분할 점령할 것을 결정하였고, 나머지 패전국들과 패전국의 식민지들은 "가능한 빠른 시일 내에 자유선거를 실시하여 정부를 수립한다."는 원칙이 세워졌습니다.

■ 한국 독립을 재확인한 포츠담 선언

다시 7월에는 독일 포츠담에서 미국의 트루먼, 영국의 처칠, 중국의 장제스가 카이로 선언을 재확인하고, 일본의 무조건 항복을 요구했습니다. 즉 우리 민족의 해방과 독립을 재확인한 것이죠. 그러나 일본은 항복을 거부하고 결사항전을 준비하였습니다. 이에 미국은 8월 6일 히로시마, 8월 9일 나가사키에 원자폭탄을 투하하여 엄청난 인명을 살상하는 타격을 가하였습니다. 또한 얄타 협정에 따라 소련은 8월 8일 대일 선전포고를 하고, 만주의 일본 관동군과 전투를 벌이기 시작했습니다. 소련이 한반도에 개입할 상황이 만들어진 것입니다.

VI.

응답하라
대한민국

1.
응답하라 1945

■ 광복과 조선건국
준비위원회의 활동

1945년 8월 15일 일제는 패망하였습니다. 일본의 항복 선언 후 실제 라디오 방송에서는 조선인들이 일본인들에 대해 보복하는 것을 막기 위해 "일본에는 조선인 250만 명이 살고 있다."는 사실을 이용하여 협박, 경고하였습니다. 조선에 있는 일본인들을 죽이면 일본에 거주하는 조선인들 역시 죽이겠다는 사실상 인질 협박이었죠. 그러나 우리 민족은 해방의 기쁨에 보복은 꿈에도 생각하지 않았습니다. 일본인들이 모두 철수할 때까지 단 한 건의 일본인 사망자도 없었으니까요.

미국과 소련은 일제의 항복 직전 38도선을 경계로 남한은 미군이, 북한은 소련군이 주둔하여 군정을 실시하기로 결정하였습니다. 패전국 일본이 당할 분할 통치의 고통을 우리가 대신 당하게 된 거예요. 정말 열받는 일입니다. 어떤 범죄자가 인질을 붙잡고 인질극을 벌였는데, 범죄자는 풀어주고 인질을 감옥에 집어넣은 상황과 똑같죠. 이처럼 우리 민족에겐 해방의 기쁨과 분단의 두려움이 같이 다가온 것입니다. 이는 우리

38도선 : 미국과 소련은 일본군의 무장 해제를 목적으로 남한과 북한을 분단하였죠.

민족의 힘으로 해방을 이루지 못했기 때문이었습니다. 다음은 해방을 맞아 오히려 걱정을 하고 있는 김구의 심정을 담고 있는 『백범일지』의 내용입니다.

"아 왜적이 항복! 이것은 내게 희소식이라기보다는 하늘이 무너지고 땅이 꺼지는 일이었다."(김구는 우리 민족의 힘으로 나라를 되찾지 못했기 때문에 앞으로 벌어질 일들이 걱정되었던 것이죠)

소련군은 해방군으로 들어왔지만 강도, 강간을 일삼는 군인들이 많았습니다. 소련군들은 시계를 여러 개 차고 다니는 경우가 많았는데, 모두 일본인이나 한국인들을 위협하여 빼앗은 것들이었죠. 소련은 이러한 사태를 막기 위해 1946년 1월부터 헌병을 곳곳에 배치하여 강간범을 즉시 총살하도록 명령하였을 정도였습니다. 소 군정청은 인민위원회를 통치에 이용하면서 소련군이 데리고 들어온 김일성을 중심으로 공산정권 수립을 지원했습니다. 김일성은 해방 직전 소련 극동군 아래 88특별여단

소속 대위였습니다. 해방 직후 9월 초 스탈린을 만난 김일성은 소련이 내세울 지도자로 결정되었죠. 소련의 꼭두각시로 결정된 김일성은 소련의 지원을 받아 세력을 확대해나갔고, 이러한 소련의 김일성 지원에 저항하는 조만식 등 민족주의 계열 인사들은 모두 숙청당하였습니다.

★ 영화와 드라마로 역사 읽기 - 드라마 「여명의 눈동자」②

일제가 패망하기 직전인 1945년 7월 24일 이른바 '부민관 폭파 의거'가 일어났습니다. 당시 대표적인 친일파였던 박춘금이 친일 단체인 대의당을 조직하고, 서울 부민관에서 '아시아민족분격대회'를 개최하였습니다. 부민관은 당시 친일 성향의 예술 공연이나 각종 친일 정치집회 등이 열렸던 곳으로서 이날 대의당이 주최한 이 대회는 동아시아 여러 나라의 대표적 친일파들이 한자리에 모여 일제에 대해 충성을 맹세하고 미국에 대한 결사항전을 선동하는 자리였습니다. 이때 대한애국청년단(조문기, 유만수, 강윤국)이 부민관에 폭탄을 설치해 폭파시켰죠. 1명이 죽고 수십 명이 다친 큰 사건이었습니다. 사건 직후 친일파 박춘금은 거액의 현상금을 내걸었지만 범인은 잡지 못했습니다. 이 사건 후 한 달도 되지 않아 일제가 패망했기 때문입니다. 의거의 주인공이었던 조문기는 이후 민족문제연구소 이사장이 되어 친일파 청산에 평생을 바치고 2008년 작고하였습니다.

이 사건은 드라마 「여명의 눈동자」에서 다루기도 하였죠. 대한애국청년단이 벌였던 사건을 주인공들인 여옥, 하림 등이 주도한 것으로 각색하였습니다. 여옥이 복대 속에 폭탄을 숨기고 임산부로 위장하여 부민관에 침투하다가 친일파 경찰들에게 발각이 되어 체포되었지만 다른 요원이 폭탄을 터뜨려 의거에 성공하는 내용이었죠. 이 사건으로 여옥과 하림은 체포되어 고문을 당하다가 해방이 되어 풀려난 것으로 극화되었습니다.

미국은 우리나라에 대한 정보가 거의 없었어요. 그래서 자신들의 통치를 도와줄 한국인들이 필요했고, 친일파들은 재빠르게 미군정에 참여하면서 세력을 유지하였습니다. 이 상황은 드라마 「여명의 눈동자」에서도 묘사되었습니다. 미군 첩보기관에 들어간 하림은 정보 보고서에 "독립운동가들은 친일파들이고, 친일파들은 애국자들이다."라고 쓰여 있는 내용을 보고 분노하죠. 그리고 이러한 정보를 누구한테 얻었느냐고 질문합니다. 그 대답은 "영어를 할 줄 아는 사람, 미군정에 협조적인 사람"이었죠. 이에 하림은 "친일파들이 해방 직전까지 미국을 욕하며 일본을 위해 끝까지 싸웠다."는 사실을 말해주죠. 당시의 상황을 상징적으로 보여주는 장면이었습니다.

■ 조선건국준비위원회의 활동과 해방 직후 남한의 정세

해방 → 조선건국준비위원회 → 조선인민공화국 → 미군정

　　　　　　　　한편, 우리 민족운동가들은 해방 직후 조선건국준비위원회를 조직하였습니다. 8월 15일 아침 여운형은 엔도 정무총감과 행정권 이양에 관한 교섭을 벌였습니다. 이때 여운형이 일제에 요구한 5개 사항 중 핵심은 다음과 같습니다.

첫째, 전국적으로 정치범, 경제범을 즉시 석방할 것.(구속되어 있는 우리 독립운동가들을 석방하라는 것이죠.)

둘째, 8·9·10월의 3개월분 식량을 보장할 것.(일제가 패망하면서 국가체제가 무너졌기 때문에 새로운 나라를 다시 세울 때까지 필요한 시간 동안의 식량을 확보하려는 것이었죠.)

셋째, 치안 유지와 건국을 위한 정치활동에 간섭하지 말 것.(일제가 우리
의 건국 활동을 방해하지 못하도록 약속을 받은 것이죠.)

조선건국준비위원회는 해방 직후 여운형이 중심이 되어 조선건국동
맹(1944년 조직)을 바탕으로 조직했습니다. 조선건국준비위원회는 각 지역
의 치안·행정을 담당하고, 식량 등 생활필수품 확보에 노력하였습니다.
해방 후 일제의 지배체제가 사라지면서 발생할 혼란을 줄이고, 식량 부
족으로 인한 절도·폭동 등을 방지하는 등 신속하게 건국을 준비하기 위
해서였죠. 조선건국준비위원회는 미군의 주둔이 다가오면서 정부 형태로
개편하여 9월 6일 조선인민공화국을 선포하였습니다. 그리고 전국 각 지
부를 인민위원회로 전환하면서 건국을 진행해나갔습니다. 이 과정에서
조선인민공화국의 주도권을 좌익이 잡게 되었습니다. 좌익 세력이 조선인
민공화국에 대거 참여하면서 사실상 좌익 중심의 단체가 되어버렸던 것
이죠. 이에 반발하여 그나마 별로 없던 안재홍 중심의 우익 세력은 모두
탈퇴하였습니다.

미군정은 대한민국 임시정부의 대표성을 인정하지 않았어요. 부득이
김구와 임시정부 요인들은 개인 자격으로 귀국했습니다. 이승만 등도 대
표성을 인정받지 못했기 때문에 개인 자격으로 귀국했습니다. 이를 드라
마 「서울 1945」에서는 여운형과 주인공의 대화 장면으로 묘사하였죠. 라
디오에서 김구가 개인 자격으로 귀국하였다는 내용이 방송되자 여운형
과 주인공은 함께 분노하였습니다. 우리 독립운동가들을, 그것도 임시정
부를 인정하지 않았다는 것은 큰 문제였습니다.

해방 직후 남한에는 크게 보아 5개의 정치 세력이 있었습니다. 여운형

의 인민당 세력, 김구의 임시정부(한국독립당) 세력, 이승만의 독립촉성중
앙협의회 세력(당시 이승만은 국내에 꽤 인지도가 있었습니다. 오히려 김구보다도 유명
하였죠. 이승만은 1898년 만민공동회에서 연설을 통해 유명해졌고, 임시정부의 첫 대통령
이었기 때문이죠), 일제하 지주·기업가들을 중심으로 결성한 한국민주당 세
력, 박헌영을 중심으로 사회주의자들이 결성한 조선공산당 세력(후에 남조
선노동당으로 개편) 등이 활동을 하기 시작하였습니다. 이렇게 다양한 정치
세력들이 난립하고 혼란스러운 상황에서 우리나라를 잘 몰랐던 미군정
은 통치가 서툴렀고, 해방 직후 사회·경제적 혼란은 극심했습니다.

■ 모스크바 3국 외상회의의
신탁통치 결정

해방 직후 우리 민족 어느 누구도
38도선 분단이 민족 분단으로 이어질 거라고 생각한 사람은 없었습니다.
정말 당분간만이라고 생각했어요. 그러나 분단이 점차 현실화되기 시작
한 계기가 있었습니다. 바로 모스크바 3국 외상회의(1945. 12)입니다. 모스
크바에서 3국(미국, 영국, 소련)의 외상(외무부 장관)이 모여 회의를 했습니다.
회의 결과 핵심 내용은 "조선을 최고 5년 동안 미·영·소·중 4개국이 신
탁통치를 한다, 그리고 신탁통치를 위한 조선임시민주정부 수립을 목적
으로 미·소 공동위원회를 설치한다."는 것이었습니다. 다음은 「모스크바
3국 외상회의 결정서」 중 일부입니다.

1. 조선을 독립국으로 재건하고 조선이 민주주의 원칙 위에서 발전하게 하며, 장기간에 걸친 일본 통치의 잔재를 빨리 청산하기 위해 조선임시민주정부를 수립한다. 임시정부는 조선의 산업, 운수, 농촌 경제 및 민족문화 발전을 도모한다.(신탁통치를 위해 우리 민족이 참여하는 임시정부를 수립한다는 것이죠.)

2. 조선 임시정부 수립을 위해, 남조선 미합중국 관할구와 북조선 소련 관할구의 대표자들로 공동위원회를 설치한다. 위원회는 제안을 작성할 때 조선의 민주주의 정당들, 사회단체들과 협의하여야 한다.(이후 열리는 미·소 공동위원회의 근거 조항이죠.)

3. 공동위원회의 제안은 최고 5년 기한의 조선에 대한 4개국 신탁통치 협약을 작성하는 것이다. 공동위원회는 이 협약을 조선임시민주정부와 협의한 후 미, 소, 영, 중 정부의 공동 심의를 받아야 한다.(4개국 신탁통치라는 말에 우리 민족은 완전 분노하였습니다.)

모스크바 3국 외상회의의 신탁통치 결정이 국내에 보도되면서 우리 나라 사람들은 모두 분노하였습니다. 당시 광복된 지 5개월도 안 된 우리 민족에게 5년간의 신탁통치란 보도는 민족적 모욕이자 큰 충격으로 받아들여졌습니다. 좌우 모두 신탁통치 반대 운동에 나섰죠. 김구를 중심으로 한 임시정부 세력과 이승만을 중심으로 한 독립촉성중앙협의회 등이 앞장섰고, 박헌영의 조선공산당 세력도 참여하였습니다. 특히 소련이 주도하여 신탁통치가 결정되었다는 『동아일보』의 잘못된 보도 때문에 반탁 운동은 곧 반소련 운동이 되어갔습니다.

이에 소련의 지시를 받은 좌익 세력은 신탁통치 찬성 운동으로 돌아섰습니다. 이후 우익은 반탁으로 좌익은 찬탁으로 구분되어 좌우 대립이 격렬하게 벌어졌고, 결국 분단이 시작되는 출발점이 되었습니다. 당시 좌파의 찬탁 선회는 잘못된 것이었습니다. 신탁통치를 거부하는 대세는 사실 거스르기 어려웠습니다. 그런데도 찬탁 운동을 벌임으로써 민족은 좌우로 명백히 나뉘었고, 특히 좌파는 소련의 사주를 받는 꼭두각시로 민족을 팔아먹는 매국노라고 비난받는 계기가 되었던 것입니다. 사실 어느 민족이 해방된 직후에 "너희들은 나중에 독립시켜줄게."라는 말을 듣고 분노하지 않겠습니까?

반탁 집회(왼쪽)와 찬탁 집회(오른쪽)

★ 영화와 드라마로 역사 읽기 – 드라마 「서울 1945」

드라마 「서울 1945」에서는 해방의 순간을 묘사하였습니다. 호텔 직원들이 모두 모여 라디오를 듣는 장면이었죠. 라디오에서는 일본 국왕 히로히토가 사실상 항복을 선언하는 실제 육성이 흘러나왔죠. 이 방송을 듣는 친일파들의 모습 역시 묘사되었는데, 모두 믿을 수 없다는 표정으로 현실을 부정하며 분노하는 모습이었습니다. 해방 당시 우리 민족 모두가 기뻐하는 상황에서 오히려 분노하고 슬퍼하며 허탈해하는 인간들이 바로 친일파였음을 잘 보여주는 장면이었습니다.

또한 이 드라마에서는 모스크바 3국 외상회의의 신탁통치 결정과 관련된 내용이 묘사되었습니다. 회의 결과가 공식 발표되기 전 『동아일보』를 통해 알려진 보도는 5년 동안의 4개국 신탁통치만을 강조한 내용이었죠. 이에 분노한 우리 민족은 반탁 운동을 시작하였습니다. 그러나 좌익 세력이 찬탁 운동으로 입장을 바꾸면서 시작된 좌우 갈등으로 우리 민족은 찬탁·반탁의 심각한 갈등이 반공·친공의 이념 갈등으로 번지고 분단의 미친 소용돌이에 빠졌던 것입니다.

이 드라마에서는 신탁통치 결정 직후 모두가 분노하다가 좌익 세력이 찬탁으로 돌아서자 많은 시민과 학생들이 찬탁·반탁으로 편을 나누어 시위를 벌이는 상황을 묘사하였죠. 길거리에서 두 시위대가 만나자 집단 패싸움을 벌이는 장면도 나왔습니다. 좌우 갈등은 우리 민족을 분열로 몰고 갔던 것입니다. 좌우 갈등이 양측의 폭력사태로 이어지면서 분위기는 점점 험악해졌습니다.

■ 미·소 공동위원회의 결렬

모스크바 3국 외상회의의
신탁통치 결정에 찬성하는
단체만을 참여시킵시다.

그렇게 하면 좌익 세력만
참여하게 됩니다. 모든 정치 단체가
참여할 수 있어야 합니다.

　　　　　　　이러한 분위기에서 열린 미·소 공동위원회는
미국과 소련 간의 견해 차이로 1차(1946), 2차(1947) 모두 결렬되었습니
다. 결렬 이유는 다음과 같습니다. 먼저 미국은 신탁통치에 반대하는 것
은 '표현의 자유'이므로 모든 정치단체가 참여해야 한다고 주장하였습니
다. 반면 소련은 신탁통치에 찬성하는 단체만 참여할 것을 주장하였습니
다. 다시 말해 미국이 모든 정치단체가 참여할 것을 주장하였던 이유는
자기들과 친한 우익 세력이 신탁통치에 반대했기 때문입니다. 신탁통치에
찬성하는 단체만 참여하게 되면 좌익 세력만 참여, 결국 한반도에 친소
련 정권이 수립될 것이 분명했죠. 반대로 소련은 자기들과 친한 좌익 정
권을 세우기 위해 신탁통치에 찬성하는 단체, 좌익 세력만 참여시킬 것

을 주장하였던 것입니다. 결국 우리 민족의 좌우 갈등 속에 미국과 소련이 자국에 유리한 정권을 수립하기 위해 양보하지 않음으로써 회의가 결렬되었습니다.

제1차 미·소 공동 위원회 : 덕수궁에서 개최되었죠.

■ 좌우합작운동의 추진과 결과

제1차 미·소 공동위원회가 결렬되자 이승만은 정읍에서 단독정부 수립을 주장하였습니다(1946. 6). 이른바 정읍 발언입니다.

> "이제 우리는 무기 휴회된 미·소 공동위원회가 재개될 기색도 보이지 않으며 통일정부를 고대하나 여의치 않으니, 우리 남방만이라도 임시정부 혹은 위원회 같은 것을 조직하여 38도선 이북에서 소련이 철퇴하도록 세계 공론에 호소하여야 될 것이니 여러분도 결심하여야 될 것이다."

"지금 돌아가는 상황이 통일정부 수립은 물 건너갔다, 그러니까 빨리 남한만이라도 단독으로 정부를 수립하자."라는 주장입니다. 이 발언 이후 단독정부를 수립하려는 세력들의 움직임이 점차 강화되기 시작했습니다. 반면에 미군정의 지원 아래 여운형과 김규식이 좌우합작운동을 주도하였습니다. 당시 우리나라 사람들에게 가장 잘 알려지고 중도적인 지도자는 여운형이었습니다. 여운형이 중도 좌파라면 김규식은 중도 우파인 지도자였죠. 미군정은 좌우 세력을 아우르면서 우리나라를 이끌어나갈 수 있는 중도적인 지도자로 여운형과 김규식이 가장 적합하다고 판단하고 지원하였던 것이죠.

1946년 7월 여운형과 김규식을 중심으로 좌우합작위원회가 활동을 시작했습니다. 좌우합작위원회에서는 미·소 공동위원회에 좌익과 우익 모두 참가하여 우리 민족의 뜻을 하나로 뭉쳐 전달할 것을 주장하였습니다. 다음은 '좌우 합작 7원칙' 중 일부입니다.

1. 모스크바 3국 외상회의의 결정에 따라 남북의 좌우 합작으로 민주주의 임시정부를 수립할 것.(좌우 합작, 즉 민족이 단결하여 임시정부를 빨리 수립하자는 것이었죠.)

2. 미·소 공동위원회의 속개를 요청하는 공동성명을 발표할 것.(임시정부 수립을 위한 미·소 공동위원회를 빨리 열자는 것이었죠.)

4. 친일파, 민족 반역자를 처리할 조례를 본 위원회에서 제안한 입법기구가 심의 결정하여 실시하게 할 것.(친일파가 해방 이후에도 득세하는 어처구니없는 상황에 당시 많은 사람들이 분노했습니다. 민족 반역자인 친일파를 빨리 처벌하기 위해서라도 민족이 하나로 힘을 합쳐야 한다는 것이었죠.)

여운형, 김규식의 중도 세력뿐만 아니라 김구의 한국독립당 세력 역시 '8·15 이후 민족이 거둔 최대 수확'이라고 말하며 찬성하였습니다. 그러나 좌우합작운동은 이승만, 한국민주당 등 우익 세력과 박헌영 등 좌익 세력의 반대로 결국 실패하였습니다. 그리고 좌우 합작을 지원하던 미군정이 단독정부 수립으로 돌아서고, 여운형이 암살당하면서(1947) 좌우 합작은 완전 실패로 끝이 났습니다. 1947년 제2차 미·소 공동위원회도 역시 결렬되자 이승만과 한국민주당을 중심으로 단독정부 수립 운동이 본격화되었고, 12월 좌우합작위원회가 해산되면서 실패로 돌아갔습니다.

■ 유엔의 한국 문제 결정

미국은 결국 우리나라의 독립 문제를 유엔에 넘겼죠. 유엔은 인구 비례에 의한 남북 총선거를 통한 통일정부 수립을 결의하였습니다(1947. 11). 다음은 유엔 결의안의 일부입니다.

공정한 선거를 감시할 목적으로…… 유엔 한국임시위원단을 설치하고…… 동 위원단의 감시하에 인구 비례에 따라 보통선거 원칙과 비밀투표에 의한 총선거를 실시하고…….

인구 비례라는 것은 한마디로 남한의 인구가 많으니까 남한의 대표가 북한의 대표보다 더 많이 뽑혀야 한다는 뜻입니다. 그러면 남한 주도의 통일정부가 수립되겠죠? 그러니까 소련은 이 결의안이 미국과 친한 정권을 수립하려는 방안이라고 판단했습니다. 결국 총선거를 준비하기 위한 유엔 한국임시위원단이 파견되었는데, 남한에서는 받아들였지만 북한에서는 소련의 입북 거절로 남북 총선거는 사실상 불가능해졌습니다. 이에 유엔에서는 '가능한 지역만의 총선거 실시'를 다시 결의하였습니다 (1948. 2). 북한에서는 총선거를 거부하여 불가능하니까 총선거가 가능한 남한에서만 실시하겠다는 결정이었죠.

■ 남북협상의 실패

유엔이 1948년 5월 10일 총선거 실시와 남한 단독정부 수립을 결의하자 이승만과 한국민주당은 이에 찬성하고, 총선거에 적극적으로 참여하였습니다. 반면 남북 분단의 위기가 현실로 다가오자 김구는 1948년 2월 '삼천만 동포에게 읍고함'이란 글을 발표하여 단독정부 수립에 반대하고, 통일정부 수립을 주장하였습니다.

남북협상을 위해 38도선을 넘는 김구

"나는 통일된 조국을 건설하려다가 38도선을 베고 쓰러질지언정 일신의 구차한 안일을 취하여 단독정부를 세우는 데는 협력하지 아니하겠다."

그리고 1948년 4월 김구, 김규식은 통일정부를 수립하기 위해 38도선을 넘어 북한에 가서 북한의 정치·사회 단체들과 연석회의를 통해 남북 협상에 나섰습니다. 협상 결과 미·소 양국 군대 철수, 단독정부 수립 반대를 합의하였지만 아무 소용이 없었습니다. 김구와 김규식은 남한으로 돌아와 5·10 총선거를 반대하며, 통일정부 수립 운동을 벌여나갔습니다.

■ 대한민국 정부 수립 과정

1947년 3월 1일 제주도에서 열린 3·1절 기념대회에서 경찰의 발포로 6명이 사망하는 사건이 일어났습니다. 이에 분노한 주민들이 항의 시위를 일으키고, 이를 진압하는 과정에서 많은 주민들이 경찰에 체포되는 일이 벌어졌습니다. 이러한 상황 속에 1948년 제주도에서는 대표적인 민족의 비극인 4·3사건이 일어났습니다. 제주도의 좌익 세력은 1948년 4월 3일 남한 단독정부 수립 반대, 5·10 총선거 반대, 미군 철수 등을 주장하며 무장봉기를 일으켰습니다. 이를 진압하는 과정에서 경찰, 군대와 서북청년회 등 우익 세력이 좌익 세력을 소탕한다는 명분을 내세우며 아무 죄 없는 양민(착한 민간인이라는 뜻)까지 수만 명을 학살하였습니다. 그래서 제주도의 3개 선거구 중 1곳에서만 5·10 총선거가 실시되었고, 2곳에서는 약 1년 뒤 선거가 실시되었습니다. 이후 제주 4·3사건에 대한 진상 규명을 요구하는 주장이 계속되었습니다. 결국 김대중 정부에서 진상규명위원회가 만들어지고 2003년

5·10 총선거 포스터

4·3사건에 대한 진상 규명이 완료되어 노무현 대통령이 국가를 대신하여 양민 학살 피해자 및 유가족에게 사과하였습니다.

여수에 주둔하고 있던 군부대에서 제주도 4·3사건을 진압하기 위해 출동 명령을 받자 군대 내 좌익 세력이 여수·순천 지역을 점령한 사건을 여수·순천 10·19사건(1948)이라고 합니다. 당시 제주도는 완전 봉쇄된 채 좌익 세력 소탕작전이 벌어지고 있었습니다. 10월에 제주도에 투입될 예정이었던 여수 주둔 군부대에서 활동하던 좌익 세력을 중심으로 제주도 투입을 거부하며, 여수와 이웃한 순천까지 점령하는 등 세력을 확대하다 진압군에 의해 소탕되었습니다. 진압을 피해 탈출한 좌익 세력은 지리산으로 들어가 빨치산 활동을 벌이기도 하였습니다. 이 사건이 진압된 이후 군대 내부의 좌익 세력을 색출해 숙청하는 작업이 이루어졌습니다.

유엔 결의에 따라 유엔한국임시위원단은 5월 10일 총선거를 실시하여 헌법을 제정할 국회의원들을 뽑았습니다. 총선거 실시에 반대하던 김구, 김규식 등 남북협상파는 5·10 총선거에 불참하였지만, 이후에도 통일 정부를 수립하기 위한 노력을 계속하였습니다. 그러나 1949년 6월 26일 당시 군인이었던 안두희의 저격으로 김구가 사망하면서 이러한 노력도 중단되었죠.

어쨌든 이승만 세력, 한국민주당, 일부 중도 세력의 참여로 5·10 총선거는 예정대로 실시되었습니다. 원래는 남한 지역 200석, 북한 지역 100석으로 예정되어 있었지만 북한 지역은 선거를 할 수 없었기 때문에 유보하였고, 제주도 3개 선거구 중 2개 선거구는 제주 4·3사건으로 선거가 실시되지 못하여 총 198명의 국회의원이 당선되었습니다.

5·10 총선거에서 뽑힌 국회의원들은 5월 31일 제헌의회를 구성하여 의장에 이승만을 선출하였습니다. 7월 1일에는 국호를 대한민국으로 결정하였고, 7월 17일에

대한민국 정부 수립 : 1948년 8월 15일.

는 헌법을 제정하였습니다. 제정된 헌법의 서문에는 3·1운동에 의해 대한민국 임시정부가 수립되었으며, 대한민국 임시정부의 정통성을 계승한 민주공화국인 대한민국이 수립되었음을 밝혔습니다. 또한 헌법의 핵심 내용은 3권 분립, 대통령 중심제, 국회에서 대통령 간접 선출 등이었습니다.

제헌헌법에 따라 국회에서는 이승만을 대통령으로, 이시영을 부통령으로 간접 선출하였습니다. 이승만 대통령은 국무총리 이범석을 비롯한 초대 정부 내각을 조직하고, 1948년 8월 15일 대한민국 정부를 수립하였습니다. 이후 유엔은 유엔의 결의대로 총선거를 통해 수립된 대한민국 정부를 유엔 감시하의 선거로 성립한 유일한 합법적 정부로 승인하였습니다.

■ 반민족행위자 처벌의 실패

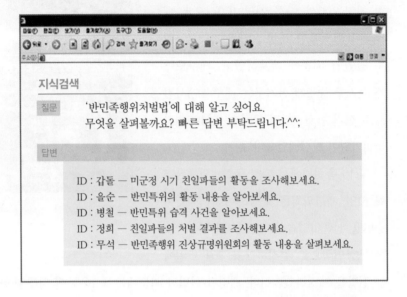

지식검색

질문   '반민족행위처벌법'에 대해 알고 싶어요.
무엇을 살펴볼까요? 빠른 답변 부탁드립니다.^^;

답변

ID : 갑돌 — 미군정 시기 친일파들의 활동을 조사해보세요.
ID : 을순 — 반민특위의 활동 내용을 알아보세요.
ID : 병철 — 반민특위 습격 사건을 알아보세요.
ID : 정희 — 친일파들의 처벌 결과를 조사해보세요.
ID : 무석 — 반민족행위 진상규명위원회의 활동 내용을 살펴보세요.

1948년 8월 15일 대한민국이 건국되자 국민들의 반민족행위자 처벌 여론이 높아졌습니다. 해방 이후 미 군정청에 소속된 친일파들이 그대로 관리, 경찰이 되어 거들먹거리는 상황에 많은 국민들은 분노하였죠. 이게 다 우리나라를 완전히 되찾지 못했기 때문이었습니다. 이렇게 친일파들을 통치에 이용했던 미군정이 끝나고, 대한민국이란 우리나라가 세워지니까 친일파를 때려잡자는 국민적 여론이 형성되었던 것이죠. 이러한 국민적 여망에 따라 제헌 국회에서는 반민족행위처벌법을 제정하였습니다(1948. 9).

제1조 일본정부와 통모하여 한일합병에 적극 협력한 자, 한국의 주권을 침해하는 조약 또는 문서에 조인한 자와 모의한 자는 사형 또는 무기 징역에 처하고, 그 재산과 유산의 전부 혹은 1/2 이상을 몰수한다.(우리나라

를 일제에 팔아먹었던 매국노들을 처벌하고 그 재산을 몰수하겠다는 것이었죠.)

　제3조 일본 치하 독립운동자나 그 가족을, 악의로 살상 박해한 자 또는 이를 지휘한 자는 사형, 무기 또는 5년 이상의 징역에 처하고, 그 재산의 전부 혹은 일부를 몰수한다.(일제 강점기에 우리의 독립운동을 탄압했던 친일파들을 처벌하고 그 재산을 몰수하겠다는 것이었죠.)

　제4조 아래 각호에 해당하는 자는 10년 이하의 징역에 처하거나 15년 이하의 공민권을 정지하고 그 재산의 전부 혹은 일부를 몰수할 수 있다.

　4. 밀정 행위로 독립운동을 방해한 자. 6. 군 경찰의 관리로서 악질적인 행위로 민족에게 해를 가한 자. 11. 종교, 사회, 문화, 경제, 기타 각 부문에 있어서 민족적인 정신과 신념을 배반하고, 일본 침략주의와 그 시책을 수행하는 데 협력하기 위하여 악질적인 반민족적 언론, 저작과 기타 방법으로써 지도한 자.(밀정은 일제가 우리 독립운동을 색출하기 위해 이용하였던 스파이. 일본군, 일본 경찰 등은 대표적인 악질 친일파들이었죠. 또한 반민족적인 친일 지식인들과 언론인들 역시 친일파였습니다. 이들을 처벌하고 재산을 몰수해야 한다는 것이었죠.)

이 법에 따라 반민족행위특별조사위원회(반민특위)가 구성되어 활동이 시작되었죠. 박흥식, 최남선, 이광수, 최린, 노덕술 등 대표적인 친일파들을 체포하여 조사를 벌였습니다. 그러나 이승만 정부는 반민특위의 활동을 계속 비판하였습니다. 이승만 정부는 행정부, 경찰 요직에 친일파를 등용하는 등 약점이 많은 정권이었으니까요.

　그럼에도 불구하고 반민특위 활동은 계속되었고, 친일파들을 계속 위협하자 반민특위에 대한 역습이 일어납니다. 경찰이 반민특위를 습격하여 사실상 반민특위의 활동을 중단시켰습니다. 이어 반민족행위자, 즉

반민특위에 체포된 친일파들 : 포승줄에 묶인 세 번째 사람이 최린이죠.

친일파의 범위를 좁히고 처벌 기한을 줄이는 등 반민특위를 유명무실하게 만들어버려 결국 반민특위는 해산되었습니다(1949. 8).

★ **영화**와 **드라마**로 **역사** 읽기 - **드라마** 「여명의 눈동자」③

　드라마 「여명의 눈동자」에서는 해방 이후 혼란스러운 정국을 묘사하며 제주 4·3사건을 다루었습니다. 좌익 세력이 경찰서를 습격하는 장면에 이어 경찰, 군대와 서북청년회 등 우익 세력이 좌익 세력의 가족들이 있는 마을 전체를 몰살하는 장면이 나왔습니다. 또 이에 대한 복수를 위해 좌익 세력이 우익 세력에게 보복하는 장면이 이어졌습니다. 좌익이 뭔지 우익이 뭔지 알지도 못하던 사람들이 역사의 소용돌이에 휘말려 불쌍한 최후를 당했다는 것은 정말 가슴 아픈 일입니다.

　또한 이 드라마에는 주인공들을 일제 강점기부터 괴롭히던 스즈키라는 조선인 경찰이 나옵니다. 해방 직전에도 여옥과 하림이 독립운동을 하다가 붙잡히자 잔인한 고문을 가했던 악랄한 친일파였습니다. 해방 이후 다시 나타난 스즈키는 미군정 아래에서 여전히 경찰이 되어 또다시 여옥과 하림을 괴롭히죠. 정말 어처구니없는 상황이 일어난 것입니다.

대한민국이 건국된 후 반민특위 활동으로 친일 경찰과 관리들을 체포하는 상황이 계속됩니다. 이때 이승만 정부가 가만히 있지 않을 것이라고 경고하는 사람이 나타나죠. 그 사람은 "자신의 팔과 다리를 친일파니까 내놔라 한다고 순순히 내줄 거라고 생각하는 것은 순진한 생각"이라고 경고하죠. 그리고 이승만 대통령의 육성으로 반민특위 활동에 대해 경고하는 내용이 라디오로 방송되는 장면이 이어졌습니다. 이후 반민특위 습격 사건부터 반민특위 해산까지 과정을 보여주고, 마지막에는 반민족행위로 구속되었던 스즈키가 다시 경찰복을 입고 출소한 직후 경찰차에 올라타는 장면이었습니다. 친일파 처벌은 물거품으로 돌아갔던 것입니다.

반민특위가 해산되자 이미 구속된 친일파들까지 모두 1년 안에 풀려나와 친일파 청산은 완전 실패로 돌아갔고, 지금까지도 논란이 되고 있습니다. 친일파들에게는 잘 먹고 잘살던 일제 강점기가 끝난 게 얼마나 통탄할 일이었겠습니까? 자신들이 얼마나 애를 써서 한일합방을 도왔고, 일제를 위해 충성하며 이 나라를 다스렸는데 이렇게 허무하게 무너질지 몰랐겠지요. 해방이 되었을 때 대다수의 사람들은 거리로 몰려나와 만세를 외쳤습니다. 그때 자기 집 안방에 숨어서 살아남기 위해 고민을 시작한 인간들이 바로 친일 민족반역자들입니다.

그러나 반민특위의 활동에 의해 처벌받은 친일파는 거의 없었습니다. 왜 이런 결과가 생긴 것일까요? 이러한 의문은 시간이 지나도 없어지지 않았습니다. 결국 친일파가 나라를 팔아먹고 민족을 탄압한 과거 역사에 대한 진상을 제대로 규명하자는 주장이 계속 이어졌습니다. 노무현 정부 시기에 친일 진상 규명 여론이 확산됨에 따라 2004년 친일진상규명법이 제정되었고, 2005년 반민족행위 진상규명위원회 활동이 시작되었지만 2009년 활동 기간이 종료되어 중단되었습니다. 또한 2005년 친일반민족행위로 얻은 재산을 국고로 환수하는 법이 만들어져 국고 환수가 이루어지기도 했지만, 친일파의 후손들이 이에 반발하여 소송을 걸고 헌법소원을 제기하였죠. 그러나 2011년 헌법재판소는 친일파들의 재산 환수에 대해 합헌(헌법에 적합함) 결정을 내렸죠. 그 이유는 헌법 전문에 밝히고 있는 대한민국의 정통성은 '3·1운동으로 건립된 대한민국 임시정부

■ 농지개혁으로 지주제가 사라지다

　　　　　　　　　1948년 정부가 수립되자 농민들의 토지개혁
요구는 더욱 거세졌습니다. 논란 끝에 국회에서는 농지개혁법을 제정하
여(1949) 1950년 5월에 개혁을 시작하였지만, 6·25전쟁으로 중단되었다
가 전쟁 후 재개되어 1957년 끝났습니다. 농지개혁은 유상매수, 유상분
배 원칙을 핵심으로 하였습니다. 3정보를 토지 소유 상한선으로 정하여
3정보 이상의 토지를 소유한 지주들에게 국가가 지가증권을 주고 토지
를 유상매수하여 소작농들에게 토지를 유상분배한 후 토지 값을 5년에
걸쳐 상환하도록 하였던 것이죠. 다음은 농지개혁법의 내용입니다.

> 제5조 정부는 다음에 의하여 농지를 매수한다.
>
> 2. 다음의 농지는 본 법 규정에 의하여 정부가 매수한다.
>
> 　(가) 농가 아닌 자의 농지
>
> 　(나) 자경하지 않는 자의 농지
>
> 　(다) 본 법 규정의 한도를 초과하는 부분의 농지

그러나 농지개혁이 늦어지면서 일부 지주들이 땅을 팔아버려 농지개
혁 대상 토지가 크게 줄어들었습니다. 어쨌든 농지개혁의 결과 대다수

농민들은 토지 소유를 실현하여 자영농이 크게 증가하였고, 오랜 기간 이어져온 지주제는 철폐되었습니다. 하지만 일부 농민은 유상분배로 인한 높은 상환액(1년 평균 생산량의 1.5배를 5년에 걸쳐 나누어 내야 했죠. 전쟁 등으로 인플레이션이 심했기 때문에 현물 상환 부담은 더욱 컸습니다. 또 임시 토지 수득세라는 일종의 토지세 역시 현물 납부였기 때문에 농민들의 생활은 더욱 어려워졌습니다)을 견디지 못하고 분배받은 토지를 다시 팔고 소작을 하거나 도시로 떠날 수밖에 없었습니다. 또한 지주들이 받은 지가증권은 5년으로 나누어, 그해 쌀값에 해당하는 현금으로 보상하도록 되어 있었죠. 그런데 인플레이션 상황에서 화폐가치가 떨어지고 가치가 떨어진 현금으로 보상받으니까 지주들은 손해를 보게 된 것이죠. 게다가 실제 지급된 보상금은 쌀값의 절반도 되지 않았고, 정부의 재정 악화로 보상금 지급도 늦어졌습니다. 결국 지주들이 지가증권을 헐값에 팔아버리는 경우도 발생하였습니다.

■ 북한 정권의 수립

1945년 12월 모스크바 3국 외상회의의 신탁통치 결정에 조만식 등 민족주의자들이 반대하자 소련군은 조만식을 연금하여 반탁 운동의 싹을 잘라버렸습니다. 그리고 1946년 2월 북조선 임시 인민위원회를 만들어 김일성을 위원장으로 내세웠죠. 이어 3월부터는 토지개혁을 실시하여 무상몰수 무상분배의 방법으로 토지를 재분배하였습니다. 친일파, 총독부, 일본인의 땅을 무상몰수하였죠. 5정보 이상 토지를 소유하거나 직접 경작하지 않는 땅 역시 무상몰수하였습니다. 몰수한 땅은 소작농이나 토지가 없거나 적은 농민들에게 무상분배하였습니다. 이러한 토지개혁의 결과 북한에서 지주 계층은 사라졌습니다. 또한 주요 산업 국유화 등 공산주의에 따라 경제 정책을 실시해나갔습니다.

1948년 2월에는 조선인민군이라는 이름으로 군사력을 준비하였습니다. 분단의 책임을 남한에 돌리기 위해 정부 수립을 미루어오던 북한은 1948년 8월 25일 총선거를 실시하여 최고인민회의라는 의회를 구성하고 헌법을 제정하였습니다. 이어 초대 수상으로 김일성을 내세워 9월 9일 조선민주주의인민공화국을 수립하였습니다. 이렇게 남북한에 각각 정권이 수립됨으로써 우리 민족의 분단이 시작된 것이죠.

■ 6·25전쟁 직전의 상황

　　　　　　　　응답하라 1950! 1950년은 6·25전쟁이
일어난 해입니다. 현재 우리나라는 남한과 북한으로 나뉜 분단국가입니
다. 물론 분단이 시작된 것은 1945년 해방부터이고, 각각의 나라가 세워
진 것은 1948년입니다. 그러나 같은 민족끼리 수백만 명을 죽였으며, 그
영향으로 지금까지도 분단이 계속되고 있는 결정적 원인은 1950년 시작
된 6·25전쟁입니다. 전쟁을 시작하는 것을 침략이라고 합니다. 그리고 침
략전쟁은 범죄입니다. 역사의 범죄는 그 진실이 꼭 밝혀집니다. 그렇다면
6·25전쟁을 누가 왜 일으켰는지부터 살펴보도록 합시다.

　　2차 세계대전 후 미국을 중심으로 한 자본주의 진영과 소련을 중
심으로 한 공산주의 진영 사이의 냉전 체제가 점차 심화되어갔습니다.
1948년 남북 분단으로 남한과 북한에 각각 국가가 수립되자 미군과 소
련군은 1949년까지 모두 철수하였습니다. 북한의 김일성은 남침 야욕
을 갖고 소련의 무기 공급 등 군사 지원을 받으며 전쟁을 준비했고, 결국
1950년 초 소련의 지도자였던 스탈린의 전쟁 허락을 얻어냈습니다. 다음
은 이를 뒷받침하는 스탈린과 김일성 대화록의 일부입니다.

김일성은 3일이면 승리할 수 있다고 하였다. 또한, 남조선 내 빨치산 운동이 강화되어 대규모 폭동이 일어날 것이라고 하였다.

이 기록에 따르면 김일성은 전쟁을 시작만 하면 남한 내부의 좌익 폭동이 일어나 쉽게 이길 수 있다고 생각했습니다. 잘못된 판단이었죠. 또한 김일성이 평화적인 통일을 추구하지 않고, 많은 사람들이 죽고 다칠 수 있는 전쟁을 선택한 것은 개인의 희생은 조금도 생각하지 않았다는 것을 보여줍니다. 게다가 김일성은 중국의 공산화(1949)로 지도자가 된 마오쩌둥으로부터도 전쟁 지원을 약속받았습니다. 국공 내전(1945~1949) 중 중국 공산당을 돕던 조선의용군 출신들이 북한군에 편입되었습니다. 조선의용군 출신들은 10년 가까이 전쟁터에서 잔뼈가 굵은 사람들이었습니다. 북한군이 엄청 강해진 것이죠. 게다가 미국의 애치슨 선언(1950, 미국 국무장관 애치슨이 한반도를 미국의 극동방위선에서 제외한다고 선언하였죠. 한반도에 전쟁이 나더라도 미국은 개입하지 않겠다는 것이었죠.)까지 발표되었습니다. 드디어 남침 준비를 끝마친 김일성은 전쟁을 도발하기에 이르렀습니다.

■ 북한의 기습 남침으로 6·25전쟁이 시작되다

1950년 6월 25일 북한군은 기습 남침을 시작하였고, 전쟁에 대비하지 못했던 국군은 급속도로 무너져갔습니다. 3일 만에 서울을 빼앗긴 남한은 유엔에 도움을 요청하였고, 유엔 안전보장이사회의 결의에 따라 16개국으로 구성된 유엔군이 파견되었습니다. 물론 유엔군의 대부분은 미군이었죠. 유엔군 총사령관은 미군 극동사령관 맥아더가 맡았습니다.

낙동강 이남을 제외한 전 지역을 점령당한 국군과 유엔군은 낙동강 전선을 지키고 다시 반격을 가하였습니다. 반격의 결정적 계기가 된 것이 인천상륙작전입니다. 인천상륙작전의 성공으로 9월 28일에는 서울 수복에 성공하였습니다. 한마디로 남한 지역을 점령하고 있던 북한군의 허리를 끊어 고립시킨 것입니다. 전세를 단숨에 뒤집은 국군과 유엔군은 10월 1일 38도선을 돌파하여 북진을 시작하였고, 평양을 함락하고(10월 19일) 압록강까지 진격하였습니다(10월 24일). 그러나 통일을 눈앞에 둔 상황에서 중국군이 압록강을 넘어 전쟁에 직접적으로 개입하기 시작하였습니다(10월 말). 북한이 망하고 미국과 친한 남한 주도의 통일정부가 수립되면 막 공산화가 이루어진 중국에게 위협이 되리라고 판단한 것입니다.

인해(人海, 즉 사람의 바다란 말이죠) 전술이란, 대군이었던 중국군이 엄청난 함성을 지르며 피리·꽹과리 소리를 내며 몰려오는 전술이었습니다. 이에 국군과 유엔군은 크게 당황하였고, 다시 패배하기 시작하여 서부전선과 연락이 끊기자 12월 말 흥남 철수 작전으로 가까스로 탈출하였습니다. 이때 국군을 따라 북한 주민들까지 약 10만 명이 피난하였고, 결국 1·4후퇴(1951)로 서울이 또다시 함락당하였습니다. 국군과 유엔군은 재정비해 다시 반격을 시작하여 1951년 3월 서울과 38도선 이남을 되찾으면서 전선은 38도선 근처에서 교착 상태에 빠졌습니다.

1951년에는 소련 공군도 전쟁에 부분적으로 참전하는 등 6·25전쟁은 국제전의 성격을 띠었습니다. 남북한의 전쟁에 미군을 중심으로 한 유엔군, 중국군, 소련군까지 참전한 사실상 국제전이었죠. 3차 세계대전으로 확전될 가능성을 우려한 소련은 유엔에서 휴전을 제의하였고 미국이 이를 받아들여 유엔군과 공산군 사이에 휴전회담이 시작되었습니다. 그

휴전 반대 시위

러나 이승만 정부와 국민들은 휴전회담에 반발하여 거센 반대 운동을
전개하였습니다. 남북통일이라는 성과도 없이 엄청난 인명 피해와 폐허
가 된 국토만 남긴 채 전쟁을 끝낸다면 너무 억울하기 때문이었죠.

　게다가 휴전회담 역시 군사분계선 설정 문제, 포로교환 문제 등으로
교착 상태에 빠졌습니다. 군사분계선을 전쟁 전의 상태인 38도선으로 돌
아가느냐, 현재 교착 상태의 전선으로 설정하느냐를 두고 논란이 벌어졌
습니다. 또한 포로를 무조건 교환하느냐, 포로들의 의사에 따라 결정하느
냐를 두고 논란이 벌어졌습니다. 당시 북한군 포로 중 북한으로 돌아가
지 않겠다는 의사를 표시한 이른바 '반공 포로'들이 많았기 때문입니다.
북한은 제네바 협정에 따라 무조건 모든 포로를 교환하자는 주장을 하
였고, 미국은 반공 포로들을 자신들의 의사에 반해 북한으로 돌려보낼
수 없다고 주장하여 휴전회담이 교착 상태에 빠졌던 것이죠.

　드디어 1953년 휴전회담의 합의가 이루어졌습니다. 군사분계선을 휴
전협정이 맺어지는 날짜의 전선으로 결정하기로 했죠. 그래서 전쟁 끝까

지 한 뼘의 땅이라도 더 차지하기 위한 전투가 치열하게 벌어진 것입니다. 그리고 포로교환은 포로들의 의사에 따라 결정하기로 했습니다. 그래서 북한으로 돌아갈 포로, 남한에 남겠다는 반공 포로, 제3국으로 가겠다는 포로 등으로 분류가 되었습니다. 당시 거제도에 포로수용소가 있었는데, 친공 포로들과 반공 포로들 사이에 충돌이 벌어지기도 하였죠. 심지어 1952년 5월에는 친공 포로들이 포로수용소 소장을 인질로 잡아 반공 포로 분류 심사를 막으려고 폭동을 일으켰습니다. 영화 「흑수선」에서는 이러한 충돌로 많은 사상자가 발생했던 과정을 묘사하였습니다. 결국 포로들의 개인적 선택에 따라 '반공 포로'들은 석방되었고, 인도·스위스 등 제3국으로 떠난 사람들을 제외한 포로들은 판문점을 통해 북한으로 송환되었습니다.

이렇게 휴전이 결정되자 이승만은 휴전에 대한 반대 의사를 표시하기 위해 반공 포로들을 미국과의 협의도 없이 독단적으로 석방하였습니다 (1953. 6). 휴전회담이 결렬될 위기에 빠졌지만 결국 휴전협정은 예정대로 체결되었습니다(1953. 7. 27). 이어서 우리나라와 미국은 한·미 상호방위조약을 체결(1953)하여 현재까지 한·미 동맹이 유지되고 있으며, 남북 간의 휴전 상태는 계속되고 있습니다.

★ **영화**와 **드라마**로 **역사** 읽기 - **영화** 「고지전」과 「공동경비구역 JSA」

　　6·25전쟁이 38도선 근처에서 교착된 상황을 배경으로 만들어진 영화가 「고지전」입니다. 교착 상태에서 남과 북은 고지들을 뺏고 빼앗기는 '고지전'을 벌였습니다. 이 영화는 같은 고지의 주인이 국군과 북한군이 교대로 바뀌는 '고지전'의 특성을 이용하여 북한군의 편지를 국군이 전달해주고, 그 대가로 술 등을 받는다는 가상의 설정을 바탕으로 합니다. 휴전협정이 맺어진 1953년 7월 27일 밤까지 고지를 빼앗고 지키기 위한 치열한 전투가 벌어지는 모습에서 전쟁의 비참함을 느낄 수 있죠.

　　영화 「공동경비구역 JSA」는 판문점의 공동경비구역에서 남북한 경비병 간에 벌어진 충돌 사건을 소재로 다룬 영화입니다. 이 사건을 조사하기 위해 중립국감시위원회에서는 '소피'를 조사관으로 파견합니다. 스위스 출신의 소피는 한국말을 잘하는데, 그 이유는 그녀의 아버지가 스위스로 떠난 포로 출신이었기 때문이죠. 소피는 포로 출신 한국인 아버지와 스위스인 어머니 사이의 혼혈이였어요. 남과 북 모두를 포기하고 제3국으로 떠난 포로들도 있었다는 것을 상기시켜주는 인물입니다.

■ 6·25전쟁의 피해와 영향

　　　　　　　　　　6·25전쟁으로 남북한 모두 국토가 황폐화되었고, 산업 시설은 완전히 파괴되었습니다. 수백만 명의 군인과 민간인들이 전사하거나 폭격으로 숨지고, 많은 민간인들이 학살당하였습니다. 북한군은 전쟁 초기 남한 대부분을 점령하고 지주와 공무원 등을 학살하였고, 후퇴하면서는 대전 등지에서 많은 민간인들을 학살하였죠. 북한은 서울을 점령하자마자 서울인민위원회를 조직하여 군인, 경찰,

공무원 등을 색출하여 반동분자로 몰아 인민재판이라는 이름 아래 학살을 자행하였습니다. 또한 북한군은 강제적인 식량 징발을 하고, 철도·도로·다리 등을 복구하는 공사에 현지 주민들을 강제 동원하여 북한의 통치에 대한 불만을 일으키기도 하였습니다. 또한 서울을 비롯한 남한 출신 소년, 청년들을 강제 동원하여 북한군에 편입시켰습니다. 영화 「태극기 휘날리며」에서 진태와 같이 구두닦이로 일하던 사람이 북한군이 되어 전쟁터에서 진태·진석 형제와 만나는 장면이 있는데, 바로 이와 같은 배경에서 나온 것입니다.

전세가 바뀌면서 국군은 점령지를 탈환한 후 북한군에 협력한 사람들을 학살하였습니다. 또한 미군이 충북 영동 노근리에서 민간인들을 학살한 노근리 학살 사건, 못된 국군 지휘관이 전공을 세우기 위해 거창에서 아무 죄 없는 민간인들을 학살하고 공산군을 죽였다고 보고한 거창 양민 학살 사건 등이 벌어졌습니다. 6·25전쟁을 다룬 영화 중에 「웰컴투 동막골」이 있습니다. 전쟁이 일어났는지도 모르는 강원도 오지 마을인 '동막골'에 국군, 북한군에 미군 전투기 조종사까지 들어오면서 벌어지는 일들을 코믹하고 감동적으로 묘사한 영화입니다. '동막골'에 대한 폭격을 막기 위해 국군, 북한군, 미군 모두가 힘을 모으는 모습이 매우 인상적이었습니다.

★ 영화와 드라마로 역사 읽기 – 영화 「태극기 휘날리며」

영화 「태극기 휘날리며」의 내용을 기억하면 6·25전쟁의 전개 과정을 이해할 수 있습니다. 이 영화의 주인공은 형 진태와 동생 진석입니다. 진태는 가족의 생계를 책임진 가장으로서 종로 거리에서 구두닦이 등을 하며 열심히 돈을 벌어 고등학교에 다니는 동생 진석이를 대학에 보내는 꿈을 키워갑니다. 또 약혼녀 영신과 결혼하여 어머니를 모시고 행복하게 살기를 원합니다. 6·25전쟁이 발발하면서 이 모든 꿈은 깨져버리고 비극이 시작됩니다. 사이렌이 울리며 거리에 뿌려진 신문 호외는 북한군이 남침했음을 알립니다. 전쟁이 일어나면서 형제가 군대에 징집되어 끌려가는 장면 이후 격렬한 전투 장면이 나오죠. 이 전투가 국군이 낙동강 전선을 지켜낸 다부동·왜관 전투입니다. 진태는 이 전투에서 공을 세우고 기자회견까지 하죠. 낙동강 이남을 제외한 전 지역을 점령당한 국군과 유엔군은 이처럼 낙동강 전선을 지켜냈던 것입니다. 이어지는 장면은 인천상륙작전의 성공 소식에 국군들이 좋아하는 장면입니다. 인천은 조수간만의 차이가 크기 때문에 상륙작전이 매우 어려웠습니다. 상륙정이 활동하기 위해서는 수심이 50미터 정도 필요하기 때문에 밀물 때를 이용할 수밖에 없었고, 그 시간은 서너 시간뿐이었죠. 그러나 1950년 9월 15일 북한군의 허를 찔러 상륙작전이 감행되었고 성공하였습니다. 남한 지역을 점령하고 있던 북한군의 허리를 끊어 고립시킨 것입니다.

전세를 단숨에 뒤집은 국군과 유엔군은 드디어 9월 28일 서울을 수복하였고, 10월 1일에는 38도선을 돌파하여 북한 지역으로 진격하였습니다(이를 기념하여 10월 1일이 국군의 날이 되었죠). 이어지는 장면은 평양 시가지에서 벌어지는 전투입니다. 이 전투에서 진태는 북한군 장교를 생포하는 공을 세워 태극무공훈장을 받게 되었죠. 그리고 압록강 근처에서 곧 통일이 될 거라는 라디오 방송을 들으며 좋아하던 장면 직후에 중국군이 엄청난 규모로 밀려오는 장면이 나옵니다. 통일을 눈앞에 둔 상황에서 중국군이 압록강을 넘어 전쟁에 직접적으로 개입하기 시작했던 것입니다. 폭탄이 떨어지는 가운데 국군이 철수하고, 흥남 부두에서 국군과 피난민들이 뒤섞여 배를 타고 철수하는 장면이 이어졌습니다. '인해전술'이란 말 그대로 사람의 바다였습니다. 엄청난 대군이었던 중국 군에게 국군과 유엔군은 다시 패배하기 시작하였고, 12월 말 흥남 철수 작전으로 국군을 따라 북한 주민들까지 피난하였고, 결국 1·4후퇴(1951)로 서울이 다시 함락당하였습니다.

흥남 철수 이후 후퇴하는 가운데 서울로 돌아온 진태와 진석은 진태의 약혼녀 영신이 보도연맹원으로 몰려 학살당하는 사건을 목격합니다. 보도연맹은 해방 직후 좌익 활동을 하다 전향한 사람들을 통제·감시하기 위해 조직된 단체였는데, 실제로는 좌익이 아닌 사람들도 가입된 경우가 많았습니다. 영화 「태극기 휘날리며」에서 여주인공이 학살당한 이유가 바로 보도연맹에 가입되어 있었기 때문이죠. 물론 여주인공은 좌익이 아니었습니다. 아무 죄 없는 보통 사람들이 6·25전쟁으로 억울하게 희생당했음을 보여주는 장면이었습니다.

1·4후퇴 과정에서 헤어진 진태와 진석은 서로 죽은 줄 알게 됩니다. 그러나 진석은 탈출하여 부상을 입고 병원에 입원하였습니다. 한편, 진태는 진석이 죽은 줄 알고 이에 분노하여 북한군으로 전향하여 북한군 장교가 되었죠. 형이 북한군 장교가 되어 국군에 큰 타격을 주고 있다는 사실을 알게 된 진석은 형을 만나기 위해 격렬한 전투가 벌어지고 있는 전선으로 갑니다. 극적으로 형을 만나지만 치열한 전투 속에 형은 죽고, 동생은 살아남았죠. 6·25전쟁의 비극을 잘 묘사한 작품입니다.

이와 같이 전쟁은 우리 민족에게 큰 피해를 주었습니다. 수많은 전쟁고아와 이산가족이 발생하였고, 국토는 폐허가 되었습니다. 전쟁으로 인해 분단은 더욱 고착화되었고, 남한의 이승만과 북한의 김일성 모두 자신의 반대 세력을 제거하고 독재 체제를 강화해갔습니다. 전쟁으로 생긴 적개심을 독재에 이용하였던 것입니다.

■ 이승만 정부의 장기 집권

이승만 정부는 이러한 개헌을 통하여 장기 집권을 하였죠.

〈 장기 집권 〉

*발췌 개헌
*사사오입 개헌

이승만은 장기 집권을 위해 불법적인 발췌 개헌, 사사오입 개헌을 하고, 3·15부정선거를 저질렀습니다. 먼저 발췌 개헌(1952)에 대해 살펴봅시다. 개헌의 핵심 내용은 대통령 직선제 개헌이었습니다. 6·25전쟁 직전인 1950년 2대 국회의원 선거에서 이승만을 반대하는 인물들이 대거 당선되어 이승만은 국회의원 간선제로는 대통령에 다시 뽑히기 어려워졌죠. 그래서 이승만은 대통령 직선제로 헌법을 바꾸어 장기 집권을 하려고 했습니다. 먼저 자신을 지지하는 세력을 모아서 자유당을 만들고(1951), 대통령 직선제 개헌안을 국회에 제출하여 표결하였는데, 재적 163명 중 반대 143표라는 압도적 표차로 부결되었습니다. 오히려 국회에서는 내각책임제 개헌안을 123명의 국회의원이 서명하여 제출하였습니다. 그러자 이승만은 1952년 5월 비상계엄을 선포하고, 개헌에 반대하는 국회의원들을 경찰·군대·깡패들을 동원하여 위협하는 상황에서 기립투표를 강요하여 반민주적인 개헌을 하고, 다시 대통령에 출마하여 2대 대통령에 당선되었던 것입니다. 발췌 개헌이라고 하는 이유는 이 개헌안이 야당의 내각제 개헌안과 여당의 대통령 직선제 개헌안을 발췌해서 만든, 한마디로 짜깁기한 개헌안이었기 때문이죠. 이때부터 우리 헌법은 짜깁기로 누더기가 되기 시작하였던 것입니다.

다음은 사사오입 개헌(1954)에 대해 살펴봅시다. 대통령 중심제는 보통 중임(2번 연임)하면 임기가 끝납니다. 임기가 최대 8년이죠. 이승만은 1948년, 1952년 두 번 대통령이 되었으니 1956년이 임기 만료였습니다. 그래서 1956년 대통령 선거에 또 출마하는 것뿐만 아니라 죽을 때까지 계속 대통령을 하려고 개헌을 추진한 것이죠. 초대 대통령에 한하여 연임 제한을 폐지하여 초대 대통령인 이승만은 무제한으로 대통령에 출마할 수 있게 되어 장기 집권이 가능해졌습니다. 왜 '사사오입' 개헌이라고 하느냐면 당시 국회의원이 모두 203명이었습니다. 그런데 개헌안 투표에서 찬성 135표, 반대 60표, 기권 7표가 나왔습니다. 개헌안이 통과되기 위해서는 재적의 3분의 2인 136표(135.333)가 필요했기 때문에 개헌안은 부결되었죠. 그러나 자유당 정부는 사사오입(4는 죽이고 5는 살린다는 뜻, 반올림이죠)을 내세워 135.333은 반올림하면 정족수가 135표가 되므로 개헌안이 통과되었다고 번복을 하였습니다. 민주주의에 수학까지 동원한 코미디가 벌어졌던 것이죠.

1956년 대통령 선거에서 야당의 대통령 후보였던 신익희는 '못살겠다 갈아보자'는 구호를 내세워 이승만을 위협하였지만 선거일을 열흘 앞두고 갑작스레 병사하였습니다. 결국 이승만은 3대 대통령이 되었고(조봉암은 유효 득표의 30%를 차지하는 돌풍을 일으켰죠. 이미 고인이 된 신익희에게 투표한 경

1956년 대통령 선거 유세 차량

우도 상당수가 나왔습니다), 부통령은 야당인 민주당의 후보였던 장면이 당선되었습니다. 자유당의 부통령 후보였던 이기붕이 너무 인기가 없었기 때문이죠.

이승만 정부는 반공 정책을 이용하여 독재에 저항하는 세력을 공산당으로 몰아서 탄압에 이용하였는데, 가장 대표적인 사건이 바로 진보당 사건(1958~1959)입니다. 진보당 당수였던 조봉암이 1956년 대통령 선거에서 30%의 득표율로 이승만 정부를 위협하자 1958년에는 조봉암을 간첩으로 몰아 재판을 통해 사형시켰습니다. 정치 보복이죠. 또한 이승만 정부에 대한 비판에 앞장섰던 『경향신문』을 1959년 폐간시키는 언론 탄압을 저지르기도 하였습니다. 이러한 독재 정치로 부정부패는 더욱 심해졌습니다.

■ 귀속재산의 처리와 미국의 경제 원조

일본인들이 패망 후 일본으로 돌아갈 때 집과 땅은 가져갈 수가 없었죠(집과 땅을 움직일 수 없는 재산이라고 하여 부동산이라고 합니다). 미군정은 동양척식주식회사와 일본인들이 남한에 남긴 재산을 귀속재산으로 접수하였습니다. 미군정은 신한공사를 설립하여 귀속재산을 관리하도록 했는데, 1948년부터 미군정에서 귀속농지를 원래 그 땅에서 농사를 짓던 소작농에게 불하하기 시작하였습니다.

건국 이후 우리 정부가 귀속재산을 넘겨받아 관리하다가 6·25전쟁이 끝날 무렵부터 매각하였습니다.

이승만 정부 시기에 우리 경제는 미국의 경제 원조(한국을 공산주의의 방어기지로 만드는 데 목적이 있었죠)에 의존하였습니다. 미국은 주로 식료품, 의복, 의료품 등 생활필수품과 잉여 농산물(미국에서 남아도는 농산물)인 밀가루, 설탕, 면화를 원조하였습니다. 우리나라에서는 원조받은 농산물을 가공하는 제분(밀가루 가공), 제당(설탕 가공), 면방직(면화 가공) 산업이 발달하였는데, 이러한 산업을 삼백(3가지가 하얗다는 것이죠. 밀가루도 하얗고, 설탕도 하얗고, 솜도 하얗죠) 산업이라고 합니다. 권력과 유착된 일부 기업들은 원조 물자를 집중 배당받고 귀속재산 불하, 조세감면 등 각종 특혜를 받으면서 성장하였습니다. 반면 우리나라 농민들은 더 이상 밀, 면화 재배를 하지 않게 되었습니다. 사탕수수는 원래 재배하지 않았으니까 문제가 없지만 밀, 면화가 공짜로 들어오는 상황에서 계속 재배할 수는 없었던 것입니다. 미국이 경제 불황에 빠지자 1958년부터 원조가 감소하기 시작하면서 국내 경제도 불황에 빠졌습니다. 원료 부족으로 공장의 기계들은 멈추고 아예 도산하는 경우도 속출하였죠. 결국 실업자는 증가하고 임금은 더욱 낮아졌습니다. 다시 소비가 감소하고 생산 역시 감소하는 악순환이 벌어진 것입니다.

■ 김일성 독재 체제의 형성

김일성은 6·25전쟁 중 소련파의 허가이를 숙청하였고, 전쟁 직후에는 전쟁에 실패한 책임을 박헌영 등 남로당 출신들에게 뒤집어씌워 미국 간첩으로 몰아 숙청하였죠. 남한에서 활동하다 북한으로 올라온 남로당 출신들은 박헌영을 중심으로 세력화되어 있어서 김일성에게는 눈엣가시였기 때문이었죠. 남로당 출신들이 제거된 이후 김일성 독재 체제가 강화되던 중 1956년 8월 종파 사건이 발생하였습니다. 종파 사건에서 김일성 개인숭배가 비판당하자 오히려 역공하여 연안파 등 반대파들을 숙청함으로써 독재 체제를 더욱 강화하였습니다. 이어 1958년 일반 주민에 대한 사상 검토 사업을 통하여 주민들의 성향을 파악하고, 김일성 독재 체제를 강화하였습니다.

■ 북한의 전후 복구와 사회주의 경제

북한은 독재 체제 강화와 함께 사회주의 경제 체제를 확립하였습니다. 먼저 모든 농지를 협동 농장으로 만들어 공동 생산, 공동 경영을 하였습니다. 또한 개인 상공업을 없애고 사유재산 제도를 폐지하였습니다. 또한 북한은 경제 개발을 위해 공업화를 적극 추진하였습니다. 그러나 사회주의 경제 체제의 문제점인 생산성 약화가 나타났죠. 그래서 1956년부터는 생산성 약화를 해결하기 위해 이른바 천리마 운동을 벌이기 시작하였습니다. 하루에 천 리를 달리는 천리마처럼 일하여 생산성을 올리자는 노동력 동원 정책이었죠. 초기에는 어느 정도 효과가 있었지만 운동이 장기화되면서 한계에 이르렀고 북한의 경제는 더 이상 성장하기 어려워졌습니다.

3.
응답하라 1960

■ 자유당 정권이 3·15부정선거를 준비한 이유

이승만 정부의 독재 정치와 장기 집권 경기 침체 실업자 증가 → 3·15 부정선거 → 마산의거 → 4·19혁명

응답하라 1960! 1960년은 4·19혁명이
일어난 해입니다. 4·19혁명은 이승만 독재 정권을 무너뜨린 민주주의의
승리였습니다. 그러나 바로 1년 뒤 일어난 5·16군사정변으로 민주주의
의 시련이 다시 시작되었습니다. 그리고 1963년 박정희가 대통령으로 선
출되어 제3공화국이 시작되었고, 1972년에는 박정희의 장기 집권을 위
한 유신체제(제4공화국)가 시작되었습니다. 그러나 유신체제 역시 1979년
10·26사태로 끝이 납니다. 도대체 20년 동안 무슨 일이 벌어진 것일까
요? 그 출발점으로 가보도록 하겠습니다.

　1956년 선거 직후 자유당 정권은 불안에 떨었습니다. 왜냐? 이승만
대통령의 당시 나이가 82세입니다. 지금은 평균수명 정도의 나이지만 그
당시만 해도 굉장한 고령이어서 언제 대통령 유고(사망이나 사망에 준하는 상

태)가 될지 몰랐습니다. 그리고 이승만이 죽으면 부통령 장면이 대통령직을 승계하는 상황이었습니다. 그래서 자유당 정권은 1960년 선거에서는 반드시 부통령까지 자유당 후보로 당선시키려는 결심을 했던 것입니다. 이승만의 당시 나이가 86세이니까 90세를 넘기기가 어렵다고 판단했죠. 이승만이 죽으면 이기붕이 대통령직을 이어받을 수 있도록 이기붕을 반드시 부통령으로 만들어야 했던 것입니다. 결국 이러한 무리수가 3·15부정선거로 이어졌습니다.

이승만 정부의 독재 정치와 장기 집권에 국민들의 불만은 커져갔습니다. 게다가 미국의 경제 원조 감소로 경기는 침체되었고, 실업자는 점점 증가하여 이승만 정부에 대한 신뢰는 사라졌습니다. 1960년 대통령 선거에서 민주당의 대통령 후보인 조병옥이 대선 직전 또 병사하면서 이승만의 대통령 당선이 사실상 확정되었습니다. 그런데도 자유당 정권은 이기붕을 부통령으로 당선시키기 위해 3·15부정선거(1960)를 저질렀습니다. 그 이유는 앞에서 설명한 바와 같습니다.

4할 사전 투표(투표함에 미리 전체의 40% 정도를 자유당 표로 만들어 집어넣었죠. 실제 투표에서는 10%만 얻어도 이기는 겁니다), 3~9인조 공개 투표(3~9명씩 조를 짜서 투표장에 가서 서로를 감시하며 사실상 공개적으로 자유당에 투표하는 거였죠), 완장 부대(완장이란 축구에서 주장이 팔에 차는 천 같은 것입니다. 자유당 지지자들에게 '자유당'이라고 쓰인 완장을 차도록 하여 투표장 분위기를 자유당 쪽으로 만들려는 거였죠), 야당 참관인 축출(야당인 민주당 측 참관인들을 매수하거나 적당한 핑계로 투표장에서 몰아내었죠. 부정선거를 마음대로 하겠다는 거였죠) 등의 부정선거가 이루어졌습니다.

부정선거가 대낮에 아예 대놓고 벌어지자 학생들과 시민들은 분노하기 시작했습니다. 특히 선거 당일인 3월 15일 오후 마산에서는 학생들을 중심으로 부정선거를 규탄하는 시위가 시작되었고, 이에 시민들이 합세하여 시위가 확산되었는데, 경찰의 무차별 발포로 7명이 사망하면서 결국 무력 진압되었습니다. 이를 마산의거라고 합니다. 그럼에도 이승만이 대통령에 당선되었고, 국민들에게 인기가 없던 이기붕이 압도적인 표차로 민주당의 장면을 누르고 부통령에 당선되었습니다. 부정선거의 결과였던 것입니다.

■ 4·19혁명이 일어나다

그런데 마산의거 때 실종된 고등학생이 한 명 있었습니다. 4월 11일 실종된 김주열 학생의 시신이 마산 앞바다에 기적적으로 떠올랐습니다. 마산의거 때 시위를 하던 고등학생 김주열이 경찰이 쏜 최루탄에 눈을 맞아 죽자 이 사실을 은폐하기 위해 그 시체를 마산 앞바다에 버렸던 것입니다. 김주열의 죽음과 이를 은폐하려고 한 이승만 정부에 분노한 마산의 학생과 시민들이 반정부 시위를 시작하고, 전국의 학생과 시민들 역시 곳곳에서 반정부 시위를 벌이기 시작하였습니다.

부정선거 규탄 시위가 점점 거세지자 이승만 정부는 4월 18일 깡패들을 동원하여 시위대를 습격하였고, 4월 19일 분노한 학생과 시민들이 이승만이 있는 경무대로 몰려가자 드디어 서울에서 경찰의 무차별 발포로 많은 사망자가 발생하였습니다. 이날 전국 각지에서 경찰의 발포로 200명에 가까운 사망자가 발생하고, 수천 명이 부상당하였습니다. 발포 직후 이승만 정부는 비상계엄을 선포하여 곳곳에 계엄군이 배치되었지만 학생과 시민들은 이에 굴하지 않고 시위를 계속 벌였고, 계엄군이 시위대에 동조하기도 하였습니다. 대학교수단이 학생과 시민들의 시위에 동조하고(4. 25) 미국까지도 이승만에게 등을 돌리자 이승만은 결국 하야를 선언하고(4. 26) 자유당 정권은 무너졌습니다. 이승만은 하와이로 망명을 떠나고 이기붕 일가족은 자살하였습니다. 다음은 4·19혁명을 지지한 「대학교수단 시국선언문」 중 일부입니다.

1. 마산, 서울, 기타 각지의 학생 데모는 주권을 빼앗긴 국민의 울분을 대신하여 궐기한 학생들의 순진한 정의감의 발로이며 부정과 불의에 항거하는 민족정기의 표현이다.(4·19혁명의 출발점인 마산을 제일 먼저 제시하고 있죠. 학생들의 시위는 이승만 정부라는 불의에 맞서 싸우는 정의로운 투쟁이라는 것입니다.)

5. 3·15선거는 불법 선거이다. 공명선거에 의하여 정, 부통령 선거를 다시 실시하라.(4·19혁명의 원인이 된 3·15부정선거를 무효화하고, 선거를 다시 할 것을 주장한 것입니다.)

이승만 정부가 무너지자 새로운 정부를 수립하기 위해 허정을 수반으로 하는 과도 정부가 구성되어 내각책임제, 양원제를 핵심으로 하는 개헌이 이루어졌습니다. 개정된 헌법에 따라 총선이 실시되었고, 민주당이 대승하여 정부를 장악하였습니다. 민주당 정부는 대통령에 윤보선, 국무총리에 장면을 선출하여 제2공화국이 출범하였습니다. 이렇게 4·19혁명은 학생과 시민이 중심이 되어 이승만 독재 정권을 타도하고 민주주의를 지켜낸 민주주의 혁명이라고 평가할 수 있습니다.

■ 제2공화국(장면 내각)

허정 과도정부에서 내각책임제와 양원제를 핵심으로 한 개헌이 이루어졌고, 총선에서 민주당이 압도적으로 당선되었습니다. 대통령에 윤보선이 선출되었고, 국무총리에 장면이 지명되었습니다. 그리고 내각제이기 때문에 국무총리에게 실권이 있었죠. 제2공화국은 4·19혁명에 의해 수립된 정권이었기에 사회 각계각층의 민주화 요구가 강하게 분출되었습니다. 학생과 시민들은 3·15부정선거 책임자, 부정축재자(부정하게 재산을 축적한 자)에 대한 처벌을 요구하였지만 민주당 정부는 소극적이었고, 노동운동, 청년운동, 학생운동의 요구에 대해서도 소극적으로 대처하였습니다. 민주화와 함께 통일 논의도 활발하여 중립화 통일론, 남북협상론 등이 나타났습니다.

이러한 사회의 변화 요구에도 민주당은 신파·구파로 나뉘어 권력 다툼을 일삼았습니다. 윤보선 대통령은 구파였고, 장면 총리는 신파였습니다. 신파가 실권을 장악한 것에 불만을 갖게 된 구파는 신파와 권력 다툼을 벌였고, 결국 구파가 신민당을 창당하면서 분당되었죠. 또한 각계각층의 개혁 요구에 부응하지 못하였으며, 통일운동마저도 억압하였습니다. 결국 박정희를 중심으로 5·16군사정변이 발생하여 제2공화국은 허무하게 무너졌습니다.

■ 5·16군사정변과 제3공화국의 출범

1961년 5월 16일 박정희 중심의 일부 군인들이 군사정변을 일으켜 정권을 장악하였습니다. 정권을 장악한 군

이 사건은 1961년 5월 16일 박정희 중심의 일부 군인들이 군사정변을 일으켜 정권을 장악한 사건이야.

정변 직후 군정 세력은 반공을 국시로 내세웠고, 경제 개발, 사회 안정을 이루겠다고 주장하였어.

인들은 비상계엄을 선포하고 국가재건최고회의(초헌법적 최고 통치기구)를 구성하여 군정을 시작하였습니다. 군정 세력은 국시(국가가 가장 중요하게 생각하는 목표)를 반공으로 내세웠고, 국민들의 지지를 얻기 위해 경제 개발, 사회 안정을 내세웠습니다. 다음은 군사정변 직후 발표된 「혁명 공약」 중 일부입니다.

1. 반공을 국시의 제일의로 삼고, 반공 태세를 재정비 강화한다.
4. 민생고를 시급히 해결하고, 국가 자주 경제 재건에 총력을 기울인다.

또한 군정 세력은 국회, 정당을 모두 해산하고, 구정치인들의 활동을 금지하였습니다. 군정 세력이 좋은 세력이 되기 위해서는 기존의 정치인들이 나쁜 세력이 되어야 하겠죠? 나쁜 정치인들이 매일 싸움이나 하고 난장판을 벌이니까 정의로운 군인들이 나섰다는 겁니다. 그래서 나쁜 구정치인들의 소굴인 국회, 정당을 해산하고, 모든 정치 활동을 금지하였다는 합리화입니다. 또 신문, 방송 등을 검열하여 군정에 우호적인 기사를 쓰도록 하고, 군정에 비판적인 기사를 쓴 『경향신문』 같은 언론은 폐간하고, 비판적인 언론인들을 구속했습니다. 그리고 군정 세력은 군사정변을 합리화하기 위하여 3·15부정선거 책임자들을 처벌하고, 부정 축재자를 처벌하고, 깡패 등 부랑배들을 소탕하였습니다. 특히 깡패들에게는 '나는 깡패입니다'라고 쓰인 푯말을 목에 걸고 거리를 행진하게 하여 망신을 주고 강제 노동을 시킴으로써 군정 세력이 정의로운 세력이라고 선전하는 데 이용하였죠. 또 농어촌 부채를 깎아주고, 농산물 가격을 안정시키는 정책을 펴기도 하였습니다.

박정희는 군사정변 직후 군정을 실시하면서 민정(민간정부) 이양을 약속하였습니다. 그러나 정권을 잡은 군인들이 스스로 정권을 내놓는다는 것은 고양이가 생선 가게를 포기하는 거나 마찬가지였죠. 결국 군사정부는 박정희를 비롯한 군 출신과 이를 지지하는 구정치인들을 끌어모아 민주공화당을 만들고, 대통령 중심제, 직선제와 단원제(현재 우리나라 국회처럼 하나만 있는 것을 단원제, 2개가 있는 것을 양원제라고 합니다)를 핵심으로 하는 개헌을 하였습니다. 개정된 헌법에 따라 실시된 1963년 대통령 선거에서는 박정희가 야당의 윤보선을 누르고 당선되어 제3공화국이 시작되었습니다.

■ 6·3시위와 한·일 협정 체결

　　　　　　　　박정희 정부는 반공과 경제 개발을 내세우며 성장 위주의 경제 정책을 추진하였습니다. 이를 위해 외국 자본을 도입하여 급속한 공업화를 추진하였죠. 박정희 정부는 외국 자본 도입을 위한 방법으로 한일 국교 정상화를 이용하여 자금을 확보하려고 했습니다. 국민들은 일제의 식민 지배에 대한 사죄와 배상을 원했지만 정부는 일본의 사죄와 배상을 받아내지 못하고, 무상 원조, 유상 차관 등의 명목으로 경제 개발 자금을 확보하는 데 그쳤습니다. 한마디로 일본의 입장은 자기들은 잘못한 거 하나도 없고, 가난하게 살고 있는 너희들이 불쌍해서 돈이나 줄 테니까 이거나 먹고 떨어지라는 것이었죠. 일본의 침략을 당했던 동남아시아 각국이 일본의 공식 사과와 손해배상을 받았던 것과 비교하면 얼마나 굴욕적인 회담이었는지를 잘 알 수 있습니다.

이렇게 굴욕적인 한일회담의 내용이 알려지자 국민들은 분노하였습니다. 1964년 3월부터 벌어진 시위는 6월 3일 최고조에 달하였습니다. 학생들과 시민들이 격렬한 한일회담 반대 운동(6·3시위, 1964)을 벌이자 박정희 정부는 서울에 비상계엄을 선포하고 군대를 동원하여 시위를 해산시키고 휴교령을 선포하여 반대 운동을 억눌렀습니다. 박정희 정부는 국민들의 반대에도 불구하고 한일회담을 마무리하고, 한일 협정 체결 직전에는 아예 서울에 휴교령과 위수령(군대가 일정 지역에 주둔하며 치안 질서를 유지하도록 하는 대통령령)을 선포하고 군대가 서울 곳곳에 배치된 억압적인 상태에서 한일 협정(1965)을 비준하였습니다.

■ 미국을 돕기 위해 베트남 전쟁에 파병하다

박정희 정부는 베트남 전쟁을 하고 있는 미국을 돕기 위하여 한국군을 파병하였습니다(1964~1973). 물론 파병의 대가로 경제 개발에 필요한 미국의 차관과 기술 원조를 받았으며, 국방력 강화를 위한 무기 원조도 받았습니다. 또 파병 군인들의 월급 국내 송금, 전쟁에 필요한 군수품 납품, 베트남 건설 사업 참여 등으로 달러, 즉 외화를 획득해 경제 발전에 큰 도움이 되었습니다. 다음은 이와 관련된 자료인 브라운 각서(1966)의 내용 중 일부입니다.

> 1. 베트남 공화국에 파견되는 추가 병력에 필요한 장비를 제공하며, 또한 베트남 파견 추가 병력에 따르는 일체의 추가적 원화 경비를 부담한다.(미국이 베트남 전쟁에 참전한 한국군들에게 무기, 비용 등 군사 원조를 하였죠.)
>
> 1. 베트남 주둔 대한민국 부대에 소요되는 보급 물자와 용역 및 장비를 대한민국에서 구매하며, 베트남 주둔 미군과 베트남군을 위한 물자 중 선정된 구매 품목을 한국에 발주한다.(한국군의 베트남 참전 기간 동안 한국인 업자들이 많은 사업에 참여하여 엄청난 외화를 벌어들였습니다.)

파병된 군인들 중 많은 사람들이 전사하거나 부상당하였고, 고엽제 후유증으로 지금까지 고통을 호소하는 분들도 있습니다. 베트남의 울창한 정글 속에서 매복 기습 게릴라 작전에 미군이 많은 피해를 입자 미군은 강력한 제초제인 고엽제를 뿌려 정글을 없애버렸죠. 베트남 사람들과 참전 군인 중 일부에서 호흡 장애, 기억상실, 기형아 출산 등의 후유증이 나타나기 시작하였습니다. 이를 고엽제 후유증이라고 합니다.

■ 북한의 도발과 3선 개헌

1968년 1월 21일 북한 특수부대가 청와대를 습격하기 위해 침투하다 발각되어 거의 사살된 사건이 발생하였습니다. 이를 1·21사태라고 합니다. 청와대를 1킬로미터 앞두고 발각되어 1명만 생포되고 모두 몰살당하였습니다. 영화 「실미도」에서 처음 시작할 때 묘사한 사건입니다. 실미도에서 특수부대를 훈련시켜 북한에게 보복하려고 했던 사건을 배경으로 한 영화가 「실미도」입니다.

게다가 이틀 뒤인 1월 23일에는 미국 해군 정보 수집함인 푸에블로호가 북한에 나포되어 미국과 북한 사이에 긴장이 고조되었어요. 이틀 전 1·21사태가 발생하였기 때문에 긴장은 최고조가 되었죠. 미국은 항공모함과 수백 대의 전투기를 동원하였습니다. 북한은 푸에블로호만 압수하고, 미군 승무원들은 송환하였습니다. 또한 11월에는 울진, 삼척 지역에 무장 간첩 120여 명이 침투하여 12월까지 2달 동안 소탕 작전이 벌어지는 일까지 발생하였습니다. 이러한 북한의 도발로 강조된 반공은 박정희의 집권 연장에 이용되었습니다.

1967년 다시 대통령에 당선된 박정희는 4년 중임, 즉 8년 임기가 끝나기 때문에 1971년 대통령에서 물러나야 했습니다. 그러나 박정희 역시 이승만처럼 대통령을 더 하고 싶었고, 이승만이 했던 것과 비슷하게 개헌을 하려고 했습니다. 국민들에게 "대통령을 딱 한 번만 더 하겠다."고 호소하면서 대통령 3선 금지 조항을 삭제하는 일명 3선 개헌(1969)을 하였습니다. 야당 의원들이 개헌안을 막기 위해 본회의장을 점거하자 여당 의원들과 친여 무소속 의원들이 새벽에 국회 별관에 모여 개헌안을 통과시켰죠. 이렇게 개정된 헌법에 따라 1971년 대선에서 야당 후보 김대중과 대결하여 적은 표 차이로 간신히 3선에 성공하였습니다.

■ 제4공화국(유신체제)의 출범

7·4남북공동성명 → 10월유신 → 유신헌법제정 → 제4공화국

　　　　　　　　1971년 선거에서 간신히 대통령에 당선된 박정희는 이승만처럼 오랫동안 대통령을 하고 싶어졌죠. 그래서 역시 마찬가지로 개헌을 했습니다. 1971년 12월 북한의 전쟁 준비 등을 구실로 비상사태를 선포하고 대통령에게 비상대권을 부여한다고 하면서 당장 전쟁이라도 날 것처럼 공포 분위기를 만들었습니다. 그리고 북한과 막후 접촉(이후락 당시 중앙정보부장이 평양에 비밀리에 들어가 협상하고, 박성철 당시 북한 제2부수상 역시 서울에 들어와 협상을 하였습니다)을 통해 7·4남북공동성명(1972, 자주적·평화적·민족적 대단결 등 통일 원칙 합의)을 발표하였습니다. 국민들은 곧 통일이 이루어질 것처럼 기뻐했죠.

　　그러더니 10월에 갑자기 유신을 선포하고(1972) 국회를 해산하고 정치 활동을 금지하는 등 초헌법적 조치를 내렸습니다. 곧이어 박정희 대통령은 유신 헌법을 공포하고 유신 헌법에 의해 통일주체국민회의에서 대통령 간선제를 통해 대통령에 다시 당선되었습니다. 이를 제4공화국 또는 유신체제라고 합니다. 한마디로 말하면 박정희 대통령이 대통령을 계속하기 위해 헌법을 엄청나게 바꾼 것이죠.

　　유신체제는 한마디로 권위주의 통치체제입니다. 대통령에게 권력을 집중하여 민주주의를 억압하는 독재 체제입니다. 당시 이러한 독재 체제를 두고 '한국적 민주주의'라는 궤변으로 국민들을 속이기도 했습니다. 민주주의는 서양에서 발달한 것이기 때문에 우리나라에 맞지 않다며 우리나라에 맞는 한국적 민주주의가 필요하다고 억지를 부린 것입니다. 그렇다면 유신체제가 과연 어떠한 통치체제였는지 살펴봅시다.

먼저 대통령 임기를 6년으로 하였습니다. 체육관 선거마저도 가끔씩, 4년마다 하는 것도 귀찮아서 6년마다 하겠다는 것이었죠. 또 대통령 연임 제한을 철폐하였습니다. 한마디로 그만두고 싶을 때까지 대통령을 하겠다는 뜻이었죠. 대통령은 통일주체국민회의에서 간선제로 선출하였습니다. 체육관에서 지지자들을 모아놓고 대통령을 뽑으니까 무조건 박정희의 당선이었죠. 전체 선거인단 중 무효 2표, 나머지는 모두 박정희가 표를 얻어 당선된 경우도 있었습니다. 사실상 100% 찬성, 만장일치 선거였습니다.

게다가 대통령이 유정회(유신정우회)라고 하여 국회의원 중 3분의 1을 임명하였습니다. 기본 33%는 여당이 차지하니까 국회의원 선거는 하나마나 여당이 이기는 거였죠. 국민이 뽑는 선출직인 국회의원 중 3분의 1이 임명직이 되어 대통령의 리모컨 역할을 하였던 것입니다. 이것도 부족해서 또 대통령에게 국회 해산권을 주었습니다. 그래도 국회가 마음에 안 들면 해산해버리는 거였죠. 3권 분립이 완전히 무너진 조항입니다. 마지막으로 유신 헌법의 트레이드마크는 역시 긴급조치권입니다. 긴급조치권은 대통령이 헌법의 일부 기능, 법률의 효력 등을 일시 정지시킬 수 있는 권한입니다. 국민의 자유와 권리를 대통령 마음대로 억압할 수 있는 초헌법적 권한입니다. 원래는 국가 안보, 질서 등이 위협을 받을 때에 시행할 수 있는 권한이었지만 실제로는 재야인사들과 학생들이 유신체제에 반대하여 벌였던 반독재 민주화운동(민청학련 사건 등)을 탄압하는 데 악용하였죠.

■ 유신 반대 운동과 10·26사태

　　　　　　　이러한 박정희 정부의 독재 체제 강화와 인권 탄압에 대항하여 야당과 대학생들을 중심으로 유신 반대 운동이 일어났습니다. 특히 일본에서 유신 반대 운동을 하던 김대중이 일본 현지에서 납치당하여 국내로 끌려온 사건(김대중 납치 사건. 1973)을 계기로 개헌 청원 100만인 서명 운동이 일어났고, 유신 폐지를 요구하는 민청학련 선언이 발표되기도 하였죠. 이러한 유신 반대 운동을 박정희 정부는 긴급조치를 내려 탄압하고, 중앙정보부를 이용해 민주 인사들과 대학생들을 탄압하였습니다. 이러한 상황이 해외에 알려지면서 국제 여론도 악화되어, 그동안 박정희 정부를 지지해오던 미국, 일본과의 외교관계도 점

YH사건 ➡ 김영삼 신민당 총재의 의원직 박탈 ➡ 부·마 민주항쟁 ➡ 10·26사태

신지식 전체 ∨	10 · 26사태	검색

▶ 질문하기

10.26 사태를 조사하려면 어떻게 해야 하나요?

▶ 답글 쓰기

갑 : YH사건의 전개 과정을 찾아보세요.
을 : 김영삼 신민당 총재의 의원직 박탈 과정을 알아보세요.
병 : 부·마 민주항쟁을 조사해보세요.
정 : 김재규에 대한 재판 과정을 살펴보세요.

차 악화되었습니다.

이러한 탄압에도 천주교 신부들은 정의구현사제단을 만들어 민주화 요구를 하였고, 언론인들은 언론자유 수호투쟁을 벌였습니다. 또한 1976 년에는 함석헌, 김대중, 윤보선 등을 중심으로 3·1민주구국선언을 발표 하여 유신헌법을 폐지할 것을 주장하였습니다.

1978년 국회의원 선거에서 제1야당 신민당의 득표율이 여당 민주공 화당의 득표율보다 앞서는 결과가 나왔습니다. 이는 민심이 유신체제로 부터 이미 떠났음을 보여주는 산 증거였죠. 특히 카터 미국 대통령 등 국제사회에서도 박정희 정부의 인권 탄압을 비판하는 일들이 계속되었 습니다. 게다가 1978년 말부터 2차 석유 파동이 발생하여 경제가 불황 에 빠지고, 계속되는 유신 독재의 억압 속에서 국민들의 불만이 쌓여갔 습니다.

이러한 가운데 YH무역 사건이 발생하였습니다. 1979년 8월 YH무역의 여성 노동자들이 파업을 벌이며 투쟁하자 회사는 폐업을 해버렸습니다. 회사가 폐업을 하고 공장을 폐쇄하자 투쟁할 곳이 없어진 노동자들은 당시 제1야당인 신민당 당사에 들어가 농성을 벌였습니다. 그러나 정부는 경찰을 투입하여 강제 진압하였는데, 이 와중에 노동자 한 명이 강제 진압에 저항하다 옥상에서 떨어져 사망하였고, 172명의 노동자들이 경찰에 연행되었습니다. 신민당의 동의도 없이 벌어진 YH무역 노동자들에 대한 강제 진압에 신민당은 강력히 항의하며 정부를 비판하였습니다. 그러자 박정희 정부는 오히려 반독재 투쟁을 이끌고 있던 김영삼 신민당 총재의 의원직을 박탈하였습니다. 1979년 10월 박정희 정부의 지시를 받은 여당인 공화당 국회의원들만 모여 김영삼 총재의 의원직을 박탈하였죠.

이에 항의하여 발생한 사건이 바로 부·마 민주항쟁입니다. 1979년 10월 박정희 정부의 독재에 항거하여 김영삼의 정치적 근거지인 부산·마산·창원 지역의 학생과 시민들이 시위를 벌이자 부산에 비상계엄령, 마산·창원에 위수령을 선포하고 군대를 동원하여 시위를 폭력 진압하였습니다. 이러한 진압에도 불구하고 대학생들을 중심으로 시위는 계속되었고, 박정희 정부 내부에서도 갈등이 발생하여 중앙정보부장 김재규가 박정희를 살해하였습니다(1979, 10·26사태). 이렇게 사실상 유신체제는 끝이 났습니다.

★ **영화**와 **드라마**로 **역사** 읽기 – **영화** 「효자동 이발사」

　　우리 현대사를 다룬 「효자동 이발사」란 영화가 있습니다. 이 영화를 통해 우리 현대사를 살펴보겠습니다. 이 영화의 내레이션을 하는 관찰자 '나'는 효자동에서 이발사를 하다가 대통령 이발사까지 된 주인공의 아들이죠. 이 영화의 '나'는 사실 '민주주의'를 상징합니다. 아버지(주인공)가 '나'를 낳게 된 에피소드 중에 사사오입 개헌이 나옵니다. '나'의 아버지와 어머니는 '나'를 임신하고 5개월이 지났으면 사사오입이니까 무조건 낳아야 한다고 합니다. "사사오입이면 헌법도 바꾸는데 애는 당연히 낳아야 한다."고 하죠. 그리고 '나'가 태어나기 한 달 전 1960년 3월 15일 선거에서 아버지는 동네 사람들과 함께 3인조로 투표소에 가서 공개적으로 투표를 하죠. 아버지가 실수로 잘못 투표를 하니까 동네 사람들이 이를 보고선 바꾸라고 합니다. 그래서 이미 찍은 것을 지우고 새로 찍는 장면이 이어지죠. 그리고 개표 업무에 참가한 아버지는 동네 사람들과 부정 개표를 합니다. 야당 표를 빼돌려서 야산에 몰래 묻어버리기도 합니다.

　　그리고 한 달 후 4월 19일 학생과 시민들의 시위대를 향해 경찰이 발포하여 진압하는 와중에 길 위에서 '나'가 태어난 것입니다. '나'가 태어나기 위한 진통을 하고 있는 어머니를 데리고 가던 아버지는 시위대 속에 휘말리고, 총에 맞아 부상당한 사람들과 산통으로 괴로워하는 어머니가 뒤섞인 혼란 속에 드디어 '나'가 태어난 것이죠. '나'는 4·19혁명 때 흘린 피의 대가로 태어난 '민주주의'를 상징하는 아이입니다.

　　'나'가 돌이 지나 막 걸음마를 시작한 1961년 5월 16일 새벽 탱크가 이발소 앞을 지나가죠. 아버지는 우연한 기회에 대통령의 이발사가 됩니다. '나'가 어렸을 때 이발관의 보조이발사는 베트남 전쟁에 참전했다가 부상을 입고 돌아오죠. 그리고 얼마 후 북한 무장간첩단이 청와대를 습격하려다가 실패한 1·21사태가 발생합니다. 이때 무장간첩들이 설사를 했다 하여 설사 환자들을 중앙정보부에 끌고 가서 전기 고문을 하여 단지 설사한 죄로 동네 주민들을 간첩단으로 몰아 사형을 시키죠. 이것은 박정희 독재 체제에서 벌어진 간첩단 조작 사건 등을 코믹하게 풍자한 것입니다.

'나'는 어린이였는데도 설사한 죄로 끌려가 전기 고문을 당하면서도 간첩임을 자백하지 않아 다시 풀려났지만 고문 후유증으로 두 발로 서지 못하게 되었습니다. '나'의 아버지는 자신의 고발로 아들인 '나'가 두 발로 설 수 없게 되었다고 자책하며 자신의 머리카락을 자르며 울부짖습니다. 독재 체제 아래에서 '나(민주주의)'는 고문을 당하여 두 발로 설 수 없었던 것입니다.

1979년 10월 26일 경호실장과 중앙정보부장이 다투는 장면 이후 그다음 날 신문과 방송에서는 10·26사태를 알립니다. 부·마 민주항쟁이 폭력 진압된 직후 궁정동 안가에서는 술자리가 있었죠. 그 자리에는 박정희 대통령, 차지철 경호실장, 김재규 중앙정보부장, 김계원 비서실장 등이 있었습니다. 이 자리에서 김재규는 차지철과 박정희 대통령을 권총으로 살해하였습니다. 사건 직후 김재규는 육군본부로 이동하여 정승화 육군참모총장을 통해 비상계엄을 선포하고 정권을 장악하려고 했습니다. 그러나 당시 보안사령관 전두환이 박정희 대통령의 사망을 보안사 정보 루트로 확인한 후 김재규를 체포하고, 이에 가담한 중앙정보부 요원들마저 체포되었죠. 그리고 '나'는 기적적으로 두 발로 다시 일어섰습니다. 「효자동 이발사」는 이렇게 우리 현대사의 큰 흐름을 살필 수 있는 재미있는 영화입니다.

4.
응답하라 1980

■ 12·12사태와 서울의 봄

최규하
대통령 선출 → 12·12
군사정변 → 5·17 계엄
확대 조치 → 5·18
민주화운동

        응답하라 1980! 1980년은 5·18민주화운동이 일어난 해입니다. 5·18민주화운동은 신군부의 폭력 진압으로 많은 사람들이 죽고 다치면서 실패하였지만 이후 대학생 등 민주화 세력에게 큰 영향을 주었습니다. 1980년대 대학생들을 중심으로 전두환 정부에 반대하는 시위가 계속 일어났고, 이러한 과정이 되풀이되다가 결국 1987년에 서울대 학생 박종철이 경찰에서 고문당하다 사망하는 사건이 발생하였습니다. 이를 계기로 전두환 정부에 대한 저항이 더욱 거세져 시위 과정에서 또다시 연세대 학생 이한열이 경찰이 쏜 최루탄에 맞아 뇌사 상태에 빠집니다. 이에 더욱 분노한 전 국민적인 항쟁이 바로 6월항쟁입니다. 6월항쟁의 결과 대통령 직선제 개헌이 이루어졌으며, 지금까지도 5년마다 국민들의 손으로 직접 대통령을 뽑고 있죠. 그렇다면 5·18민주화운동은 어떻게 일어나게 되었는지 살펴보겠습니다.

1979년 10월 26일 박정희 대통령이 사망하자 당시 국무총리였던 최규하가 27일 대통령 권한대행을 맡게 되었고, 비상계엄을 선포하였죠. 12월 초 최규하는 통일주체국민회의에서 대통령으로 선출되었습니다. 당시 비상계엄사령관은 육군참모총장 정승화였는데, 사실상 국가 정보를 독점하고 있던 것은 보안사였습니다. 당시 정보기관에는 중앙정보부와 보안사가 있었죠. 그런데 중앙정보부장이 대통령 살해범으로 구속되자 보안사가 사실상 유일한 정보기관이 된 것이죠.

이러한 막강한 권력을 차지한 보안사 사령관 전두환은 대통령이 되고 싶었습니다. 그러나 공식적 최고 권력자는 최규하 대통령과 정승화 계엄사령관이었죠. 특히 정승화를 제거하지 않고서는 권력을 잡을 수 없었죠. 그래서 전두환을 중심으로 한 신군부가 정승화를 불법 체포하고, 최규하 대통령에게 사후 재가를 강요하였죠. 최규하 대통령은 국방장관 없이는 재가할 수 없다고 버티다가 국방장관이 나타나자 어쩔 수 없이 사후 재가하였습니다. 결국 신군부는 정승화를 지지하는 반대파 군부를 제거하며 권력을 장악하였습니다. 이를 12·12사태(1979)라고 합니다. 당시 국민들은 정승화 체포 사실은 알았지만 이러한 군사정변이 발생했는지는 몰랐었습니다. 이렇게 신군부는 조용히 권력을 장악해나갔던 것입니다.

박정희 대통령의 사망으로 유신체제(겨울)가 끝나고 민주화(봄)가 시작될 것이라는 기대에서 1980년 당시를 '서울의 봄'(1980. 5)이라고 하였습니다. 대학생들은 5월 14일과 15일, 이틀 동안 서울역, 시청에서 계엄령 해제, 유신헌법 폐지, 전두환 퇴진, 민간정부 수립 등을 요구하는 대규모 시위를 벌이고 자진 해산하였습니다. 그러나 전두환의 신군부는 이틀 뒤인 5월 17일 오히려 계엄 확대 조치를 선포하여 김대중을 구속하고, 김영삼을 가택 연금하였습니다. 또 모든 정치 활동을 금지하고, 학생운동 지도부를 구속하였습니다.

■ 5·18민주화운동

          그러나 이러한 탄압에 굴하지 않고 광주의 대학생들은 비상계엄 확대 조치에 항의하는 시위를 5월 18일부터 시작하였습니다. 신군부는 계엄군으로 공수부대(전쟁이 나면 적진으로 비행기 타고 날아가 적 후방을 교란할 목적으로 만든 특수부대였죠)를 투입하여 학생과 시민들을 무차별 진압하였습니다. 무자비한 진압에 결국 많은 학생과 시민들이 부상당하였고, 분노한 시민들이 시위에 더 많이 참가하게 되었습니다(5. 18).

  광주 시민들의 시위가 점차 확산되는 과정에서 계엄군이 시위대에 총격을 가하여 많은 시민들이 죽거나 다치면서 시민들은 소총으로 무장하고 시민군을 조직하여 계엄군에 맞서 저항하였습니다. 총으로 무장한 시민군의 대항에 당황한 계엄군은 일단 광주에서 철수하여 광주 외곽을 봉쇄, 외부와 차단하였습니다. 그러나 시민수습대책위원회가 만들어지면서 무기를 회수하는 한편 정부에 사태 해결을 위한 협상을 요구하였습니다(5. 22). 또한 광주의 소식이 알려지자 목포, 나주, 화순 등 광주 인근 지역에서도 비상계엄 확대에 저항하는 시위가 발생하였습니다. 그러나 계엄군은 5월 27일 새벽 전남도청을 지키던 시민군을 탱크와 헬기까지 동원해 무력으로 진압하였고, 5·18민주화운동은 많은 사망자, 실종자, 부상자가 발생한 채로 끝이 났습니다. 5·18민주화운동은 1980년대 민주화운동의 토대가 되었습니다. 5·18의 진실을 알게 된 민주화 세력과 대학생들은 광주의 희생을 토대로 전두환 독재 체제에 맞서 투쟁하여 민주화운동으로 승화시켰던 것입니다. 또한 5·18민주화운동은 당시 필리핀의 군사 독재 정권에 저항하는 민주화운동에 영향을 주었으며, 5·18민주화운동 기록물은 2011년 유네스코 세계기록유산으로 등재될 정도로 그 가치를 높이 인정받고 있습니다.

★ 영화와 드라마로 역사 읽기 - 영화 「화려한 휴가」

5·18민주화운동을 소재로 한 영화로 「화려한 휴가」가 있습니다. 당시 광주에 투입된 공수부대의 작전명이 바로 '화려한 휴가'였죠. 광주에서 평범한 택시 기사인 주인공과 그 동생, 예비역 장성 출신의 택시 회사 사장과 그 딸(여주인공)을 중심으로 이야기가 전개되죠. 공수부대가 광주로 투입되면서 영화가 시작됩니다. 공수부대가 대학생들을 곤봉으로 마구 두들겨 패고, 이를 막는 시민들도 무차별적으로 두들겨 패는 장면들이 이어지죠. 이에 시민들의 저항은 점차 거세지고, 공수부대가 시민들에게 무차별 발포를 시작하면서 주인공의 동생을 비롯한 많은 시민들이 죽습니다. 많은 부상자들이 병원으로 실려 오고 간호사인 여주인공과 의사들은 부상자들 치료에 정신이 없습니다. 시민들의 죽음에 분노한 주인공과 시민들은 파출소와 예비군 무기고를 습격, 총을 꺼내어 무장하고 시민군이 됩니다. 택시 회사 사장은 시민군을 이끄는 시민군 대장이 되고, 그 딸은 시민군 방송을 하게 되죠. 계엄군은 광주에서 철수하여 광주와 외부를 완전 봉쇄합니다. 외부에 소식을 알리기 위해 광주 외곽으로 나가려던 시민군 일부는 계엄군에 의해 대부분 몰살당합니다. 결국 계엄군의 진압 작전이 예고되고, 여주인공은 진압 직전 새벽에 가두방송을 하며 시민군이 끝까지 싸우고 있음을 잊지 말 것을 호소합니다. 그리고 도청에 남은 시민군은 끝까지 민주주의를 위해 싸우다 죽어갑니다. 「화려한 휴가」는 정말 감동적이고 눈물이 나오는 영화입니다.

■ 전두환 정부(제5공화국)

　　　　　　　　　　　신군부는 5·18광주민주화운동을 진압한
직후인 5월 31일 국가보위비상대책위원회(1980, 전두환이 상임위원장)라는 초
헌법적 기구를 만들어 통치권 장악을 공식화하였습니다. 신군부는 '사
회 정화'를 내세우며 반대 세력을 탄압하고, 비판적인 공무원들을 강제
로 해직시켰죠. 또 언론 통폐합이라는 명목으로 많은 언론사를 없애면서
정부에 비판적인 언론인들을 강제 해직시켰습니다. 또 불량배 등을 정신
교육한다는 명목으로 수만 명의 시민들(경미하고 단순한 사건에 관련된 사람들
이 억울하게 끌려간 경우가 많았죠)을 연행하여 이 중 약 2만 명을 군부대에 입
소시켜 삼청교육대를 운영하였습니다(박정희가 5·16군사정변 직후에 깡패 등을
소탕하였던 것과 비슷합니다). 그러나 강압적인 군대식 훈련, 노동 중 구타, 기
합 등으로 50여 명이 사망하고 이후 수백 명이 후유증으로 사망하였으
며 많은 사람들이 현재까지도 장애로 고통받고 있습니다.

　　최규하 대통령이 사임하자 1980년 8월 전두환은 통일주체국민회의
에서 무효 1표를 제외한 사실상 100% 득표로 11대 대통령에 당선되었습
니다. 이미 정권을 잡고 있던 전두환이 공식적으로 대통령이 된 것이죠.
전두환 정부는 유신 헌법으로 권력을 차지한 것에 대한 국민들의 반발
을 누그러뜨리기 위하여 개헌을 하였습니다. 대통령 임기를 7년 단임으
로 하고, 대통령 선거인단에 의한 간선제가 그 핵심이었죠. 개헌 후 전두
환 지지 세력들을 모아 민주정의당을 만들고(박정희도 민주공화당을 만들어 정
권을 잡았던 것과 비슷하죠), 1981년 대통령 선거인단 선거로(통일주체국민회의가
대통령 선거인단으로 이름만 바뀐 거죠. 역시 체육관에서 선거를 했습니다) 12대 대통
령에 당선되었습니다. 이때부터를 제5공화국이라고 합니다.

　　전두환 정부는 정의사회 구현, 복지사회 건설을 내세웠지만 국민들의

지지를 묻지도 않았기 때문에 정통성이 없었습니다(이에 반해 박정희는 군사 정변으로 정권을 잡았지만 1963년 대통령 선거에서 국민 직선으로 당선되었기 때문에 정통성은 있었죠). 결국 정통성이 없다는 정치적 약점 때문에 더욱 강압적인 통치를 일삼았던 것이죠. 국가보위비상대책위원회의 뒤를 이은 국가보위입법회의에서 만들어진 법률로 언론을 통제하고 반대 세력을 탄압하고 민주화운동, 노동운동을 탄압하였습니다. 이러한 전두환 정부의 강압적 통치를 이른바 권위주의 통치라고 합니다.

시간이 지나면서 정권이 어느 정도 안정되자 1983년부터는 유화 정책(부드러운 통치 방식)으로 전환하여 제적 학생(민주화운동을 하다가 대학교에서 퇴학당한 학생들)을 복교(다시 학교로 돌아오도록)시키고, 민주화 인사들을 복권(정치 활동을 다시 할 수 있도록 허락)하였습니다. 또 국민들의 정치적인 관심을 다른 분야로 돌리기 위하여 미스 유니버스 대회를 유치하고, 컬러텔레비전 방송을 시행하고, '국풍 81' 등의 문화 축제를 개최하면서 연예 쪽으로 국민들의 관심을 돌리고자 하였습니다. 그리고 야간 통행금지를 해제하고(1982), 중고등 학생들의 교복과 두발을 자율화하고, 해외여행을 자유화하고, 프로 야구, 프로 씨름 등 프로 스포츠를 활성화하면서 국민들이 정치에 무관심하게 만들려고 하였습니다. 1986년부터 시작된 세계적인 3저(저금리, 저유가, 저달러) 호황으로 경제적으로는 급속하게 발전하였습니다. 그러나 전두환의 친인척 등과 연결된 권력형 비리, 부패 사건이 터지면서 국민들의 불만은 점점 커졌습니다.

■ 박종철 고문치사 사건과
　6월 민주항쟁

박종철 고문
치사 사건 → 4·13
호헌조치 → 6월
민주항쟁 → 6·29
민주화선언

　　　　　　　　　　　　전두환 정부의 부정부패 비리 사건이
계속 터지고, 민주주의를 억압하는 것에 대해 국민들의 불만이 쌓여갔습
니다. 이러한 상황 속에 1983년 12월 21일 학원자율화조치가 발표되자
대학생들을 중심으로 학생운동이 활성화되기 시작하였습니다. 대학생들
은 민주화를 요구하는 시위를 벌이면서 투쟁하였죠. 1985년 국회의원 선
거를 앞두고 옛 야당 정치인들의 정치 활동을 허용하자, 이들을 중심으
로 신한민주당이 결성되어 국회의원 선거에서 제1야당을 차지하는 돌풍
을 일으켰습니다. 여당인 민주정의당에게 모든 것이 유리한 상황에서 신
한민주당은 사실상 승리를 거두었죠. 국민들은 선거를 통해 전두환 정부
를 심판한 것이었습니다.

　위기의식을 느낀 전두환 정부는 이른바 '금강산 댐 사건(1986)'으로 국
민들을 기만하였습니다. 당시 북한이 건설하고 있던 금강산 댐을 일시에
터트리면 거대한 물폭탄이 내려와 서울이 모두 물에 잠겨버린다고 선전
하면서 국민들에게 겁을 주었습니다. 그리고 '금강산 댐'에 대항하여 '평
화의 댐'을 건설한다는 명목으로 모금 운동을 대대적으로 벌였습니다. 또
한 전두환 정부에 반대하는 학생운동, 노동운동을 수사하면서 많은 사
람들을 고문하기도 하였는데, 특히 1986년 부천 경찰서에서는 성 고문까
지 벌어졌습니다.

　이러한 과정 속에서 1987년 1월에는 박종철 고문치사 사건이 발생하

여 국민들은 더욱 분노하였습니다. 당시 서울대 학생이었던 박종철을 경찰서로 연행해 조사하는 과정에서 물고문을 하다 사망하자 이를 은폐하려다 들통이 난 사건입니다. 처음에는 조사 과정에서 수사관이 책상을 탁 하고 치니 박종철이 억 하고 가슴을 잡으며 쓰러져 심장마비로 죽었다고 은폐하려 하였죠. 그러나 당시 물고문으로 사망했다는 부검 결과가 폭로되면서, 국민들은 학생을 죽이고 심지어 '탁 하고 치니 억 하고 죽었다.'라는 코미디 같은 말로 국민들을 속이려 했다는 것에 엄청 분노하였습니다.

이러한 국민적 분노에도 불구하고 전두환 대통령은 오히려 4·13호헌조치를 선언하였습니다. 기존의 대통령 7년 단임 간선제 헌법을 그대로 유지하겠다는 선언이었습니다. 체육관 선거로 자신의 후계자인 노태우에게 대통령직을 승계하여 군사 정부를 다시 연장하겠다는 뜻이었죠.

■ 6월 민주항쟁

더 이상 참을 수 없었던 국민들은 본격적으로 민주화 투쟁에 동참하기 시작하였습니다. 학생, 시민, 야당의 대통령 직선제 개헌 운동이 점차 거세지고 드디어 6월 민주항쟁이 발생하였습니다. 여당인 민주정의당 대통령 후보로 노태우를 선출하는 전당대회가 6월 10일로 정해지자, 국민들은 6월 10일 대대적인 반정부 시위를 벌일 예정이었죠. 하루 전인 6월 9일 연세대학교 앞에서 벌어진 시위를 경찰이 강제 진압하는 과정에서 연세대학교 학생 이한열이 경찰이 쏜 최루탄에 머리를 맞아 뇌사 상태에 빠졌습니다. 국민들의 분노가 걷잡을 수 없이 번져나가면서 6월 10일부터 시위는 더욱 확산되었고, 대학생뿐만 아니라

전국적으로 각계각층(일명 넥타이 부대라고 하는 30, 40대 직장인까지)의 시민들
이 참여하며 3주 가까이 반정부 투쟁을 계속하였습니다. 다음은 「6·10
대회 선언문」 중 일부입니다.

국가의 미래요 소망인 꽃다운 젊은이를 야만적인 고문으로 죽여놓고
그것도 모자라서 뻔뻔스럽게 국민을 속이려 했던 현 정권에게 국민의 분
노가 무엇인지를 분명히 보여주고, 국민적 여망인 개헌을 일방적으로 파
기한 4·13폭거를 철회시키기 위한 민주 장정을 시작한다.

6월 항쟁의 역사적 의미를 담고 있는 글입니다. 박종철 군이 고문으
로 사망하자 이를 은폐하려 했던 전두환 정부를 비판하고, 국민들이 원
하는 대통령 직선제를 거부한 4·13호헌조치에 대한 저항이었음을 보여
줍니다. 결국 전두환 정부는 국민들에게 굴복하였고, 노태우가 6·29 민
주화선언을 발표하였습니다. 선언의 핵심 내용은 다음과 같습니다.

첫째, 여야 합의하에 조속히 대통령 직선제 개헌을 하고 새 헌법에 의
해 대통령 선거로 88년 2월 평화적 정부 이양을 실현토록 하겠습니다.
(대통령 직선제 개헌을 수용한 것이죠.)
셋째, 극소수를 제외한 모든 시국관련 사범들은 석방되어야 합니다.
(구속된 민주화 인사 석방 등을 약속하는 것이었습니다.)

■ 노태우 정부

　　　　　6·29 민주화선언에 따라 5년 단임 대통령 직선제 개헌이 이루어지고, 개정된 헌법에 따라 1987년 12월 대통령 선거가 열려 민주정의당의 노태우가 당선되었습니다. 좀 이상하지 않나요? 전두환 정부에 반대하여 6월 항쟁이 일어났는데, 전두환 정부를 계승한 노태우가 국민들의 직선제로 대통령에 당선된 상황이 발생한 것이잖아요? 그 이유는 야당 후보들의 분열 때문이었습니다. 김영삼, 김대중, 김종필이 서로 대통령이 되겠다고 싸우며 모두 대선에 출마하여 결국 노태우가 어부지리로 대통령에 당선된 것입니다. 노태우는 36%의 득표율이었지만, 나머지 64%를 김영삼, 김대중, 김종필이 갈라 먹으면서 6월 항쟁은 노태우 정부 탄생이라는 결과로 끝이 났습니다.

　1988년 노태우 대통령 취임 직후 치러진 국회의원 선거에서 야당이 절반 이상의 의석을 차지하는 여소야대(여당이 적고 야당이 많다는 거죠. 즉 야당이 크게 승리하였습니다)가 이루어졌습니다. 다수 의석을 바탕으로 정국을 주도하게 된 야당들은 5공 비리 청문회, 광주민주화운동 청문회 등을 개최하여 노태우 정부를 몰아붙였습니다. 전두환 정부, 즉 5공화국의 부정부패 비리가 샅샅이 밝혀지고, 5·18광주민주화운동의 진상이 드러나면서 당시 군사정변을 이끌었던 전두환 전 대통령뿐만 아니라 노태우 대통령의 책임까지 거론되었던 것이죠. 이러한 가운데 예정된 서울 올림픽을 성공적으로 개최하였습니다(1988). 또 국민연금제가 실시되고(1988), 국민의료보험이 실시되었습니다(1989). 비로소 사회복지제도가 마련되기 시작한 것이죠.

　여소야대로 계속 어려움을 겪던 노태우 정부는 여당인 민주정의당을 중심으로 김영삼, 김종필의 야당들과 이른바 3당 합당(1990)으로 민주자유당을 만들어 정계를 개편하였습니다. 이제 야당은 김대중을 중심으로 한 소수 야당으로 축소되고 거대한 민주자유당에 맞서 싸우는 여대야소의 상황으로 바뀌었습니다. 한편 노태우 정부는 북방 정책을 추진하여 외교관계가 없었던 공산주의 국가들인 중국, 소련, 동유럽 국가들과 잇달아 수교하였고, 남북한 유엔 동시 가입(1991)을 이루기도 하였습니다.

■ 김영삼 정부

1992년 대통령 선거에서는 여당인 민주자유당의 김영삼이 야당의 김대중을 누르고 대통령에 당선되었습니다. 5·16군사정변 이후 처음으로 '문민정부'(군인 출신이 아닌 민간인이 대통령에 당선되었다는 뜻이죠)가 출범한 것이죠. 김영삼 정부는 정부 초기 과감하게 개혁을 추진하였습니다. 먼저 고위 공직자 재산 등록제를 시작하였습니다. 요즘에도 장관이나 총리를 임명할 때 재산이 많으면, 특히 땅, 아파트 등 부동산이 많으면 욕을 먹고 공직에서 물러나기도 하는 일들이 일어나죠? 바로 이때부터 시작된 것이죠. 또 금융 실명제를 실시하였습니다. 당시 부유층은, 특히 공직자들이 다른 사람의 이름으로 은행 계좌를 만들어 돈을 숨겨놓는 경우가 많았는데, 이때부터는 그것이 어려워졌습니다.

다음으로는 지방자치제를 전면 실시하였습니다. 예전에는 도지사, 시장, 구청장 등을 대통령이 임명했습니다. 하지만 지금은 주민들이 선거하여 직접 뽑죠? 또 시의원, 구의원 같은 지방의원들도 같이 뽑잖아요? 이때부터 지방자치제가 제대로 시작된 것입니다. 한편 김영삼 정부는 1995년 '역사 바로 세우기'를 내세우며 노태우·전두환을 12·12군사정변, 5·18광주민주화운동 학살 책임자, 비자금 조성 등의 혐의로 구속하고 처벌하였습니다.

김영삼 정부 시기에는 사회보장 기본법이 실시되어(1995) 국민의 최저 생활을 보장하기 시작하였습니다. 또 우루과이 라운드가 합의 서명(1994) 되고, 세계무역기구(WTO)가 설립(1995)되어 세계자유무역체제가 이루어지기도 하였습니다. 또한 세계화를 내세우며 경제협력개발기구(OECD)에 가입(1996)하였습니다. 그러나 집권 말기인 1997년 말 외환위기가 발생하였습니다. 한마디로 우리나라에 달러가 부족했죠. 달러가 있어야 무역을 할 수 있는데, 달러가 없으니까 국가 신용도가 떨어진 것입니다. 사람으로 치면 신용불량자가 된 것과 같습니다. 정부는 부족한 외환을 확보하기 위해 국제통화기금(IMF)의 구제 자금을 빌려와 국제통화기금의 경제 신탁통치를 받는 이른바 IMF 체제가 시작되었습니다. 우리나라가 빚을 졌으니까 국제통화기금의 허락을 받아 경제 정책을 추진해야 했던 것입니다.

★ 영화와 드라마로 역사 읽기 - 드라마 「응답하라 1994」

드라마 「응답하라 1994」는 지방 각지에서 올라온 94학번 대학 신입생들이 '신촌하숙'에서 하숙을 하며 한 가족처럼 살면서 벌어진 이야기들을 재미있게 묘사한 드라마입니다. 특히 드라마의 주요 배경이었던 1994년은 북한의 '서울 불바다' 위협으로 전쟁 위기가 높았던 해이기도 하고, 남북정상회담을 앞두고 북한의 김일성이 사망한 해이기도 합니다. 또 드라마에서 묘사되지는 않았지만 성수대교 붕괴 사건 등 큰 사고들이 많이 일어났습니다.

시간이 흘러 여주인공이 졸업을 앞둔 4학년 때가 바로 1997년입니다. 여주인공도 한 증권회사에 신입사원으로 합격 통보를 받았지만, 그날 축하 파티를 하며 하숙집 가족들이 모두 즐거워하던 중 뉴스에서는 외환위기 때문에 IMF로부터 구제 자금을 빌리게 되었다는 소식이 전해지죠. 그리고 얼마 뒤 합격 통보를 받았던 증권회사가 부도가 나 망했다는 뉴스가 나오고 여주인공은 또다시 직장을 구하기 위해 면접을 보러 다니게 됩니다. 경제 침체로 많은 국민들이 어려움을 겪었던 상황을 잘 보여주는 장면이었습니다.

■ 김대중 정부

　　　　　　　　　이러한 외환위기의 와중에 1997년 대통령 선거에서 야당인 새정치국민회의의 김대중이 대통령에 당선되어 정부 수립 50년 만에 처음으로 여당과 야당의 정권 교체가 이루어졌습니다. 외환위기 속에 정부를 인수한 김대중 정부는 외환위기 극복을 위하여 강도 높은 구조 조정을 추진하였고, 국민들도 금 모으기 운동 등을 통하여 외환위기 극복에 동참하였습니다. 외환위기는 우리나라에 달러가 부족했기 때문에 발생한 경제위기였습니다. 그런데 금은 달러와 같은 가치를 갖고 있는 귀금속이었고, 국민들이 금을 모아 우리나라의 외환 보유고를 늘리는 효과를 가져왔던 것이죠. 그러나 외환위기 극복을 위한 구조 조정 과정에서 경쟁력 없는 은행 등 금융기관과 기업이 도산·합병되고, 인원 감축을 통해 기업을 정상화하기 위한 정리해고 등이 실시되어 실업자가 늘어나고 취업이 어려워지는 등 국민들이 고통을 받았습니다. 이러한 위기 극복 노력에 힘입어 우리나라는 약 3년 만에 IMF 체제에서 벗어났습니다(2001).

또한 김대중 정부는 대북 화해협력정책(햇볕정책)을 내세우며 북한과의 관계를 개선해나갔습니다. 1998년 금강산 관광이 시작되었고, 남북 교류 활성화를 바탕으로 2000년 6월 13일에는 처음으로 남북정상회담이 이루어져 이틀 뒤 6·15남북공동선언을 발표하였습니다. 이후 이산가족 상봉단이 교환되었고, 이산가족의 서신 교환이 이루어졌습니다. 이후 이산가족 면회소 설치, 경의선 복구 사업, 개성공단 사업, 금강산 육로 관광 등이 추진되었습니다. 이러한 남북 화해를 위한 노력과 오랜 민주화 투쟁을 인정받아 김대중 대통령은 한국인 최초로 노벨평화상을 수상하였습니다(2000).

■ 노무현 정부

　　　　　　2002년 대통령 선거에서는 여당인 민주당의 노무현 후보가 숱한 난관을 뚫고 대통령에 당선되어 정권 재창출이 이루어졌습니다. 그러나 2004년 3월 야당들의 탄핵으로 노무현 대통령은 직무가 정지되었고, 5월 헌법재판소의 탄핵 기각 결정으로 다시 직무에 복귀하였습니다. 이후 노무현 정부는 2004년 친일진상규명법을 제정하여 건국 직후 반민특위 활동에서 실패한 친일반민족행위 청산을 위해 또다시 진상 규명을 하려고 하였으며, 2005년 과거사진상규명법을 제정하여 현대사의 여러 사건들의 진상을 제대로 규명하려는 노력을 하였습니다.

또한 노무현 정부는 김대중 정부의 대북 포용정책을 계승하여 6·15 남북공동선언에서 합의한 이산가족 상봉단 교환, 서신 교환이 계속 이루어졌고, 금강산 육로 관광도 계속되었습니다. 또 금강산에 이산가족 면회소가 설치되었고, 경의선이 복구되었으며, 개성공단이 완공되어 남북 합작 사업 등 경제 교류가 계속되었습니다. 그리고 2007년에는 두 번째 남북정상회담(10·4남북공동선언)이 이루어져 남북 교류를 더욱 활성화할 것을 합의하였습니다.

■ 이명박 정부

　　　　　　　　2007년 12월 대통령 선거에서는 한나라당의 이명박 후보가 대통령에 당선되어 다시 여야의 정권 교체가 이루어졌습니다. 이명박 대통령은 친환경 녹색 성장, 교육 경쟁력 강화, 경제 성장, 일자리 창출을 국정 주요 목표로 이를 위해 기업 활동 규제 완화, 감세(세금을 낮추는) 정책을 추진하였습니다. 또한 대외적으로는 한·미 FTA가 이루어지는 등 미국과 동맹을 강화하고, 북한 핵문제에 대한 국제적 압박을 추구하였습니다. 2010년에는 G20 정상회의를 성공적으로 개최하였습니다. 그러나 4대강 사업으로 재정을 악화시켰고, 일자리를 크게 늘려 경제 성장을 이루겠다는 목표는 이루어지지 않았으며, 언론 자유가 크게 악화되었다는 비판을 받기도 하였죠. 그리고 2012년 대통령 선거에서는 여당인 새누리당의 박근혜 후보가 최초의 여성 대통령으로 당선되어 정권 재창출이 이루어졌습니다.

5.
응답하라
현대 경제, 사회, 문화의 변화

■ 경공업 위주의 제1, 2차 경제개발 5개년계획

1960년대는 경제개발이 시작된 시기입니다. 박정희 정부의 주도 아래 수출 주도형 성장이 이루어졌죠. 제1차 경제개발 5개년계획(1962~1966) 기간에는 일본, 미국으로부터 얻은 자본으로 옷, 신발, 가발 등을 만드는 노동집약적 산업을 지원하여 수출을 늘려나갔습니다. 우리나라에는 자연 자원이 없고 기술이 부족했기 때문에 노동집약적인 경공업이 발전하였습니다(발전소를 짓거나 큰 배를 만드는 등 중공업은 고도의 기술이 필요하기 때문에 할 수 없었죠).

또한 박정희 정부는 제2차 경제개발 5개년계획(1967~1971)을 추진하여 경부고속국도 등 사회간접자본(도로, 철도 등 산업 발전을 위한 기반 시설)을 건설하고, 비료, 시멘트, 정유 산업을 지원하기 시작하였습니다. 농업 생산량을 늘리기 위해 비료가 필요했고, 건설 현장에서는 시멘트가 필수였죠. 또한 공장, 자동차를 움직이기 위해서는 정제된 석유가 필요했기에 정유 산업이 발달한 겁니다. 특히 이 시기에는 베트남 파병으로 얻은 미국의 차관 제공과 기술 이전으로 급속도로 경제성장이 이루어졌습니다. 매년 경제 성장률이 10% 전후로 성장하였고, 수출과 1인당 국민총생산도 매년 증가하였으며, 저축률 역시 크게 높아졌습니다. 결국 이러한 경제개발의 성공으로 박정희 정부에 대한 국민들의 지지가 높아졌던 것입니다.

■ 중화학공업 위주의 제3, 4차 경제개발 5개년계획

1970년대에도 정부 주도의 경제 성장 정책은 계속되었습니다. 1960년대까지의 경공업 중심 경제 발전이 한계에 이르자 제3차, 제4차 경제개발 5개년계획을 추진하여 중화학공업 중심으로 전환하였습니다. 포항제철을 시작으로 조선업, 자동차 산업, 정유 산업 등이 건설되었고, 원자력 발전소 건설도 시작되었습니다. 중화학공업은 고도의 과학 기술이 필요한 공업이죠. 그래서 중화학공업은 부가가치가 매우 높기 때문에 비싸게 팔아 높은 이익을 얻을 수 있습니다. 결국 이러한 중화학공업 발전과 더불어 경제 발전이 더욱 가속화되었던 것입니다. 그러나 이러한 경제 발전에도 불구하고 노동자들의 낮은 임금과 열악한 노동조건은 나아지지 않았습니다. 전태일의 분신자살 이후 본격화된 노동운동은 유신체제하에서 많은 탄압을 당하면서도 힘든 투쟁을 계속 이어갔습니다.

1973년 4차 중동 전쟁(중동의 아랍 국가들과 이스라엘 사이에 벌어진 전쟁)이 일어나 석유 가격이 폭등하는 제1차 석유 파동이 발생하였습니다. 위기에 빠진 한국 경제는 중동 지방의 건설 사업으로 벌어들인 이른바 '오일 달러'(중동 국가들은 석유 생산국들이었기 때문에 석유 파동으로 오히려 더 많은 달러를 벌어들였죠. 그래서 이때 중동 국가들이 확보한 경제력을 '오일 달러'라고 합니다)로 되살아났습니다. 그러나 1978년 2차 석유 파동이 일어나고, 중화학공업에 대한 지나친 투자로 경제가 침체에 빠지기 시작하였습니다. 중화학공업은 고도의 과학 기술과 대규모 자본 투자가 필요한데, 초기에는 투자비가 많이 들고 이익이 발생하지 않습니다. 시간이 지나면서 제 궤도에 올랐을 때에야 큰 이익이 발생하기 시작합니다. 그래서 지나친 투자는 자본 부족으로 이어져 경제 침체에 빠지게 만드는 것입니다. 이러한 경제 침체에 국민들의 불만이 높아지면서 유신체제에 대한 불만도 높아져 부·마 민주항쟁이 일어났고, 10·26사태로 유신체제가 끝이 났던 것입니다.

■ 3저 호황과 외환위기

　　　　　　　　　　　　　　1980년대 후반 3저 호황으로 우리 경제는 큰 경제성장을 이룰 수 있었습니다. 3저는 저유가, 저금리, 저달러를 말합니다. 석유 가격이 낮아지니 제품 원가가 낮아지고 물가 역시 안정되었죠. 외국의 금리가 낮으니 기업들이 외국에서 돈을 빌려 투자하여 큰 이익을 얻었습니다. 또한 달러의 가치가 떨어지면서 일본 엔화의 가치가 올라가자 일본 제품들이 비싸졌죠. 그래서 훨씬 싼 우리나라 제품들이 미국으로 많이 수출되었습니다. 특히 미국 시장을 휩쓸던 일본 반도체와 자동차들과 우리나라 반도체와 자동차들이 싼 가격을 무기로 경쟁하기 시작했죠.

　1995년 세계무역기구(WTO)가 결성되면서 우리나라에 대한 시장 개방 압력도 강화되었습니다. 이러한 가운데 김영삼 정부는 외환보유고가 바닥날 때까지 관리를 제대로 하지 않아 1997년 외환위기를 당하였습니다. 외환, 즉 달러가 없으면 외국과 무역을 할 수 없기 때문에 한마디로 국가 부도의 위기였죠. 국가 부도를 막기 위해 국제통화기금(IMF)으로부터 달러를 빌려 급한 불을 껐지만 우리나라 경제 정책은 IMF의 관리를 받아야 했습니다.

■ 외환위기의 극복과
남겨진 문제점

외환위기 속에서 여야의 정권교체가 이루어져 김대중 정부가 시작되었습니다. IMF의 관리를 받으며 구조 조정이 시작되었고, 많은 근로자들이 정리해고 되었으며, 부실 대기업과 은행들이 합병되거나 외국 자본에 매각되기도 하였습니다. 이러한 경제위기 극복 노력을 통해 2001년 IMF로부터 빌린 달러를 모두 갚아 우리나라는 IMF 관리체제에서 벗어났습니다.

WTO 체제가 시작되면서 전 세계는 국가 사이에 FTA(자유무역협정)를 맺는 흐름으로 가고 있습니다. 우리나라 역시 2004년 처음으로 칠레와 FTA를 맺기 시작하여 현재 유럽연합, 미국과 FTA를 맺었으며, 호주, 중국과는 아직 협상 중이죠. FTA는 쉽게 말해 무역할 때 관세를 물리지 말자는 겁니다. 우리나라는 전자제품이나 자동차 등을 더 싸게 수출할 수 있기 때문에 큰 이익을 볼 수 있습니다. 그러나 우리나라에서 생산되는 쌀, 과일, 소, 돼지 등은 외국보다 비싸기 때문에 FTA를 맺게 되면 농민들과 축산업자들은 큰 손해를 보게 되죠. 또한 2008년 미국의 금융위기로부

터 시작된 세계 경제 침체는 그리스 재정위기 등 유럽연합의 경제 침체
까지 겹쳐 심각한 상황입니다. 수출로 먹고사는 우리나라에게는 매우 힘
든 시기입니다.

■ 우리 경제의 구조적 문제

우리말 중 영어사전에 오른 대표적
용어가 'chaebol'입니다. 맞습니다. '재벌'이죠. 재벌은 우리나라만의 독
특한 대기업입니다. 우리나라 주요 대기업들을 보세요. 전자, 백화점, 대
형 할인점, 건설, 식품 등 거의 모든 업종에 계열사들을 거느리고 있죠.
이와 같이 재벌이 존재하는 이유는 우리 경제의 고도성장을 위해서 대
기업에 각종 혜택을 주는 경제 정책을 펼쳐왔기 때문입니다. 덕분에 우
리나라는 높은 경제 성장을 이룩할 수 있었습니다. 반면에 중소기업들에
대한 지원은 별로 없었기 때문에, 대기업 없이 독자적으로 성장하기란
사실상 어렵습니다.

또한 우리 경제의 고도성장은 수출에 의존한 것이었습니다. 그런데
우리나라에는 자원이 부족했기 때문에 원료의 대부분을 수입에 의존하
고 있습니다. 이러한 구조적인 문제는 대외 의존도 심화로 나타나 세계
경제의 변화에 따라 우리 경제가 큰 영향을 받는 약점으로 나타나기도
합니다. 특히 1997년 외환위기는 태국 등 동남아시아에서 시작되어 우리
나라에까지 영향을 준 대표적 사건입니다.

■ 도시화의 문제점과
   농촌의 문제점

                    1960년대부터 고도성장이 시작되면서
도시화도 급속도로 이루어졌습니다. 농어촌에서는 도시의 일자리를 찾
아 서울, 부산 등 대도시와 구미, 울산, 창원 등 신흥 공업 도시로 대규모
인구 이동이 일어났습니다. 도시의 인구가 급속도로 증가하면서 주택이
부족하게 되었고, 쓰레기, 자동차 등의 증가로 환경 문제가 발생하거나
교통 체증이 나타났습니다.

   도시와 농어촌 사이에 격차가 점점 커지자 박정희 정부는 이를 해소
하기 위한 방법으로 새마을운동을 시작하였습니다. 1970년 시작된 새마
을운동은 근면, 자조, 협동을 내세운 정부 주도의 지역사회 개발운동입
니다. 겉으로는 민간의 자발적 운동이었지만 실제로는 정부 주도 운동이
었죠. 처음에는 농촌 소득 증대 사업(주택 개량, 농지정리, 하천 정비 등 농촌 생
활환경이 개선되고 소득이 높아졌습니다)으로 시작되었고, 도시로 확산되어 전
국적인 의식 개혁 운동으로 발전하였습니다. 그러나 새마을운동은 농촌
생활환경을 개선하고 농민 의식 변화를 추진하였지만, 실제로는 저곡가
정책으로 농촌의 살림이 갈수록 어려워져 농촌의 겉모습만 바꾸는 데
그쳤다는 문제가 있었습니다.

■ 노동운동의 발전

                    경공업은 일상생활에서 필요한 물건들을
만드는 공업입니다. 물건이 싸야 잘 팔리죠. 물건 값을 싸게 하려면 자원
이 풍부하든지 기술이 좋든지 노동자들의 임금을 싸게 해야 합니다. 그

런데 우리나라는 자원도 없고, 기술도 없었기 때문에 노동자들의 임금을 싸게 하는 방법밖에 없었던 것이죠. 그래서 노동자들의 희생 위에 경제 성장이 이루어졌고, 전태일의 분신자살(1970)을 계기로 노동운동이 본격화되기 시작하였습니다. 다음은 전태일이 쓴 「대통령에게 드리는 글」 중 일부입니다.

> 또한 3만여 명 중 40%를 차지하는 시다공들은 평균연령 15세의 어린 이들로서 육체적으로 정신적으로 성장기에 있는 이들은 회복할 수 없는 결정적이고 치명적인 타격을 입고 있습니다…… 저희들의 요구는 1일 15시간의 작업시간을 1일 10시간~12시간으로 단축해주십시오. 1개월 휴일 2일을 늘려서 일요일마다 휴일로 쉬기를 원합니다…….

하루 15시간의 노동이란 잠자는 시간, 밥 먹는 시간 등을 제외하면 거의 모든 시간을 일만 하라는 것과 같습니다. 한 달에 2일을 쉬었다는 것은 14일마다 하루를 쉬었다는 뜻이죠. 이렇게 비참한 노동조건을 조금이라도 개선해달라고 전태일은 목숨을 걸고 호소하였던 것입니다.

■ 시민운동, 복지, 교육의 변화

1980년대부터 시민단체(NGO)들이 나타나 활발한 활동을 벌이고 있습니다. 대표적인 시민단체인 환경운동연합, 녹색연합 등은 경제 개발 과정에서 파괴된 환경을 복원하고 지키려는 환경보존운동을 하고 있습니다. 또한 여성운동도 더욱 발전하여 2005년에는 호주제 폐지 등 가족 관계 관련법 개정이 이루어져 여성의 지위가 차별당하지 않는 출발점이 되었습니다. 이전까지 호주(한 가족의 대표)는 남자만 될 수 있었습니다. 그러나 호주제가 폐지되면서 호적이 개인 각각의 신분 등록인 가족 관계 등록부로 바뀌었죠. 또한 재혼 가정의 자녀들도 새 아버지의 성으로 바꿀 수 있도록 법률이 개정되었습니다.

민주화 이후 복지 정책도 시작되어 국민연금, 국민건강보험 등의 사회보장제도가 운영되고 있습니다. 그러나 저출산, 고령화 문제로 기금 고갈 문제가 예측되고 있기도 합니다. 저출산은 노동 인구의 감소, 기금 납부자의 감소로 이어지고, 고령화는 국민연금 수령자와 국민건강보험 수혜자의 증가로 이어지기 때문입니다.

우리나라의 경제적 발전의 원동력은 높은 교육열이라고 할 수 있습니다. 세계 최고 수준의 대학 진학률이 이를 말해주고 있죠. 그러나 치열한 입시 경쟁으로 생긴 비싼 사교육비, 대학등록금 등의 문제는 저출산의 중요한 원인으로 지목될 정도입니다.

■ 현대사회의 문제점

현대사회는 이른바 핵가족 사회입니다. 아빠, 엄마, 자녀로 이루어진 가족이 일반적이죠. 최근에는 이마저도 1인 가구로 변화하고 있습니다. 대학 진학, 취업, 자녀 유학 등으로 혼자 사는 사람들이 늘어났고, 혼자 사는 독거노인도 늘어나고 있는 상황입니다.

우리나라의 미래를 어둡게 만드는 가장 큰 문제는 저출산입니다. 남자와 여자가 결혼하여 최소한 2명을 낳아야 현상 유지가 가능합니다. 그러나 자녀를 한 명만 낳는 가족이 점차 늘어나고, 또한 청년층의 실업률이 높아지면서 결혼을 미루거나 포기하는 경우도 늘어나고 있습니다. 결혼이 늦어지면서 자연스럽게 아이는 한 명만 낳는 경우도 늘어나고 있죠. 이러한 악순환으로 우리나라의 출산율은 세계 최하위 수준이 되어 이른바 고령화 사회가 되어가고 있습니다.

우리 사회의 통합과 안정을 위협하는 가장 큰 문제는 빈부격차의 심화입니다. 현재 소득 상위 20% 가구의 연간 소득이 소득 하위 20% 가구 연간 소득의 12배에 달한다고 합니다. 또한 시간당 최저임금을 보장하는 최저임금제도가 시행되고 있지만 실제로는 최저임금을 받지 못하는 근로자들이 많은 상황입니다. 이러한 상황에 대한 고민 속에 나온 것이 경제 민주화입니다. 경제적 불평등이 너무 심한 현실을 좀 더 평등에 가깝게 바꾸려는 움직임이라고 할 수 있습니다.

■ 언론의 발달

5·16군사정변을 일으킨 군부는 쿠데타 성공을 라디오 방송을 통해 혁명공약과 함께 알렸습니다. 1960년대까지는 텔레비전 보급이 많이 이루어지지 않았기 때문에 영화 상영 전 '대한뉴스'를 상영하여 정부 시책을 홍보하였습니다. 1970년대부터는 텔레비전이 집집마다 보급되었고, 정부의 방송, 언론에 대한 통제도 더욱 강화되었습니다. 이에 동아일보 기자들은 언론자유수호선언을 발표하여 정부의 언론 통제에 맞서 싸웠습니다.

1980년대 전두환 정부 역시 언론을 통폐합하고 정부에 비판적인 언론인들을 해직시키는 등 언론에 대한 통제를 강화하였습니다. 또한 컬러 텔레비전 방송을 시작하여 프로야구, 프로씨름, 프로축구 등이 방송 중계되면서 국민들의 관심을 정치로부터 멀어지게 하려고도 하였죠. 그러나 1987년 6월 민주항쟁 이후 정치적 민주화와 함께 언론 민주화가 이루어졌으며, 대중문화의 다양성도 발달하기 시작하였습니다.

1990년대 말부터 인터넷이 대중화되면서 포털 사이트가 인터넷 뉴스 기사를 제공하여 현재는 종이 신문보다 더 강한 영향력을 갖는 언론이 되었습니다. 또한 최근에는 스마트폰 등이 보급되면서 누리소통망(SNS)을 통한 트위터, 블로그, 페이스북, 미니홈피 등이 개인 언론의 역할을 하고 있습니다. 특히 유튜브 등 동영상 사이트, 녹음된 라디오 방송을 인터넷, 스마트폰으로 다운로드 받아 듣는 방식 등이 점점 강한 영향력을 발휘하고 있기도 합니다.

■ 대중문화의 발달

1960년대까지는 텔레비전이 많이 보급되지 못했기 때문에 대중문화의 주인공은 영화였습니다. 그러나 1970년대부터 텔레비전이 각 가정에 보급되면서 드라마가 대중문화의 주인공으로 떠올랐죠. 많은 드라마들이 인기를 얻었고, 특히 1990년대에는 우리 드라마가 중국에 수출되어 큰 인기를 끌었고, 이른바 한류 열풍이 시작되었죠. 이후 동남아시아로 한류 열풍이 확산되었고, 2000년대에는 일본에 수출된 드라마 「겨울연가」로 한류 열풍이 절정에 이르렀습니다. 또한 드라마 「대장금」이 중국, 일본, 동남아시아를 넘어 중동, 아프리카, 동유럽, 중남미까지 수출되어 전 세계적인 인기를 끌었으며, 2010년대 초부터는 이른바 K-POP 열풍으로 한류의 범위가 확장되어 2012년에는 가수 싸이의 「강남 스타일」과 '말춤'이 전 세계적인 인기를 얻기도 하였습니다.

드라마 「사랑비」에서는 1970년대 연인들의 사랑을 묘사하면서 이 시대의 모습을 알 수 있는 몇 가지 장면들이 나왔습니다. 먼저 남자 주인공들의 머리가 상당히 길게 '장발'을 한 것으로 표현되었는데, 이 드라마에도 묘사된 것처럼 경찰들이 가위를 들고 다니면서 '장발 단속(현장에서 바로 머리카락을 잘리고 벌금까지 내야 했죠)'을 하는 경우가 많았습니다. 또 여자 주인공들이 미니스커트를 입고 다니다가 경찰들에게 단속당하는 장면이 나왔는데, 경찰들이 '자'를 갖고 다니면서 치마와 무릎 사이의 길이가 20cm가 넘으면 경범죄로 처벌하였습니다.

또한 이 드라마에는 다방에서 남자 주인공의 친구가 '고래사냥'을 부르는 장면이 나왔는데, "이 노래가 왜 금지곡이냐?"며 더 크게 노래를 부르기 시작합니다. 그러자 다방 안에 있던 대학생들이 모두 노래를 따라 부르는 장면이 이어졌죠. 실제로 이 시기에는 많은 노래들이 금지곡이 되었고, 이러한 노래를 부른 가수들은 방송 출연이 금지되었습니다.

■ 현대의 문학, 예술 활동

　　　　　　　　현대의 문학, 예술 활동에 대해 각 분야의 주요 인물들의 가상 대화로 살펴보겠습니다.

▷ 사회자 : 먼저 현대 문학 활동에 대해 작가님들의 말씀을 들어보도록 하겠습니다.

▶ 신동엽 : 저는 4·19혁명을 주제로 한 「껍데기는 가라」는 시를 썼습니다.

▶ 최인훈 : 저는 『광장』이란 소설을 써서 우리 민족의 분단 문제를 다루었습니다.

▶ 김지하 : 저는 「오적」이란 시를 써서 재벌, 국회의원 등을 비판하여 반공법 위반으로 감옥에 갇히기도 했죠.

▶ 조세희 : 저는 『난장이가 쏘아 올린 작은 공』을 써서 도시의 가난한 사람들의 비참한 현실을 묘사하였습니다.

▷ 사회자 : 미술 분야에서는 세계적인 비디오 아티스트로 유명했던 백남준 선생님께서 한 말씀 해주시죠.

▶ 백남준 : 저는 세계 최초로 텔레비전 등 영상 매체를 미술 작품으로 만들어 전 세계적인 주목을 받았죠.

6.
응답하라 남북통일

■ 김일성 독재 체제의 수립

        6·25전쟁 이후 김일성은 박헌영 등 남로당 세력을 제거하며 김일성 독재 체제 수립을 시작하였습니다. 1950 년대 말까지 북한의 공식적인 사상은 마르크스-레닌주의였습니다. 그러나 1960년대부터 주체사상을 내세우기 시작하여 1967년에는 주체사상을 정부 공식 정책으로 채택하였습니다. 주체사상은 한마디로 김일성 독재 체제를 뒷받침하는 사상적인 도구입니다. 김일성 개인 숭배를 합리화하고, 반대파를 숙청하는 도구로 이용하기도 하였습니다. 또 주체사상은 민족주의적인 성격을 갖고 있는데, 그 목적은 북한 정권의 정통성을 주장하기 위해서입니다.

    1972년 북한은 헌법을 개정하여 사회주의 헌법을 공포하였습니다. 주체사상을 헌법에 최초로 규범화하여 사회 이념으로 공식화하였던 것입니다. 또 국가 주석제를 도입하고 주석에 절대적인 지위를 부여하여 김일성을 주석에 추대하였습니다. 한마디로 김일성 독재 체제를 헌법으로 제도화한 것이죠. 이제 주체사상은 사회주의 건설에 적합한 독창적인 사상으로 선전되었고, 주체사상과 마르크스-레닌주의의 차이점이 강조되었습니다. 또 1975년에는 비동맹국가회의에 가입하는 등 제3세계에 적극적으로 접근하였습니다.

■ 3대 세습의 북한 독재 체제

1970년대에 들어 김일성의 아들인 김정일을 후계자로 키우는 작업이 추진되기 시작하였습니다. 김정일은 3대 혁명 소조 운동, 3대 혁명 붉은 기 쟁취 운동 등을 주도하며 권력을 강화해나갔습니다. 드디어 1980년에는 조선 노동당 대회에서 김정일 후계 체제를 공식화하였습니다. 김정일은 당의 핵심 요직을 장악하여 2인자의 위치를 차지하고, 김정일 개인숭배가 본격화되기 시작하였습니다.

1980년대 후반 동유럽 국가들의 공산당이 몰락하고, 사회주의 체제가 붕괴되었습니다. 1990년대 초에는 동독이 서독에 흡수통일되었고, 소련, 유고 연방이 해체되었습니다. 또 중국, 베트남 등 사회주의 각국도 자본주의적인 개방을 실천하였습니다. 이러한 국제 변화에도 불구하고 북한은 주체사상에 토대를 둔 '우리식 사회주의'라는 궤변을 내세워 북한의 독재 체제를 유지하려고 하였습니다.

1990년대에 들어 김정일은 조선 북한군 사령관이 되어 군부를 장악하였고, 1993년 국방위원장이 되었습니다. 김일성 사망(1994) 후 김정일은 권력을 세습하였지만 유훈 통치(김일성이 생전에 했던 지시 사항에 따라 통치하는 것)를 내세워 3년 동안 주석직을 비워둔 채 정치를 하였습니다. 1997년 김정일은 조선 노동당 총비서가 되어 권력 승계를 공식화하고, 1998년 헌법 개정으로 주석직을 폐지하고, 국방위원장의 권한을 강화하여 2011년 사망할 때까지 북한을 통치하였습니다.

현재는 김정일의 셋째 아들 김정은이 3대 세습을 하여 국방위원회 제1위원장의 직책을 최고 통치자로 하여 통치하고 있습니다. 북한은 1990년대 중반부터 심각한 에너지 부족, 식량 부족 등 경제위기를 겪고 있음에도 핵무기 개발과 미사일 개발을 추진하여 국제적 고립을 자초하여 경제위기가 계속되고 있는 상황입니다.

■ 북한 경제의 변화

1960년대 중국과 소련의 분쟁이 일어나면서 북한에 대한 중국과 소련의 원조도 약화되었습니다. 이때 북한이 내세운 것이 자립 경제입니다. 그러나 북한은 많은 국방비 지출, 에너지 부족, 사회 간접 자본(도로, 철도 등)의 부족 등으로 경제 발전에 어려움을 겪게 되었습니다. 이러한 어려움을 외국과의 경제 교류 확대로 돌파하고자 합작회사경영법(합영법)을 제정(1984)하여 사회주의 경제 체제에 자본주의 방식을 일부 도입하고, 나진·선봉 자유무역지대라는 경제 특구를 설치(1991)하여 일부 지역에 경제 개방, 외국 자본 유치 실험을 하기도 하였습니다. 그러나 심각한 식량난이 시작되어 북한의 경제는 점점 악화되어갔습니다.

김대중 정부, 노무현 정부의 대북 화해협력정책으로 금강산 관광, 개성 공단 사업 등 남북 경제 교류의 활성화가 이루어졌습니다. 이러한 변화 속에 북한은 배급제를 일부 폐지하고 시장 경제를 부분적으로 도입하는 등 변화를 꾀하고 있습니다. 그러나 핵실험, 미사일 발사 실험 등으로 국제사회의 경제 제재가 다시 시작되면서 북한의 경제는 다시 침체에 빠지고 있습니다.

■ 남북통일을 위한 노력

휴전 이후 이승만 정부는 철저한 반공
정책과 북진통일을 주장하였습니다. 조봉암과 진보당 등 진보 세력이 평
화통일론을 주장하였으나 정부의 탄압을 받았죠. 4·19혁명 이후 민주당
정부 역시 민간 차원의 통일운동을 저지하는 등 소극적인 통일 정책을
폈습니다. 5·16군사정변 이후 박정희 정부는 국시를 반공으로 하여 북한
을 자극하고, 북한에서는 강경파가 정권을 잡아 무력 도발을 하는 등 남
북관계가 악화되었습니다.

1971년 남북 적십자회담이 개최되는 등 남북 대화가 처음으로 이루
어졌습니다. 그리고 1972년에는 남북한 정부 당국의 비밀 접촉으로 7·4
남북공동성명이 발표되면서 통일의 원칙을 처음으로 합의하였습니다. 다
음은 7·4남북공동성명의 내용입니다.

첫째, 통일은 외세에 의존하거나 외세의 간섭을 받음이 없어 자주적으
로 해결하여야 한다.

둘째, 통일은 상대방을 반대하는 무력행사에 의거하지 않고 평화적 방
법으로 실현하여야 한다.

셋째, 사상과 이념, 제도의 차이를 초월하여 우선 하나의 민족으로서
민족적 대단결을 도모하여야 한다.

즉 자주, 평화, 민족적 대단결의 3대 통일 원칙에 합의하였습니다. 이
후 남북조절위원회가 구성되고 남북회담이 진행되었습니다. 그러나 남북
한의 의견 대립으로 성과 없이 끝났죠.

전두환 정부는 1985년 북한과 이산가족 상봉에 합의하여 처음으로

남북 이산가족 상봉이 이루어지기도 했으나 이후 행사는 이어지지 않았습니다. 노태우 정부에서는 남북 대화를 통해 1991년 남북 유엔 동시 가입, 남북기본합의서 채택 등의 성과를 이루기도 하였습니다. 남북기본합의서는 1991년 합의되었고 1992년 공포되었는데, 남북한 정부 당사자 간 공식적으로 합의된 첫 문서이기도 합니다. 다음은 남북기본합의서의 내용 중 일부입니다.

> 제1조 남과 북은 서로 상대방의 체제를 인정하고 존중한다.
> 제9조 남과 북은 상대방에 대하여 무력을 사용하지 않으며, 상대방을 무력으로 침략하지 아니한다.
> 제15조 남과 북은 민족 경제의 통일적이며 균형적인 발전과 민족 전체의 복리 향상을 도모하기 위하여 자원의 공동 개발, 민족 내부 교류로서의 물자 교류, 합작 투자 등 경제 교류와 협력을 실시한다.

남북기본합의서에서는 7·4남북공동성명에서 천명된 조국통일 3대 원칙을 재확인하고, 상호 체제 인정, 상호 내정 불간섭, 상호 불가침, 남북 간 교류·협력 등을 합의하였죠. 그런데 1990년대 전반 북한의 핵무기 개발 문제에 대한 국제적 압박이 강화되었습니다. 이러한 핵위기는 미국과 북한의 제네바 합의(1994)로 해결되었습니다. 북한은 핵무기 개발을 포기하고, 국제사회는 북한에 경수로 원자력 발전소를 건설하여 전력을 공급해주는 것으로 타협하였습니다. 한마디로 핵과 전기를 맞바꾼 것입니다. 그러나 2000년 북한이 전력 공급을 위해 핵개발을 재개한다고 발표하면서 다시 핵 위기가 시작되었습니다. 이를 해결하기 위해 2003년부터 6자 회담이 시작되어 진행되었지만 현재는 중단된 상태입니다.

김대중 정부에서 시작된 대북 화해협력정책은 남북한의 교류 협력을 활성화하였습니다. 당시 현대그룹 회장이었던 정주영이 북한을 방문하면서 금강산 관광이 시작되었고, 2000년에는 최초로 남북정상회담이 개최되어 6·15남북공동선언이 채택되었습니다. 그 내용은 다음과 같습니다.

1. 남과 북은 나라의 통일 문제를 그 주인인 우리 민족끼리 서로 힘을 합쳐 자주적으로 해결해나가기로 하였다.

2. 남과 북은 나라의 통일을 위한 남측의 연합제안과 북측의 낮은 단계의 연방제안이 서로 공통성이 있다고 인정하고, 앞으로 이 방향에서 통일을 지향시켜나가기로 하였다.

이 외에도 이산가족 방문단 교환, 서신 교환, 면회소 설치가 합의되었고, 이후 경의선 복구, 개성공단 사업, 금강산 육로 관광 등이 이루어졌습니다. 또한 노무현 정부에서도 김대중 정부의 대북 화해협력정책을 계승하여 추진하였고, 2007년에는 제2차 남북정상회담을 열어 10·4남북공동선언을 채택하였습니다. 그러나 이명박 정부 시기 남북관계는 다시 대결 관계로 바뀌었습니다. 북한은 국제사회의 경고에도 핵실험을 여러 차례 강행하였고, 미사일 발사 실험 등으로 군사 도발을 되풀이하였습니다. 이에 이명박 정부는 미국과 동맹을 강화하고 대북 강경 정책으로 대응하였습니다. 심지어 2010년에는 북한이 기습적으로 연평도에 포격을 가하여 인명 피해가 나는 등 큰 피해를 입게 되어 남북관계가 최악으로 치달았습니다.

■ 일본의 군국주의 부활과
독도에 대한 야욕

일본의 군국주의 세력은 2차 세계대전을 독일, 이탈리아와 함께 일으켜 세계 평화를 위협한 전범들입니다. 전쟁에서 패배한 이후 일본은 이른바 평화 헌법을 제정하였습니다(1947). 이 헌법의 핵심은 "전쟁과 무력 사용을 영구 포기하고 침략을 위한 전력을 보유하지 않는다."는 조항입니다. 그러나 2001년 독도 영유권을 주장하고 야스쿠니 신사 참배를 하겠다는 공약을 내세운 고이즈미가 일본 총리로 선출되면서 일본의 군국주의 세력이 부활하기 시작하였습니다.

고이즈미 정부에서는 일본 군국주의 역사관에 따라 만들어진 후소샤 교과서를 검정에서 통과시켰습니다(2001). 이후 집권한 일본 총리들 역시 이러한 우경화에서 크게 벗어나지 않고 있습니다. 심지어 2009년엔 또 다른 군국주의 역사 교과서인 지유샤 교과서를 검정에서 통과시켰습니다. 또한 2013년 일본의 아베 총리는 평화 헌법을 개정하여 방어 목적의 자위대를 전쟁이 가능한 군대로 바꿔야 한다는 발언을 하였습니다. 당연히 일본의 침략을 경험한 우리나라와 중국 등은 이와 같은 일본의 군국주의 부활에 크게 반발하고 있는 상황입니다.

또한 일본은 우리나라의 명백한 영토인 독도에 대한 영유권을 주장하여 독도를 국제분쟁 지역으로 만들어 군국주의 부활을 이루려는 야욕을 갖고 있습니다. 1952년 우리 정부는 이른바 '평화선 선언'을 발표하여 독도가 명백한 대한민국 영토임을 선언하였습니다. 이후 일본은 이에 항의 문서를 보내고 국제사법재판소에 독도에 대한 영유권을 주장하며 제소하였습니다.

일본은 지금까지도 국제사법재판소에서 판단해달라며 독도에 대한 영유권을 주장하고 있습니다. 그러나 우리나라가 이에 동의하지 않기 때문에 독도가 국제분쟁 지역으로 될 가능성은 없습니다. 이것은 우리가 역사적, 국제법적 근거가 약하여 국제사법재판소를 거부하는 것이 아닙니다. 반대로 우리가 대마도에 대한 영유권을 주장하며 국제사법재판소에 제소한다면 어떨까요? 어떤 나라가 자국의 명백한 영토를 영토 분쟁 지역으로 만드는 어리석은 짓을 하겠습니까?

앞에서 배운 바와 같이 독도는 신라 지증왕 때 울릉도와 함께 우리의 영토가 되었습니다. 또한 조선 숙종 때 안용복이 일본 정부에 항의하여 울릉도와 독도가 우리 영토임을 일본 정부 스스로 인정하였음을 일본 측 자료로 확인할 수 있습니다. 또한 우리 측 자료, 지도는 물론 일본 측 자료, 지도에서도 울릉도와 독도가 우리나라의 영토임을 수없이 확인할 수 있습니다.

일본은 러·일 전쟁 과정에서 독도를 일본 영토라고 불법적으로 주장하였습니다. 그리고 러·일 전쟁은 우리나라의 국권을 빼앗기 위한 침략 과정의 출발점이었습니다. 독도의 불법 탈취 이후 5년 만에 우리는 국권을 빼앗긴 것입니다. 현재 일본의 독도 영유권 주장은 100년 전과 똑같은 침략을 하려는 것으로 의심받을 짓입니다. 일본 군국주의 부활을 꿈꾸는 세력들이 역사 교과서를 왜곡하고, 독도에 대한 영유권을 주장하는 교과서 발행을 허용하는 것은 우연이 아닙니다. 일본이 현재의 평화 헌법을 개정하여 전쟁이 가능한 군대를 갖게 된다면 우리는 정말로 일본의 군국주의 부활을 경계의 눈초리로 지켜봐야 할 것입니다.

■ 중국의 동북공정과
간도 문제

현재 중국은 '통일적 다민족 국가론'을 내세워 역사 왜곡을 하고 있습니다. 특히 우리 민족과 관련하여 진행되고 있는 역사 왜곡인 '동북공정'은 우리 민족의 역사인 고조선, 고구려, 발해의 역사를 중국 역사의 일부로 왜곡하는 역사 침략이라고 할 수 있죠. 또한 동북공정은 역사 침략이면서 영토 문제이기도 합니다. 고조선, 고구려, 발해는 모두 만주와 한반도 북부를 영토로 차지했던 나라들입니다. 현재 만주는 중국의 영토이지만 한반도 북부는 우리 민족의 영토입니다. 특히 간도 문제는 아직도 해결되지 않고 있는 문제입니다.

이러한 동북공정의 위험성에 대응하기 위해 우리 정부에서는 동북아 역사재단을 만들었습니다. 중국의 역사 왜곡에 맞서기 위해서는 우리도 역사 연구를 통해 우리의 역사를 지켜야 하기 때문이죠. 또한 동북공정의 문제가 현실적으로 간도 문제와 연결되어 있다는 점에서 다음과 같은 주장이 제기되기 시작하였습니다. 19세기 후반 청나라와 간도 문제가 일어났을 때 이미 간도에는 우리 민족 수십만 명이 살고 있었으며, 현재 간도에는 연변 조선족 자치주가 설치되어 중국동포 약 80만여 명이 살고 있습니다. 또한 대한제국에서는 간도관리사 이범윤을 파견해 간도에 대한 통치권을 행사하였으며, 간도를 함경도에 편입하여 우리 영토로 확보하였습니다.

1909년 청나라와 일본 사이에 맺어진 간도협약에 의해 간도는 청나라의 영토가 되었습니다. 일본이 우리의 외교권을 빼앗은 을사조약에 따라 간도협약을 대신 맺어 우리 영토인 간도를 팔아버린 것이죠. 그러나 앞에서 배운 바와 같이 을사조약은 국제법적으로 무효이므로 이에 근거하여 맺어진 간도협약도 무효입니다. 따라서 간도의 원래 주인은 우리 민족이 되는 것이죠. 하지만 1962년 북한은 중국과 국경을 확정하면서 간도에 대해서 논의하지 않았습니다. 결국 간도 문제의 해결은 남북한의 통일을 이룬 후에나 가능하다고 볼 수 있습니다.

삶의 행복을 꿈꾸는 교육은 어디에서 오는가?

미래 100년을 향한 새로운 교육

▶ 교육혁명을 앞당기는 배움책 이야기

혁신교육의 철학과 잉걸진 미래를 만나다!

 핀란드 교육혁명
한국교육연구네트워크 총서 01 | 320쪽 | 값 15,000원

 일제고사를 넘어서
한국교육연구네트워크 총서 02 | 384쪽 | 값 13,000원

 새로운 사회를 여는 교육혁명
한국교육연구네트워크 총서 03 | 380쪽 | 값 17,000원

 교장제도 혁명
한국교육연구네트워크 총서 04 | 268쪽 | 값 14,000원

 새로운 사회를 여는 교육자치 혁명
한국교육연구네트워크 총서 05 | 312쪽 | 값 15,000원

 혁신학교
성열관·이순철 지음 | 224쪽 | 값 12,000원

 행복한 혁신학교 만들기
초등교육과정연구모임 지음 | 264쪽 | 값 13,000원

 서울형 혁신학교 만들기
이부영 지음 | 320쪽 | 값 15,000원

 혁신교육, 철학을 만나다
브렌트 데이비스·데니스 수마라 지음
현인철·서용선 옮김 | 304쪽 | 값 15,000원

 혁신교육 존 듀이에게 묻다
서용선 지음 | 292쪽 | 값 14,000원

 미래교육의 열쇠, 창의적 문화교육
심광현·노명우·강정석 지음 | 368쪽 | 값 16,000원

 대한민국 교사, 어떻게 가르칠 것인가?
윤성관 지음 | 320쪽 | 값 15,000원

 아이들을 어떻게 가르칠 것인가
사토 마나부 지음 | 박찬영 옮김 | 232쪽 | 값 13,000원

 교사, 선생이 되다
김태은 외 지음 | 260쪽 | 값 13,000원

 다시 읽는 조선 교육사
이만규 지음 | 750쪽 | 값 33,000원

 대한민국 교육혁명
교육혁명공동행동 연구위원회 | 152쪽 | 값 5,000원

▶ 평화샘 프로젝트 매뉴얼 시리즈

학교 폭력에 대한 근본적인 예방과 대책을 찾는다

 학교 폭력 어떻게 만들어지는가
문재현 외 지음 | 300쪽 | 값 14,000원

 아이들을 살리는 동네
문재현·신동명·김수동 지음 | 204쪽 | 값 10,000원

 학교 폭력, 멈춰!
문재현 외 지음 | 348쪽 | 값 15,000원

 평화! 행복한 학교의 시작
문재현 외 지음 | 252쪽 | 값 12,000원

 왕따, 이렇게 해결할 수 있다
문재현 외 지음 | 236쪽 | 값 12,000원

▶ 비고츠키 선집 시리즈

발달과 협력의 교육학 어떻게 읽을 것인가?

 생각과 말
레프 세묘노비치 비고츠키 지음
배희철·김용호·D. 켈로그 옮김 | 690쪽 | 값 33,000원

 어린이의 상상과 창조
L.S. 비고츠키 지음 | 비고츠키연구회 옮김
280쪽 | 값 15,000원

 도구와 기호
비고츠키·루리야 지음 | 비고츠키연구회 옮김
336쪽 | 값 16,000원

 비고츠키 생각과 말 쉽게 읽기
비고츠키 교육학 실천연구모임 지음
316쪽 | 값 15,000원

 어린이 자기행동숙달의 역사와 발달 I
L.S. 비고츠키 지음 | 비고츠키연구회 옮김
564쪽 | 값 28,000원

 비고츠키와 인지 발달의 비밀
A.R. 루리야 지음 | 배희철 옮김
280쪽 | 값 15,000원

 어린이 자기행동숙달의 역사와 발달 II
L.S. 비고츠키 지음 | 비고츠키연구회 옮김
552쪽 | 값 28,000원

▶ 창의적인 협력수업을 지향하는 삶이 있는 국어 교실

우리말 글을 배우며 세상을 배운다

 중학교 국어 수업 어떻게 할 것인가?
김미경 지음 | 332쪽 | 값 15,000원

 이야기 꽃 1
박용성 엮어 지음 | 276쪽 | 값 9,800원

 토론의 숲에서 나를 만나다
명혜정 엮음 | 312쪽 | 값 15,000원

 이야기 꽃 2
박용성 엮어 지음 | 294쪽 | 값 13,000원

▶ 교과서 밖에서 만나는 역사 교실

상식이 통하는 살아 있는 역사를 만나다

전봉준과 동학농민혁명
조광환 지음 | 336쪽 | 값 15,000원

남도의 기억을 걷다
노성태 지음 | 344쪽 | 값 14,000원

응답하라 한국사 1
김은석 지음 | 356쪽 | 값 15,000원

응답하라 한국사 2
김은석 지음 | 368쪽 | 값 15,000원

즐거운 국사수업 32강
김남선 지음 | 280쪽 | 값 11,000원

즐거운 세계사 수업
김은석 지음 | 328쪽 | 값 13,000원

한국 고대사의 비밀
김은석 지음 | 304쪽 | 값 13,000원

아이들이 주인공이 되는 주제통합수업
이윤미 외 지음 | 268쪽 | 값 13,000원

통하는 공부
김태호·김형우·이경석·심우근·허진만 지음
324쪽 | 값 15,000원

팔만대장경도 모르면 빨래판이다
전병철 지음 | 360쪽 | 값 16,000원

빨래판도 잘 보면 팔만대장경이다
전병철 지음 | 360쪽 | 값 16,000원

김창환 교수의 DMZ 지리 이야기
김창환 지음 | 264쪽 | 값 15,000원

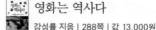
영화는 역사다
강성률 지음 | 288쪽 | 값 13,000원

친일 영화의 해부학
강성률 지음 | 264쪽 | 값 15,000원

광주의 기억을 걷다
노성태 지음 | 348쪽 | 값 15,000원

▶ 살림터 참교육 문예 시리즈

영혼이 있는 삶을 가르치는 온 선생님을 만나다!

꽃보다 귀한 우리 아이는
조재도 지음 | 244쪽 | 값 12,000원

성깔 있는 나무들
최은숙 지음 | 244쪽 | 값 12,000원

아이들에게 세상을 배웠네
명혜정 지음 | 240쪽 | 값 12,000원

선생님이 먼저 때렸는데요
강병철 지음 | 248쪽 | 값 12,000원

서울 여자, 시골 선생님 되다
조경선 지음 | 252쪽 | 값 12,000원

행복한 창의 교육
최창의 지음 | 328쪽 | 값 15,000원

▶ 정의로운 세상을 여는 인문사회 과학

사람의 존엄과 평등의 가치를 배운다

 밥상혁명
강양구·강이현 지음 | 298쪽 | 값 13,800원

 좌우지간 인권이다
안경환 지음 | 288쪽 | 값 13,000원

 도덕 교과서 무엇이 문제인가?
김대용 지음 | 272쪽 | 값 14,000원

 민주시민교육
심성보 지음 | 544쪽 | 값 25,000원

 자율주의와 진보교육
조엘 스프링 지음 | 심성보 옮김 | 320쪽 | 값 15,000원

 민주시민을 위한 도덕교육
심성보 지음 | 496쪽 | 값 25,000원

 민주화 이후의 공동체 교육
심성보 지음 | 392쪽 | 값 15,000원

 교과서 밖에서 배우는 인문학 공부
정은교 지음 | 276쪽 | 값 13,000원

 갈등을 넘어 협력 사회로
이창언·오수길·유문종·신윤관 지음 | 280쪽 | 값 15,000원

 오래된 미래교육
정재걸 지음 | 392쪽 | 값 18,000원

 동양사상과 마음교육
정재걸 외 지음 | 356쪽 | 값 16,000원

 수업과 교육의 지평을 확장하는 수업 비평
윤양수 지음 | 316쪽 | 값 15,000원

▶ 남북이 하나 되는 두물머리 평화교육

분단 극복을 위한 치열한 배움과 실천을 만나다!

 10년 후 통일
정동영·지승호 지음 | 328쪽 | 값 15,000원

 선생님, 통일이 뭐예요?
정경호 지음 | 252쪽 | 값 13,000원

▶ 출간예정

 근간 **프레이리와 교육**
존 엘리아스 지음 | 한국교육연구네트워크 옮김

근간 **교육이 사회를 바꿀 수 있는가**
마이클 애플 지음 | 강희룡·김선우·박원순·성열관 옮김

 근간 **독일 교육은 왜 강한가?**
박승희 지음

근간 **강화도의 기억을 걷다**
최보길 지음

근간 **파랑새를 찾아 떠나는 북유럽 교육 기행**
정애경 외 지음